Guten Morgen!
Das Bettsystem
Froli

Dr. Dieter Semmler

Wohnmobil-Stellplätze Frankreich

Kanalküste – Normandie – Bretagne

15 Wochenreisen mit dem Wohnmobil
152 freie Stellplätze
120 von den Gemeinden eingerichtete Wohnmobilplätze
Stellplätze in der Nähe der Autobahn
Stellplätze am Strand und am See

RID-Verlag
Dr. Semmler
Mühlköppelstraße 18
D-63674 Altenstadt

Titelbild:
Wohnmobilplatz auf der Mole von Port-en-Bessin-Huppain an der Calvados-Küste

4. Auflage 2003
Herausgeber: RID-Verlag, 63674 Altenstadt
Druck: Fischer Druck + Verlag, 56288 Kastellaun
Fotos: Dr. Semmler
Skizzen: Dr. Semmler / M. Wolf

ISBN 3-932538-12-9

Frankreich mit dem Wohnmobil
- Erholung am Strand und Erlebnisse am Meer.

Auf vielen Reisen und durch gründliche Recherchen wurden die vorliegenden Informationen über freie Stellplätze für Wohnmobile in Frankreich von meiner Frau Barbara und mir sorgfältig zusammengetragen und überprüft. Trotzdem können sich die Verhältnisse an den Stellplätzen geändert haben. Wir bitten die Leser, uns solche Veränderungen mitzuteilen, damit diese bei der nächsten Auflage berücksichtigt werden können. Trotz aller Sorgfalt kann für die Vollständigkeit und Richtigkeit aller Angaben keine Gewähr übernommen werden. Alle Angaben im Buch gelten zum Zeitpunkt der Drucklegung.

Buchserie „Wohnmobil-Stellplätze“ -
die bessere Wahl

Alle Plätze selbst angefahren

Insider-Tipps

An der Steilküste der Normandie bei Étretat (KK-15, Seite 40)

Wohnmobilplatz am Mont St-Michel (BM-3, Seite 71)

Inhaltsverzeichnis

Seite

Wochenreisen

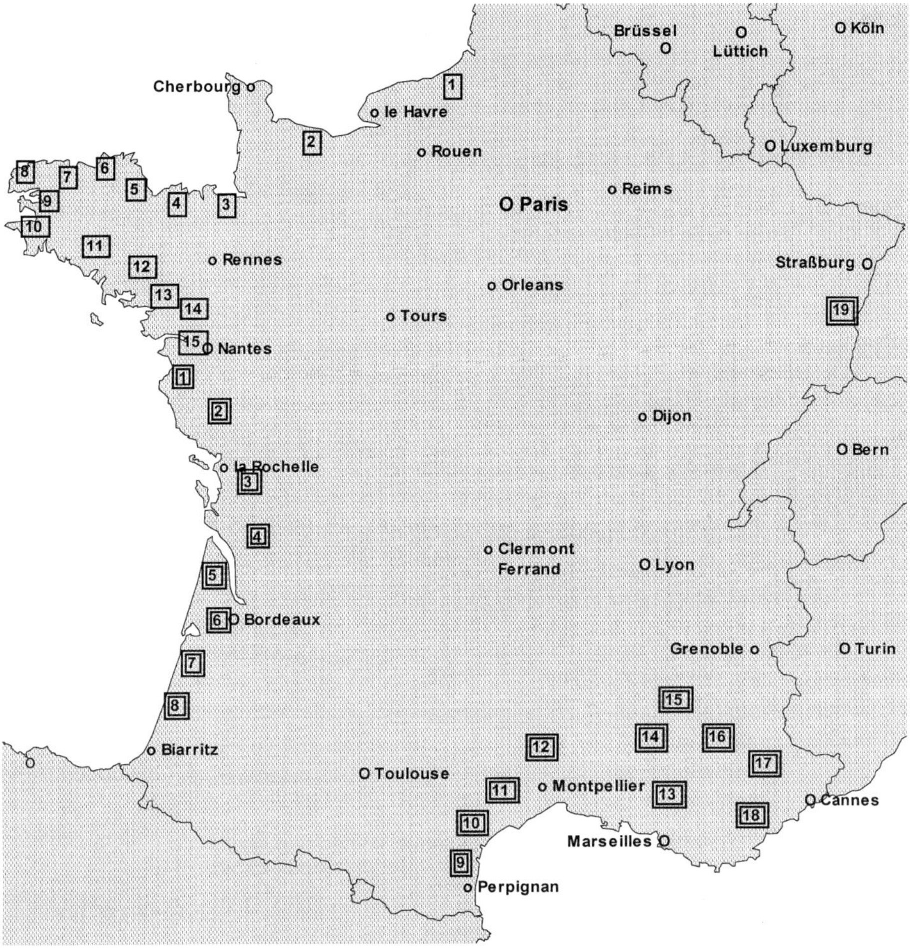

[1] Routen im Band 11: Kanalküste-Normandie-Bretagne

[1] Routen im Band 10: Atlantik-Mittelmeer-Elsaß

Touren in Band 10: Atlantik – Mittelmeer – Elsass

Übernachtungsplätze an Autobahn-Raststätten mit Ver- und Entsorgung

Raststätte	Fahrtrichtung	Anschlussstelle vor und nach Raststätte	Bemerkung
Autobahn A1: Lille - Paris			
Vemars Ouest	Paris	07/06	V
Phalempin Oest	Paris	21/20	V
Autobahn A4: Paris - Reims - Metz			
Ussy-sur-Marne	Metz	18/19	V
Reims Champamgne Sud	Metz	25/26	V
Changy sur Marne	Paris	19/18	V
Verdun St-Nicolas Nord	Paris	32/31	R, V
Reims Champagne Nord	Paris	26/25	R, V
Autobahn A5: Paris - Langres			
Les Jonchets	Langres	17/18	V
Villeneuve	Langres	19/18	R, V, W
Autobahn A6: Paris - Lyon			
Beaune Tailly	Lyon		
Mâcon St-Albain	Lyon		
Dracé	Lyon	29/30	V
Les Chères Est	Paris	33/32	V
Taponas	Paris	30/29	V
Macon La Salles	Paris		

B: Bäume und Grünstreifen
R: Ruhige Lage
V: Ver- und Entsorgung
W: Getrennte Wohnmobilplätze

Raststätte	Fahrtrichtung	Anschlussstelle vor und nach Raststätte	Bemerkung
Autobahn A7: Lyon - Orange - Marseilles			
Saint Rambert Ouest	Marseilles	12/13	R, V
Montélimar Ouest	Marseilles	17/18	B, R, V, W
Mornas village Ouest	Marseilles	19/20	R, V
Morières	Marseilles	23/24	R, V
Lancon Ouest	Marseilles	27/28	R, V
Montélimar Est	Lyon	18/17	V
Saulce	Lyon	16/15	V
Lancon Est	Lyon	28/27	V
Autobahn A8: Aix-en-Provence - Cannes- Nizza - Monaco - Italien			
Canaver-Pugers/Argens	Aix-en-Provence	37/36	V
Cambarette Nord	Aix-en-Provence	35/34	R, V
Le Rousset	Aix-en-Provence	33/32	V
L' Art	Italien	32/33	V
Cambarette Sud	Italien	34/35	R, V
Vidauban Sud	Italien	35/36	V
Marguerittes Nord	Spanien	23/24	B, R, V
Ambrussum Nord	Spanien	26/27	V
Montpellier Fabrègues Nord	Spanien	32/33	B, R, V
Béziers Montblanc Nord	Spanien	34/35	R, V
Narbonne Vinassan Nord	Spanien	36/37	B, R, V
Lapalme Ouest	Spanien	39/40	B, R, V
Village Catalan Ouest	Spanien	42/43	B, R, V, W
Village Catalan Est	Orange	43/42	B, R, V, W
Lapalme Est	Orange	40/39	B, R, V, W
Narbonne Vinassan Sud	Orange	37/36	B, R, V
Béziers Mont Blanc Sud	Orange	35/34	R, V
Tavel Sud	Orange	23/22	V
Autobahn A9: Spanien - Perpignan - Narbonne - Béziers - Montpellier - Orange			
Roquemaure Nord	Spanien	22/23	V

B: Bäume und Grünstreifen
R: Ruhige Lage
V: Ver- und Entsorgung
W: Getrennte Wohnmobilplätze

Raststätte	Fahrtrichtung	Anschlussstelle vor und nach Raststätte	Bemerkung
Autobahn A10: Paris - Poiters - Bordeaux			
Fenioux Oust Saint Savinien	Bordeaux	34/35	V
Ruralies Nord	Bordeaux	32/33	B, R, V, W
St-Léger Ouest	Bordeaux	35/36	R, V, W
Saugon Ouest	Bordeaux	38/39a	B, R, V, W
Saugon Est	Poitiers	39/38	B, R, V
Fenioux Est	Poitiers	35/34	V
Rouillé Pamproux Sud	Portiers	31/30	V
Autobahn A16: L' Isle-Adam - Boulogne			
Hardivilliers	Boulogne	15/16	V
Baie de Somme	Boulogne	22/23	V
Autobahn A19: Sens - Courtenay			
Fourchères-Villeroy	Courtenay	02/03	V
Autobahn A26: Troyes - Châlons/Champagne			
Sommesous	Châlons/Champagne	29/29	R, V
Autobahn A36: Mulhouse - Belfort - Beaune			
Burnhaupt Porte d' Alsac	Beaune		R, V
Champoux	Beaune		R, V
Romange	Beaune		R, V
Marchaux	Mulhouse		B, R, V
Autobahn A39: Dijon - Bourg-en-Bresse			
Poulet de Bresse	Bourg-en-Bresse	04/05	V

B: Bäume und Grünstreifen
R: Ruhige Lage
V: Ver- und Entsorgung
W: Getrennte Wohnmobilplätze

Raststätte	Fahrtrichtung	Anschlussstelle vor und nach Raststätte	Bemerkung
Autobahn A41: Genève - Chambéry			
Fontanelles	Chambéry	16/15	V
Autobahn A43: Lyon - Chambéry			
Isle d' Abeau Sud	Chambéry	06/07	V
Val Gelon	Albertville	23/24	V
L' Arclusaz	Chambéry	24/23	V
Autobahn A46: Contournement de Lyon			
Communay Nord		16/16	V
Autobahn A48: Grenoble - Lyon			
Vorreppe	Lyon	12/11	V
Autobahn A49: Grenoble - Valence			
Porte de la Drome	Valence	09/08	V
Royans-Vercors	Grenoble	08/09	V
Autobahn A61: Toulouse - Carcassone - Narbonne			
Corbières Sud	Narbonne	24/25	R, V
Corbières Nord	Toulouse	25/24	R, V
Port Lauragais Nord	Toulouse	21/20	V

B: Bäume und Grünstreifen
R: Ruhige Lage
V: Ver- und Entsorgung
W: Getrennte Wohnmobilplätze

Raststätte	Fahrtrichtung	Anschlussstelle vor und nach Raststätte	Bemerkung
Autobahn A62: Toulouse - Bordeaux			
Frontonnais Nord	Bordeaux	11/10	V
Agen-Porte d' Aquitaine Nord	Bordeaux	07/06	V
Podensac Les Landes Nord	Bordeaux	02/01	V
Podensac Les Landes Sud	Toulouse	01/02	V
Agen-Porte d' Aquitaine Sud	Toulouse	06/07	V
Autobahn A63: Bordeaux - Bayonne - Biarritz - Spanien			
Bidart Ouest	Spanien	03/04	R, V
Bidart Est	Bordeaux	04/03	R, V
Autobahn A64: Bayonne - Toulouse			
Lacq Audejos Sud	Toulouse	04/05	V
Ger Les Pyrénées	Toulouse	09/10	V
Autobahn A72: St Etienne - Clermont-Ferrand			
Haut Forez Nord - Salles	Clermont-Ferrand	05/04	V
Haut Forez Sud	St Etienne	04/05	V
Autobahn A83: Nantes - Niort			
Le Vendée Ouest	Niort	07/08	V

B: Bäume und Grünstreifen
R: Ruhige Lage
V: Ver- und Entsorgung
W: Getrennte Wohnmobilplätze

Schnelle Fahrt und ruhige Nacht

Stellplätze in der Nähe von Autobahnen

Fett gedruckte Stellplätze sind von Gemeinden eingerichtete Wohnmobilplätze

Ort, Bezeichnung	Ausfahrt	Ausfahrt Nr.	Skizze Seite	Information Seite
N12: Brest - Morlaix - St-Brieux - Lamballe - Rennes				
Landerneau, Flussufer	Landerneau	-	113	121
La Roche, Aire du Morbic	Landerneau	-	113	120
Lampaul-Guimiliau	Landivisiau	-	113	119
Guimiliau, Salle Polyvalente	Kermat	-	113	119
St-Thegonnec, Ortsparkplatz	St-Thegonnec	-	113	118
Taulé, Place Jean Coat	Morlaix-Quest	-	113	117
Tremuson, Rue de Brest	Tremuson	-	88	90
Pordic, Place Jean Auduard	Peighard	-	88	91
Plerin, Pointe de Rosalier	Plerin	-	88	90
N13: Cherbourg - Carentan - Bayeux - Caen				
Montebourg, Stade	Montebourg	-	48	58
Bayeux, Centre ville	Bayeux	-	48	55
Port Huppain, Ort	Bayeux	-	48	54
Port Huppain, Mole	Bayeux	-	48	54
Arromanches, Wohnmobilplatz	Bayeux	-	48	53
A16: Paris - Amiens - Abbeville - Calais - Dünkirchen - Belgien				
Le Touquet-Paris-Plage, Aeroport	Etables	26	31	35
Le Touquet-Paris-Plage, Hafen	Etables	26	31	36
Le Portel, Rue du Champs	Outreau	29	31	35
Gravelines, Ortsmitte	Gravelines	23	31	33
Gravelines, Hafen	Gravelines	23	31	33
Gravelines, Plage	Gravelines	23	31	34

Ort, Bezeichnung	Ausfahrt	Ausfahrt Nr.	Skizze Seite	Information Seite

N24: Lorient - Josselin - Ploermel - Rennes

Ort, Bezeichnung	Ausfahrt	Ausfahrt Nr.	Skizze Seite	Information Seite
Languidic, Lanveur	Languidic	-	183	185
Baud, Ortsmitte	Baud	-	183	186
Josselin, Château	Josselin	-	183	186

A29: Honfleur - Le Havre - Yvetot

Ort, Bezeichnung	Ausfahrt	Ausfahrt Nr.	Skizze Seite	Information Seite
La Rivière, Chemin du banc	Honfleur	3	48	51
Honfleur, Bassin de l' Est	Honfleur	3	48	51
Cleres, Rue Spalikowski	Beautot	6	31	39

A132: Trouville - Pont l' Eveque

Ort, Bezeichnung	Ausfahrt	Ausfahrt Nr.	Skizze Seite	Information Seite
Deauville, Stade	Trouville	-	48	52

N137: St-Malo - Rennes

Ort, Bezeichnung	Ausfahrt	Ausfahrt Nr.	Skizze Seite	Information Seite
St-Melior, Ortsmitte	St-Malo-Nord	-	66	73
St-Coulomb, Ortsparkplatz	St-Malo-Nord	-	66	73

A151: Rouen - Dieppe

Ort, Bezeichnung	Ausfahrt	Ausfahrt Nr.	Skizze Seite	Information Seite
Montville, Espace-Loisir	Eslettes	10	31	38

N165: Brest - Quimper - Concarneau - Quimperlé - Auray - Vannes - Nantes

Ort, Bezeichnung	Ausfahrt	Ausfahrt Nr.	Skizze Seite	Information Seite
Plougastel-Daoulas	Plougastel	-	137	140
Châteaulin, Intermarché	Châteaulin	-	137	146
Concarneau, Wohnmobilplatz	Concarneau	-	167	170
Pont-Aven, Bel Air	Kerfrancès	-	167	175
Auray, Centre Culturel	Auray	-	195	196
Vannes, Le Fourchène	Vannes	-	195	202
Ambon, Plage Tréhervé	Ambon	-	209	211
Billiers, Centre Nautique	Muzillac	-	209	212
Arzal, Port de Arzal	Lantiern	-	209	213

Ort, Bezeichnung	Ausfahrt	Ausfahrt Nr.	Skizze Seite	Information Seite
N166: Vannes - Ploermel				
Elven, Tourist-Information	Elven	-	183	188
St-Guyomard, Maison	St-Guyomard	-	183	188
Sérent, Municipal	Sérent	-	183	187
Sulniac, Salle des Fêtes	Questembert	-	183	190

Wohnmobilplatz am Yachthafen von Le Touquet-Paris-Plage (KK-6, Seite 36)

Erholung am Strand

Stellplätze am Strand und am See

Fett gedruckte Stellplätze sind von Gemeinden eingerichtete Wohnmobilplätze

Ort	Stellplatz	Ferienlandschaft	Seite
Ambon	Plage Tréhervé	Küste von Morbihan	211
Arromanches	**Wohnmobilplatz**	Calvados-Küste	53
Billiers	Centre Nautique	Küste von Morbihan	212
Binic	**Plage de la Banche**	Küste von St-Brieux	91
Cap Coz	Bootshafen	Küste von Concarneau	169
Damgan-Kervoyal	**Wohnmobilplatz**	Küste von Morbihan	210
Dieppe	**Hafeneinfahrt**	Kanalküste	39
Erdeven	Plage de Kouriec	Küste von Morbihan	197
Érquy	Fischereihafen	Smaragdküste	82
Érquy	**Plage de Caronal**	Smaragdküste	83
Fromentine	Plage	Nördliche Atlantikküste	231
Gravelines	**Plage**	Kanalküste	34
Guidel-Plage	Plage	Küste von Lorient	176
Kerhornou	Plage	Aber-Küste	131
Lampaul-Plouarzel	**Aire de camping car**	Aber-Küste	131
Le Crotoy	**Rue de Marais**	Kanalküste	36
Le Touquet-Paris-Plage	**Yachthafen**	Kanalküste	36
Le Treport	**Rue de Mendés France**	Kanalküste	37
Locmariaquer	**Wohnmobilplatz**	Küste von Morbihan	201
Penhors	Strand	Küste von Audierne	156
Piriac-sur-Mer	**Lerat**	Loire Mündung	215
Pléhérel	Plage de la Fosse	Smaragdküste	82
Pléneuf-Val-d' André	Plage des Valleés	Smaragdküste	
Ploudalmezeau	**Portsall**	Aber-Küste	130
Plougerneau	**Lilia Strand**	Aber-Küste	129
Plougonvelin	**Strand**	Bucht von Brest	133
Plouha	**Le Palus Plage**	Küste von St-Brieux	92
Plouharnel	Le Grande Plage	Quiberon	198
Plouharnel	Plage des Sables Blanc	Quiberon	198
Port-en-Bassin-Huppain	**Mole**	Calvadosküste	54

Wohnmobilplatz in le Treport (KK-8, Seite 37)

An der Küste von Étretat (KK-15, Seite 40)

Wohnmobilurlaub in der Normandie und in der Bretagne

Der Tourist mit dem Wohnmobil hat an den Küsten des Ärmelkanals, der Normandie und der Bretagne die Wahl zwischen Faulenzen am Strand, Schwimmen im Meer, Wassersport, essen in den Strandlokalen, fürstlich tafeln mit den Spezialitäten der Region, wandern und radeln an der Küste und durch die wellige Landschaft des Hinterlandes, in den Häfen das bunte Treiben beobachten, Kulturdenkmäler betrachten, Museen besuchen, Kleidung und Souvenirs kaufen oder durch die Gassen der alten Städte schlendern.

Frankreich, das ist ein Land, in dem Wohnmobilurlauber herzlich willkommen sind. Überall, vor allem in der Bretagne, finden die Touristen gute, ruhig und schön gelegene und oft kostenlose Wohnmobilplätze.

Die Küste beginnt an der belgischen Grenze, verläuft meistens nach Westen durch die Normandie, umschließt die Halbinsel Contentin, biegt in der Bretagne nach Süden und dann nach Osten. Anschließend setzt sie sich nach Süden am Atlantik fort. Stellplätze am Atlantik und am Mittelmeer sind im **Band 10 „Frankreich – Atlantik, Mittelmeer, Elsass"** der Buchserie **„Wohnmobil-Stellplätze"** beschrieben.

Die Küste der Normandie beginnt im Osten bei le Tréport und wird als Alabasterküste (Côte d' Albâtre) bezeichnet. Die bis zu 200 m hohen weißen Steilklippen bestimmen das Landschaftsbild fast bis zur Mündung der Seine. Die ständig anstürmenden Wellen formen immer neue weiße Felsgebilde. Das Plateau des Hinterlandes wird durch das Tal der Seine begrenzt. Dieser Fluss war schon immer die wichtigste Handels- und Verkehrsverbindung in Nordfrankreich.

Die berühmte Calvados-Küste, unterteilt in Côte de Grâce, Côte Fleurie und Côte Nacre, schließt sich im Westen nach der Seine-Mündung an. Kies- und Sandstrände wechseln an dieser vielbesuchten Küste miteinander ab. Im Hinterland ziehen die mittelalterlichen Städte Lisieux, Caen und Bayeux die Besucherströme an.

Die Umrundung der Halbinsel Contentin führt über die Landspitzen Pointe de Barfleur und Cap de la Hague zur größten Sehenswürdigkeit einer Rundreise durch Normandie und Bretagne, zum legendären Mont-Saint-Michel. Die Bucht Mont-St-Michel erlebt täglich den größten Tidenhub Europas. 14 Meter senkt und hebt sich hier das Meer.

Der Mont-St-Michel bildet die Grenze zur Bretagne. Die Küste wird bald felsig mit steilen und flachen Abschnitten, manchmal durch Sandbuchten unterbrochen. Aus dem Meer ragen Felsbrocken, Steinhaufen, Riffe und Felsinseln. Flüsse haben sich tief in das Plateau eingeschnitten und eine breite Mündung aus dem Felsgestein herausgeschnitten. Windumtoste Landspitzen ragen mit bizarren Formen weit ins Meer hinein. Meer und Land durchdringen sich an allen Küstenabschnitten.

Noch dramatischer und sturmgepeitschter wird die Küste am Ende Europas im Westen. Berühmt sind das Cap du Raz und die vorgelagerten Felsinseln. An der Südküste wird das Meer meistens etwas sanfter und ruhiger. Beeindruckend ist aber auch im Süden der bizarre Verlauf der Küstenlinie.

Das maritime Klima sorgt für ausgeglichene Temperaturen im Jahresverlauf, im Sommer selten über 25° C, im Winter kaum unter dem Gefrierpunkt. Niederschläge sind im Jahresverlauf immer zu erwarten. Dunkle Wolken, vom Wind vor sich hergetrieben, wechseln rasch mit weißen Wölkchen vor blauer Himmelskulisse. Allerdings kann auch mit ergiebigen Regenfällen oder Schönwetterperioden gerechnet werden. Windzerzauste, nach Osten geneigte Sträucher und Bäume, von Niederschlägen verwöhnte grüne Wiesen und Weiden, bestimmen das Bild der Landschaft.

Die Bevölkerung der Normandie gehört zur germanisch-romanisch-gallischen Sprachfamilie. In der Bretagne leben die Nachfahren des keltischen Volkes, einst Beherrscher Frankreichs, Britanniens und Süddeutschlands. Das Bretonische ist noch heute mit den Sprachen Wales und Schottlands eng verwandt. Eine innige Gläubigkeit verbindet die Menschen der Bretagne miteinander. In Stein gemeißelte Zeugen dieser tiefen Religiosität sind die Kalvarienberge, ein Spiegelbild ihres Glaubens und ihrer Furcht.

Landwirtschaft und Tourismus, aber auch Industrie, prägen das Bild an den Küsten und Flüssen. Bekannte Produkte der Region sind Butter, Käse und Cidré aus der Normandie, Austern und Jakobsmuscheln aus der Bretagne. Trotz des Tourismus und der Industrie sind Normandie und Bretagne das Land der Fischer und Bauern geblieben.

Fisch, Austern, Muscheln, Hummer sind die vorherrschenden Nahrungsmittel. Überall an den Küsten ziehen noch die Fischer mit ihren kleinen Booten aus den vielen Häfen aufs Meer hinaus. Köstlich schmecken die frischen Früchte des Meeres, die noch vom Boot aus verkauft werden.

Außerdem stehen Fleischgerichte, Lämmer, Hühner, Enten, Rinder auf der Speisekarte. Weltberühmt ist der Camembert, ein Weichkäse von erlesener Qualität. Beliebt sind auch die hauchdünnen Crêpes und die kräftigen Süßspeisen, Pudding, Kekse, Torten. Neben dem bekannten Cidré werden die Weine der Loiremündung getrunken. Der Calvados, ein Digestif der besonderen Güte, ist der krönende Abschluss eines köstlichen Essens. Oft dient der Calvados auch als Wegbereiter für den nächsten Gang einer üppigen Mahlzeit, dann nennen die Einheimischen ihn liebevoll „Normannisches Loch (trou normand)“.

Mobil reisen und Schönes erleben -
das ist Urlaub in der Normandie und in der Bretagne

Freie Stellplätze in französischen Ferienlandschaften

Wohnmobil-Urlaub an der Kanalküste, in der Normandie oder in der Bretagne, das kann die schönste Sache der Welt sein - wenn man die richtigen Übernachtungsplätze kennt. Die in diesem Buch beschriebenen Übernachtungsplätze genügen allen Urlaubsansprüchen. Von hier aus startet man Rundreisen, Besichtigungen, Einkäufe, Wanderungen, Radtouren oder man badet, faulenzt und genießt die Ruhe.

Wir haben alle Plätze selbst angefahren und beurteilt. Besonders beachtet wurden genaue Anfahrt, Wende- und Einparkmöglichkeiten, Platzgröße, die Belegung durch Pkw und Wohnmobile, die Eignung des Platzes für größere Wohnmobile, die Lage des Platzes. Diese Hinweise sind für den Wohnmobilurlauber von besonderer Bedeutung, um vergebliche Anreise und Stress und Ärger zu vermeiden.

In diesem Buch sind überwiegend Übernachtungsplätze, die von den Gemeindeverwaltungen für Wohnmobile zugelassen, ausgewiesen oder reserviert sind, aufgeführt. In französischen Feriengebieten - vor allem in der Bretagne - werden zunehmend Stellplätze ausdrücklich für Wohnmobile zugelassen, ausgewiesen oder sogar reserviert. Bei zugelassenen Übernachtungsplätzen sind zwar keine Wohnmobil-Schilder vorhanden, die Gemeinden gestatten aber ausdrücklich eine Übernachtung. Bei ausgewiesenen Übernachtungsplätzen sind Wohnmobil-Schilder an den Parkplätzen vorhanden. Wohnmobile und andere Fahrzeuge dürfen diese Parkplätze benutzen. Zum Teil sind schon im Ort Hinweisschilder und Wegweiser zu diesen Plätzen aufgestellt. Bei reservierten Übernachtungsplätzen sind die Stellplätze durch entsprechende Schilder gekennzeichnet. Andere Fahrzeuge dürfen auf diesen Stellflächen nicht abgestellt werden. In diesen Fällen sprechen wir von **Wohnmobilplätzen**. Diese Übernachtungsplätze sind fast immer mit Ver- und Entsorgungsstationen ausgerüstet. Eine mehrtägige Übernachtung ist fast immer erlaubt. Dort findet man die Gesellschaft anderer Wohnmobilurlauber und muss keine Bedenken haben, von den örtlichen Behörden von dem Parkplatz verwiesen zu werden.

In dem Stellplatzteil der Bücher sind die für Wohnmobile eingerichteten Übernachtungsplätze durch das Wohnmobil-Symbol deutlich gekennzeichnet. In den zugehörigen Tabellen sind diese Plätze fett gedruckt, in den Skizzen sind sie durch das Wohnmobil-Symbol hervorgehoben. Der Wohnmobilurlauber findet alle Voraussetzungen für einen erholsamen Urlaub. Die für Wohnmobile eingerichteten **Übernachtungsplätze in wohnmobilfreundlichen Orten** sollten unbedingt von allen Wohnmobilurlaubern bevorzugt werden. **Hier sind Wohnmobil-Touristen gern gesehene Gäste.**

Die als Parkplätze gekennzeichneten Stellplätze dürfen im allgemeinen auch für eine Übernachtung genutzt werden. Aber es können Änderungen eintreten. Durch falsches Verhalten der Urlauber oder durch übermäßige Ansammlungen von Wohnmobilen, die Einheimische und Bewohner der umliegenden Häuser stören, könnten die Park- und Übernachtungsplätze von den örtlichen Behörden für Wohnmobile gesperrt werden. Deshalb muss ich unbedingt an alle Wohnmobil-Touristen appellieren, sich umsichtig auf diesen Stellplätzen zu verhalten, Einheimische immer zuvorkommend zu behandeln, möglichst die Nischen oder den hinteren Bereich dieser Parkplätze zu belegen und Ansammlungen von Fahrzeugen zu vermeiden. Besonders auf Parkplätzen für öffentliche Einrichtungen, zum Beispiel für Frei- und Hallenbäder, Sportanlagen, Bootshäfen, Strandbäder, Freizeit- und Tierparks, Sehenswürdigkeiten, sollte man die vorderen Parkplätze für die Benutzer dieser Einrichtungen frei lassen.

In Frankreich sind manchmal örtliche Vorschriften für Wohnmobile und Camping-Fahrzeuge zu beachten. Die Verhältnisse auf den Park- und Übernachtungsplätzen können sich inzwischen trotz aller gründlichen Recherchen geändert haben. Sie werden sich vor allem dann ändern, wenn die Wohnmobil-Urlauber sich falsch verhalten, in Massen den Platz benutzen oder nicht die notwendige Sauberkeit walten lassen. In diesen Fällen wird die Gemeinde ein Wohnmobil-Verbot erlassen.

Es gibt in Frankreich keine Schwierigkeiten mit der Ver- und Entsorgung des Wohnmobils. An fast jedem Wohnmobilplatz und an den Autobahnenraststätten sind oft Ver- und Entsorgungsstationen eingerichtet worden. In der Normandie und in der Bretagne haben sehr viele Gemeinden Ver- und Entsorgungsstationen auf Übernachtungsplätzen für Wohnmobile installiert. Wasser ist auch an den Tankstellen, in Häfen für Sportboote und an öffentlichen Einrichtungen zu bekommen. Reicht das Kassetten-WC für eine längere Fahrt nicht aus, so ist zu empfehlen, ein zweites Untcrteil mitzunehmen. Müll muss gesammelt und darf nur in Müllbehälter entleert werden. Die meisten örtlichen Parkplätze und alle Autobahn-Parkplätze sind mit Müllcontainern ausgerüstet. Oft ist eine getrennte Sammlung von Glas, Blech, Papier und Restmüll auf den Parkplätzen vorgesehen. Sauberkeit ist immer oberstes Gebot. Gibt es einmal mit der Ver- oder Entsorgung Schwierigkeiten, sollte man eine Nacht auf einem Campingplatz verbringen und die sanitären Einrichtungen benutzen.

Alle freien Stellplätze sind im Verlaufe der Routen durchgehend nummeriert und mit Beschreibung, Anfahrt und Hinweisen versehen. Den einzelnen Reiserouten ist eine **Skizze** vorangestellt, aus der die Lage und Nummer der freien Stellplätze zu erkennen ist. Der Pfeil zeigt auf den Ort des Stellplatzes. Für Wohnmobile ausdrücklich zugelassene, ausgewiesene oder reservierte Übernachtungsplätze sind mit dem Wohnmobil-Symbol gekennzeichnet. Fast alle Skizzen wurden im gleichen Maßstab angefertigt, so dass der Vergleich mit Landkarten erleichtert wird und die Entfernungen gut abzuschätzen sind.

Die Lage des Stellplatzes ist mit einem, zwei, drei oder vier Sternen gekennzeichnet. Die Bewertung mit drei Sternen bedeutet immer eine sehr ruhige und schöne Lage, ausreichend Parkraum, eine gute Zufahrt und Gaststätten und Häuser in der näheren Umgebung. Bei zwei Sternen fehlt eines dieser Merkmale, eine ruhige Lage ist aber gewährleistet. Ist der Platz mit nur einem Stern eingestuft, so führt meistens eine Straße am Parkplatz vorbei. Solche Plätze sind für eine Übernachtung nur zu empfehlen, wenn sich die Insassen des Wohnmobils durch Geräusche des Straßenverkehrs nicht stören lassen. Vier Sterne erhält ein Übernachtungsplatz, wenn zusätzlich zu einer sehr ruhigen und sehr schönen Lage ein ungestörter Urlaubsaufenthalt möglich ist und eventuell eine Ver- und Entsorgungsstation vorhanden ist. In diesem Buch haben acht Plätze vier Sterne erhalten:

Breca, Bootshafen (Seite 218)
Cléden-Cap-Sizun, Pointe de Brezellec (Seite 153)
Honfleur, Bassin de l' Est (Seite 51)
Landevennec, Bootshafen (Seite 140)
Ploumoguer, Wohnmobilplatz (Seite 132)
Port Manec' h, Port (Seite 175)
Sulniac, Salle des Fêtes (Seite 190)
St-Brevin l' Ocean, Strand (Seite 230)

Ein Maßstab für die Größe des Übernachtungsplatzes ist die Zahl der angegebenen Stellmöglichkeiten. Bei diesen Angaben wird aber eine Belegung der Hälfte der Parkflächen durch PKW angenommen, was wohl selten zutrifft. Es muss berücksichtigt werden, dass Stellplätze an Sportstätten zur Zeit einer Veranstaltung und Stellplätze an Schwimmbädern in der Saison am Tage durch PKW belegt sein können. In der Saison und an Wochenenden sollten solche Stellplätze abends angefahren werden. Bei kleineren Parkplätzen ist ein Ausweichparkplatz in der näheren Umgebung angegeben. Die Stellplatzmöglichkeiten sind für 3, 5, 10, 20, 30 und 50 Wohnmobile gestaffelt. Sehr große Wohnmobile sollten die Stellplätze für 3 und 5 Wohnmobile und die Plätze mit schmalen Zufahrten nicht anfahren.

Für jede Route ist eine **Tabelle** der freien Stellplätze zusammengestellt, aus denen der geeigneten Platz ausgewählt werden kann. Die von den Gemeindeverwaltungen und privaten Gesellschaften eingerichteten Übernachtungsplätze für Wohnmobile sind fett gedruckt, diese sollten unbedingt für die Übernachtung bevorzugt werden. Die Tabelle gibt Auskunft über die Lage und Größe des Platzes, über die nähere Umgebung, zum Beispiel über Häuser, Gaststätten, Toiletten, Strände oder Seen. Aber auch Ver- und Entsorgungsmöglichkeiten, Aufenthaltsdauer und Parkgebühren sind angegeben. Man sollte auch beachten, dass Toiletten sehr häufig an Strandbädern, in Museen oder in der Nähe von Sehenswürdigkeiten zu finden sind.

Im Gegensatz zu Deutschland ist auf den kommunalen Wohnmobilplätzen meistens keine Gebühr zu entrichten. Auf diesen Plätzen ist fast immer eine Ver- und Entsorgungseinrichtung vorhanden, deren Benutzung allerdings oft nicht kostenfrei ist.

Die ausführlichen Informationen sind in den einzelnen Stellplatzbeschreibungen zu finden. **Neu** sind in dieser Auflage folgende Angaben:

- **eingeschränkte Nutzungsmöglichkeiten außerhalb der Saison,**
- **erlaubte Aufenthaltsdauer,**
- **Belegung durch Wohnmobile in der Saison,**
- **Zustand der Stellflächen,**
- **Telefon-Nummern der Tourismusämter.**

Wenn wir uns auf den Stellplätzen richtig verhalten, können wir unseren Urlaub ungetrübt genießen und ungebunden die große Freiheit erleben. Wir sind dann in der Lage, unseren Urlaub völlig frei zu gestalten. Ein lauschiger Platz in einer idyllischen Landschaft mit Blick über Berge und Täler oder an einem stillen See, an einem plätschernden Fluss, an der Brandung des Meeres, einsam auf einer Waldlichtung, das verstehen wir unter freien Stellplätzen. Manchmal bieten Campingplätze in der Saison keine Erholung: Gedränge, Lärm vom Radio und Fernseher, enge Zufahrten, Wand an Wand mit dem Nachbarn und in der Hochsaison weit im voraus ausgebuchte Plätze sind oft in Kauf zu nehmen. In der Natur übernachten, die Umwelt schonen und Rücksicht auf die Nachbarschaft nehmen - das ist „freies Stehen". Folgen Sie unseren Vorschlägen. Sie werden Ihre Reise erholt und ausgeruht fortsetzen und Sie werden sich später gern an die schönen und erlebnisreichen Urlaubstage erinnern.

Wir wünschen Ihnen erlebnisreiche Tage, ruhige Nächte und einen erholsamen Urlaub in der Normandie und in der Bretagne.

Wo Frankreich sich England nähert

An der Kanalküste

Tour 1

Frisch weht uns der Wind ins Gesicht, als wir die Kanalküste bei Dürnkirchen erreichen. Fachwerkdörfer im Postkartenmotiv, leuchtende rotgelbe Äpfel in der Landschaft, Schafe auf Wiesen, die plötzlich abbrechen und ins Meer stürzen, Märkte mit Unmengen von Käse, vor allem Camembert, und Calvados in allen möglichen Flaschenformen. Schiefe, reetgedeckte Bauernhäuser werden uns in den nächsten Tagen und Wochen an der Kanalküste und in der Normandie begleiten.

Wir bleiben an der Küste, die Alabasterküste, Côte d' Albâtre, genannt wird. Wir fühlen uns hingezogen zu dem Rauschen des Meeres, zu dem Heulen des Windes, zu den rauhen und steilen weißen Kalkklippen und zu den sanften Kies- und Sandstränden. Fischerhäfen mit dümpelnden bunten Kähnen, mit aufgestapelten Netzen und Reusen ziehen uns immer wieder an. Fangfrischer Fisch, Kisten voller Muscheln, Seeschnecken und Krebse locken uns immer wieder zu den Häfen.

In Gravelines kann man auf drei verschiedenen Plätzen parken und übernachten, im Ort auf dem Parkplatz d' Arsenal **(KK-1)** oder am Hafen **(KK-2)** oder am Strand **(KK-3)**. Wir bleiben am liebsten auf den Plätzen am Meer und fahren auf unserer Tour immer in der Nähe der Küste.

In Boulogne erleben wir eine Hochburg des Tourismus. Wir halten uns hier nicht lange auf. Der angebotene Stellplatz in le Portel im Süden von Boulogne liegt auf einem breiten Parkstreifen an der Straße und ist nicht nach unserem Geschmack **(KK-4)**. Wir stellen unser Schlafmobil in dem freundlichen und lebendigen Touristenort le Touquet-Paris Plage auf dem Wohnmobilplatz am Yachthafen mit Blick auf den Kanel ab **(KK-6)**. Aber auch die Übernachtungsmöglichkeit am kleinen Flugplatz bietet in einer parkähnlichen Landschaft eine ruhige Nacht **(KK-5)**.

Das Mündungsdelta und die Bucht der Somme ist eine riesiges Sumpf- und Naturschutzgebiet. Im Norden der Bucht hat der Ort Le Crotoy einen Wohnmobilplatz mit Ver- und Entsorgung hinter dem Deich eingerichtet **(KK-7)**. Wir überwinden den schmalen Dünengürtel, liegen faul am feinen Sandstrand und blicken auf das tobende Meer.

Le Tréport, ein Badeort der Pariser, ist unser nächstes Ziel. Hier beginnt die Alabasterküste, die sich bis le Havre erstreckt. Breite Sandstrände locken im Sommer viele Touristen in das Seebad. Von einem Aussichtspunkt, dem Calvaire de Terrasses, hat man einen phantastischen Ausblick auf die Dächer des Städtchens, über das Meer und die weiße Abbruchkante der bizarren Küstenfelsen.

Den Wohnmobiltouristen wird am Ortsrand ein gut ausgestatteter und schön angelegter, von Grünanlagen umgebener Platz angeboten **(KK-8)**. Mehrere Wasserentnahmestellen, Entsorgungsmöglichkeiten, Stromsäulen, Bänke und Tische, alle Einrichtungen für einen angenehmen Aufenthalt sind vorhanden. Zwei Tage darf man auf diesem Platz verweilen.

Wir wollen das Hinterland, die Pays de Bray und die Pays de Caux kennenlernen und fahren nach Neufchâtel, Rouen und Yvetot, sehenswerte mittelalterliche Städte. Für die Besichtigung von Rouen sollte man einen ganzen Tag einplanen. Übernachtungsplätze für Wohnmobile wurden von den Kommunen in Aumale **(KK-9)**, Forget-les-Caux **(KK-10)**, Montville **(KK-11)** und Cléres **(KK-12)** eingerichtet.

In Dieppe beherrschen Fährschiffe und Sportboote das Hafenbild. Früher im 16. und 17. Jahrhundert waren es die Segler mutiger Männer, die von hier aus die Insel Sumatra, das Amazonasdelta, den St-Lorenz-Strom und den Mississippi erforschten.

Heute ist der Tourismus eine gute Einnahmequelle für die Stadt. Wir fahren zum Alten Schloss, ein wuchtiger Bau aus dem 15. Jahrhundert mit markanten Ecktürmen, hoch über den Steilfelsen im Osten von Dieppe vom Festungsbaumeister Vauban erbaut. Im Schloss befindet sich das städtische Museum mit bekannten Elfenbeinsammlungen, damals aus dem „weißen Gold“, das die Entdecker und Seefahrer aus Afrika und Asien mitbrachten, von den Schnitzern und Künstlern aus Dieppe gefertigt.

Wir besichtigen bei unserem Bummel durch die Stadt auch die anderen Sehenswürdigkeiten, die Reste der Stadtmauer, das Stadttor Porte des Tourelles, die Kirchen St-Remy und St-Jaques, die Brücke Jean-Ango, die den Fischereihafen von dem Fährhafen trennt, das Fischerviertel Le Pollet mit engen Gassen und schiefen Häusern.

Am Kiesstrand in der Nähe des Fährhafens hat die Stadt für Wohnmobile einen recht großen Platz mit Meeresblick eingerichtet **(KK-13)**. Der Weg zur Ortsmitte, zu den Geschäften und Gaststätten ist nicht sehr weit, ein idealer Aufenthalt für eine Nacht, um die Stadt kennenzulernen.

Sehenswert ist in Varengeville-sur-Mer das in der Renaissance erbaute Herrenhaus Manoir d' Ango mit dem größten Taubenhaus Frankreichs im Innenhof und dem Park Floral Le Bois. Etwas landeinwärts ist inmitten einer Parklandschaft am Ufer des Durdent das Château de Cany zu besichtigen.

In Saint-Vallery-en-Caux liegt unmittelbar an der Zufahrt zum Fischereihafen ein sehr schöner und ruhiger Wohnmobilplatz **(KK-14)**. Wir genießen den Blick über das tosende Meer und die anrollenden Wogen, die ständig versuchen, die Steilküste anzuknabbern. Leider muss man möglichst am Vormittag anreisen, um einen guten Stellplatz zu bekommen. Die eingezeichneten Boxen sind sehr eng und spätestens am Nachmittag alle belegt.

In der Hafenstadt Fécamp wird die Reliqie des heiligen Blutes Christi in der Marienkapelle eines Klosters aufbewahrt. Der Behälter mit den Blutstropfen Christi soll mit einem Feigenstamm hier an Land geschwemmt worden sein. Der Ort wurde zu einem Ziel der Pilger. Die Kirche St-Tinité gehört mit dem romanischen Sakralbau von 128 Metern Länge zu den längsten Kirchen Frankreichs. Der Vierungsturm ist 64 Meter hoch. Die Mönche erfanden im Kloster den berühmten Bénédictiner-Likör, der noch heute eine Spezialität des Ortes ist. In der lebendigen Stadt sind außerdem das Palais Bénédictine, der Hafen und die Altstadt mit engen Gassen und winkligen Häusern sehenswert. Leider finden wir in diesem Ort keinen Übernachtungsplatz.

Eingeklemmt zwischen berühmten steilen Klippen und Felsnadeln liegt der Ort Etretat. Alte Häuser, Fachwerkbauten und die rekonstruierte Markthalle aus einem groben Balkengerüst bestimmen das Bild im Zentrum. Der Kies- und Sandstrand und der Promenadenweg schwingen sich um die Bucht, die zu beiden Seiten von der Steilküste und bizarren Felsen flankiert wird.

Die größten Sehenswürdigkeiten an der Alabasterküste, von der Natur geschaffene Skulpturen, erleben wir auf zwei einstündigen Wanderungen am Klippenrand des Steilufers, im Westen den „Falaise d' Aval" und im Osten den „Falaise d' Amont", der von der Kirche Notre-Dame-de-la-Garde beherrscht wird. Großartige Blicke auf die zerklüftete Steilküste begleiten uns ständig auf diesen Wanderungen. Der Wanderweg „Sentier des douaniers" zieht sich unmittelbar am Klippenrand entlang der gesamten 120 km langen Alabasterküste.Am Rande des Ortes und doch nur 10 Minuten von dem Zentrum und vom Strand entfernt darf man sein Schlafmobil auf einem ruhigen Platz für eine Nacht abstellen **(KK-15)**. Ver- und Entsorgungsmöglichkeiten sind auf dem Platz vorhanden.

Cap d' Antifer ist ein Paradies für Surfer. Die kleinen bunten Segel beherrschen die Küste. Daneben steuern Supertanker den neuen Tiefseehafen an, der angelegt wurde, weil die neuen riesigen Tanker den Hafen von Le Havre nicht mehr anlaufen konnten.

Le Havre müssen wir nicht unbedingt mit unserer Landyacht ansteuern. Die historische Bausubstanz wurde im zweiten Weltkrieg vollständig vernichtet. Nach 1945 entstand eine moderne Industriestadt. 1994 wurde mit der Brücke über die breite Seine „Pont de Normandie" ein großartiges Projekt fertiggestellt. Die Distanz zwischen den beiden 214 Meter hohen Pfeilern der Brücke beträgt 856 Meter, die gesamte Länge der Brücke 2.141 Meter.

Wir lenken unser Wohnmobil wieder ins Landesinnere Richtung Rouen, um das Tal der Seine kennenzulernen. Dieser Fluss war schon immer die wichtigste und verkehrsreichste Handelsverbindung Nordfrankreichs. Im Parc Régional de Brotonne erleben wir einige ursprüngliche Landschaften, wandern am Ufer der Seine entlang und genießen die Stille der Wälder. Am Seineufer bei la Mailleraye finden wir einen ruhigen Schlafplatz **(KK-16)**.

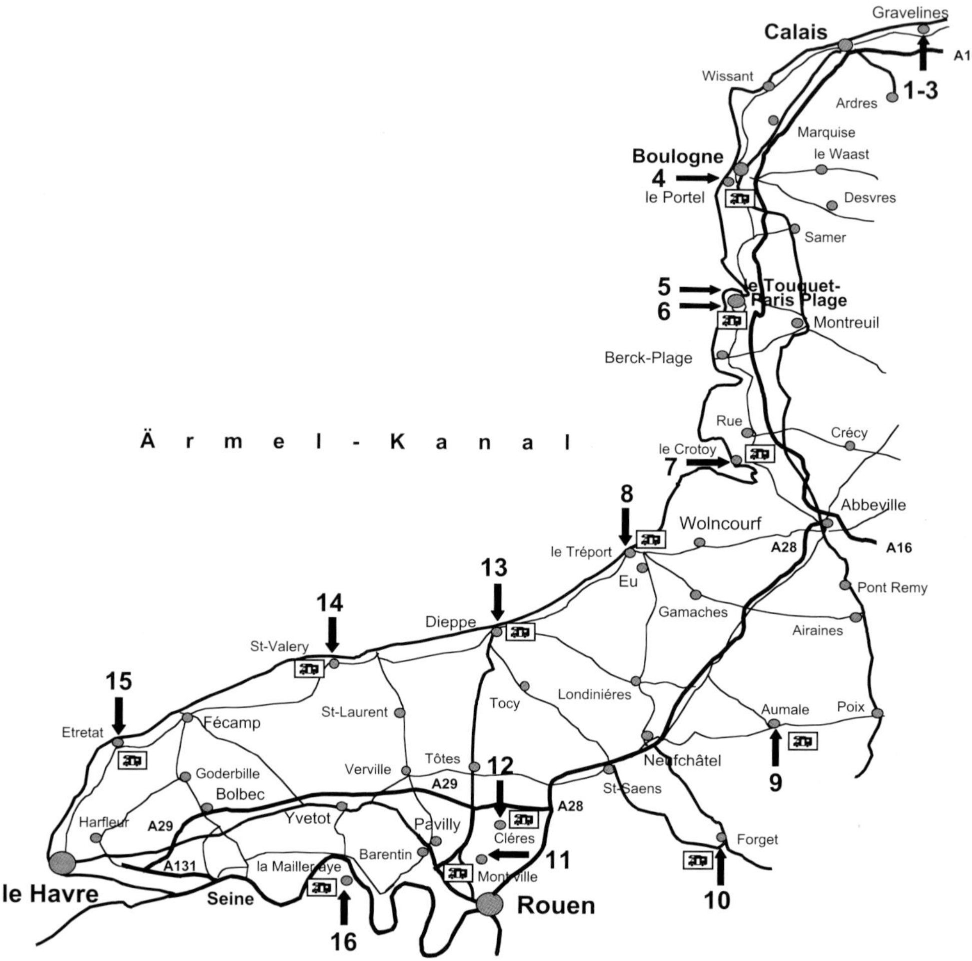

An der Kanalküste

Tour 1: **An der Kanalküste**

Nr.	Ort, Bezeichnung	Stell-plätze A	Gast-haus	Häu-ser	WC	Bad See	Womo-platz	Ent-sorg.	Park-dauer B	Park-gebühr C
KK-1	**Gravelines, Ortsmitte ***	5	+	+	-	-	+	-	2	0
KK-2	**Gravelines, Hafen ****	5	+	+	-	-	+	-	2	0
KK-3	**Gravelines, Plage ****	5	-	+	-	+	+	-	2	0
KK-4	**Le Portel, Rue des Champs ***	10	-	+	-	-	+	+	1	0
KK-5	**Le Touquet, Aéroport ****	5	-	-	-	-	+	+	1	0
KK-6	**Le Touquet, Yachthafen *****	20	+	-	-	-	+	+	U	0
KK-7	**Le Crotoy, Rue de Marais *****	20	+	-	-	+	+	+	U	0
KK-8	**Le Tréport, Rue Mendés France *****	30	+	-	-	-	+	+	2	5
KK-9	**Aumale, Wohnmobilplatz ****	30	-	+	-	-	+	+	U	2
KK-10	**Forget-les-Eaux, Wohnmobilplatz****	10	-	+	-	-	+	+	1	0
KK-11	**Montville, Espace-Loisir ****	3	-	+	-	-	+	+	1	0
KK-12	**Cleres, Rue Spalikowski ***	3	-	+	-	-	+	+	3	0
KK-13	**Dieppe, Hafeneinfahrt *****	50	+	+	+	+	+	-	U	0
KK-14	**ST-Valery-en Caux, Plage Ouest *****	20	+	-	-	+	+	+	2	0
KK-15	**Étretat, Grand val ****	10	+	+	+	-	+	+	1	0
KK-16	**La Mailleraye, Seineufer ****	10	+	+	-	-	+	+	1	0

Legende

****	sehr ruhige und sehr schöne Lage.
***	sehr ruhige und schöne Lage.
**	ruhige und gute Lage.
*	keine ruhige Lage.
A	Stellplätze gestaffelt nach 3, 5, 10, 20, 30, 50 Wohnmobilen. Dabei wird angenommen, dass nur die Hälfte des Platzes zur Verfügung steht und die andere Hälfte durch PKW belegt ist.
B	Aufenthaltsdauer in Tagen.
C	Übernachtungsgebühr in Euro pro Wohnmobil und 24 Stunden oder Parkgebühr.
P	Parkgebühr in der Saison.
T	Aufenthaltsdauer einige Tage.
U	Aufenthaltsdauer unbegrenzt.
	Ausgewiesener Wohnmobilplatz.

Wohnmobilplatz am Strand von Le Crotoy (KK-7, Seite 36)

Wohnmobilplatz am Strand von Arromanches (CC-8, Seite 53)

Gravelines, Ortsmitte * KK - 1

Für Wohnmobile zugelassener, asphaltierter Parkplatz in der Ortsmitte.

Von der Ausfahrt Bourbourg/Gravelines (23) der Autobahn A16 Richtung Gravelines (D11) und in Gravelines Richtung centre ville nach 8 km zum Parkplatz de l'Arsenal fahren.

! Gaststätten und Geschäfte am Parkplatz.
! Häuser am Parkplatz.
! Ver- und Entsorgung am Bergwerk.
! Geräusche durch Straßenverkehr.
! Aufenthaltsdauer 48 Stunden.
! Ganzjährig zugänglich.
! Wanderungen und Radtouren an der Kanalküste.
! Besichtigung von Gravelines.
! Fahrt nach Calais.
! Fahrt nach Dünkirchen.
! Fahrt nach Belgien.
! Stellmöglicheiten für 5 Wohnmobile.
! Keine Parkgebühr.
! Ebene Stellflächen.
! Informationen: Tel. 03 28 23 59 00.

Gravelines, Hafen ** KK - 2

Für Wohnmobile zugelassener Parkplatz am Hafen in ruhiger Lage.

Von der Ausfahrt Bourbourg/Gravelines (23) der Autobahn A16 Richtung Gravelines und nach 6 km am Ortsrand links Richtung port (Umgehungsstraße D11a) fahren. Nach 1,5 km wird der Parkplatz am Hafen erreicht.

! Gaststätten in der Nähe.
! Häuser am Parkplatz.
! Ver- und Entsorgung am Bergwerk.
! Aufenthaltsdauer 48 Stunden.
! Ganzjährig zugänglich.
! Wanderungen und Radtouren an der Kanalküste.
! Besichtigung von Gravelines.
! Fahrt nach Calais.
! Fahrt nach Dünkirchen.
! Ausflug nach Belgien.
! Stellmöglicheiten für 5 Wohnmobile.
! Keine Parkgebühr.
! Ebene Stellflächen.
! Informationen: Tel. 03 28 23 59 00.

Für Wohnmobile zugelassener, befestigter Parkplatz 50 m vom Strand in ruhiger und schöner Lage.

Von der Ausfahrt Bourbourg/Gravelines (23) der Autobahn A16 Richtung Gravelines und nach 5 km am Ortsrand links Richtung Calais fahren (N1). Nach 3,5 km rechts Richtung Grand-Fort-Philippe abbiegen. Noch 2 km bis zum Strand.

! Häuser in der Nähe.
! Ver- und Entsorgung am Bergwerk.
! Aufenthaltsdauer 48 Stunden.
! Ganzjährig zugänglich.
! Wanderungen und Radtouren an der Kanalküste.
! Besichtigung von Gravelines.
! Fahrt nach Calais und Dünkirchen.
! Fahrt nach Belgien.
! Stellmöglicheiten für 5 Wohnmobile.
! Keine Parkgebühr.
! Ebene und leicht unebene Stellflächen.
! Informationen: Tel. 03 28 23 59 00.

Stellplatz in der Ortsmitte von Bayeux (CC-11, Seite 55)

Le Portel, Rue des Champs *   KK - 4

Ausgewiesener Wohnmobilplatz auf einem breiten, asphaltierter Parkstreifen neben der Straße.

Von der Autobahn A16 und den Straßen 1 und 940 Richtung Equihen Plage fahren und im Ortskreisel dem Wegweiser Outreau/Boulogne folgen. Nach 1,8 km (D119) im Kreisel am Ortsanfang Le Portel Richtung Le Portel (D236)) fahren.Nach 500 m links (kein Wegweiser) und nach weiteren 100 m Richtung Boulogne fahren. Nach weiteren 400 m links Richtung Parkplatz Bus/Plage abbiegen. Noch 100 m bis zum Parkplatz links.

! Häuser am Parkplatz.
! Stadion (stade Amour Sergent) am Parkplatz.
! Ver- und Entsorgung (Bodeneinlass und Wasserhahn) am Parkplatz.
! Stromkasten am Parkplatz.
! Geräusche durch Straßenverkehr.
! Aufenthaltsdauer 24 Stunden.
! Ganzjährig zugänglich.
! Wanderungen und Radtouren an der Côte d' Opal.
! Besichtigung von Boulogne.
! Fahrt nach Calais.
! Fahrt nach Belgien.
! Stellmöglickeiten für 10 Wohnmobile.
! Keine Parkgebühr.
! Ebene Stellflächen.
! Informationen: Tel. 03 21 87 73 80 oder 03 21 87 73 73.

Le Touquet-Paris Plage, Aéroport **   KK - 5

Wohnmobilplatz auf einem Wiesen- und Buschgelände am Flugplatz neben dem Laika-Händler.

Von der Schnellstraße N39 1,4 km nach dem Kreisel D940/N39 rechts Richtung Aéroport abbiegen. Nach 600 m - 300 m nach dem Ortsanfang Le Touquet - wieder rechts und nach weiteren 400 m nochmals rechts dem Wegweiser aéroport folgen (3,5 t). Nach weiteren 800 m links fahren. Noch 100 m bis zum großen asphaltierten Flughafenparkplatz und 300 m bis zum Wohnmobilplatz neben dem Laika-Händler.

! Wohnmobil-Händler am Parkplatz.
! Flugplatz am Parkplatz. Keine Lärmbelästigung.
! Ver- und Entsorgung (Euro-Relais) am Parkplatz.
! Stromanschlüsse in der Nähe.
! Aufenthaltsdauer 24 Stunden.
! Wanderungen und Radtouren an der Bucht des Flusses Canche und an der Kanalküste.
! Besichtigung von Le Touquet-Paris Plage.
! Fahrt nach Boulogne.
! Ausflug zur Somme.
! Stellmöglickeiten für 5 Wohnmobile.
! Keine Parkgebühr.
! Ebene und leicht unebene Stellflächen.
! Ausweichparkplatz am Flughafen. Stellmöglichkeiten für 20 Wohnmobile.
! Informationen: Tel. 03 21 06 30 30.

Le Touquet-Paris Plage, Yachthafen *** KK - 6

19.8.08

Ausgewiesener asphaltierter Wohnmobilplatz am Yachthafen in sehr ruhiger und schöner Lage.

Von der Schnellstraße N39 1,4 km nach dem Kreisel D940/N39 rechts und nach 600 m - 300 m nach dem Ortsanfang Le Touquet - wieder rechts Richtung aéroport abbiegen. Nach 400 m im Kreisel dem Wohnmobil-Symbol folgen. Am Ende der Straße nach weiteren 500 m links fahren (kein Wegweiser). Nach 600 m wird recht die Zufahrt (camping cars) erreicht. Noch 200 m bis zum Parkplatz.

- Restaurant in der Nähe.
- Blick auf den Hafen und die Bucht.
- Ver- und Entsorgung (Bodeneinlass und Wasseranschluss) am Parkplatz.
- Stromanschluss möglich.
- Getrennte Müllentsorgung am Parkplatz.
- Strand in der Nähe.
- Wohnmobile meistens anzutreffen.
- Aufenthaltsdauer nicht begrenzt.
- Ganzjährig zugänglich.
- Wanderungen und Radtouren an der Bucht des Flusses Canche und an der Kanalküste.
- Besichtigung von Le Touquet-Paris Plage.
- Fahrt nach Boulogne.
- Ausflug zur Somme.
- Stellmöglickeiten für 20 Wohnmobile.
- Keine Parkgebühr.
- Ebene Stellflächen.
- Informationen: Tel. 03 21 06 30 30.

Le Crotoy, Rue du Marais *** KK - 7

21.8.08

Ausgewiesener befestigter Wohnmobilplatz hinter den Dünen in sehr ruhiger und schöner Lage.

Von der D940 am Kreisel vor le Crotoy Richtung Plage/St-Firmin fahren (D4) und nach 1,6 km im Kreisel links Richtung Plage abbiegen. Nach 100 m rechts und nach weiteren 100 m links zum Parkplatz fahren.

- Restaurant in der Nähe.
- Häuser am Parkplatz.
- Ver- und Entsorgung (Euro Relais) am Parkplatz. Bedienung mit Jeton.
- Stromanschluss möglich.
- Dünen und feiner Sandstrand am Parkplatz.
- Wohnmobile oft anzutreffen.
- Aufenthaltsdauer 24 Stunden.
- Ganzjährig zugänglich.
- 10 min Fußweg zur Ortsmitte.
- Wanderungen und Radtouren an der Mündung der Somme und an der Kanalküste.
- Naturschutzgebiet Baie de Somme.
- Stellmöglickeiten für 20 Wohnmobile.
- Keine Parkgebühr. 5,-
- Ebene Stellflächen.
- Auf den anderen Parkplätzen in Le Crotoy übernachten verboten.
- Informationen: Tel. 03 22 27 80 24.

Bild Seite 32

Le Tréport, Rue Mendés France *** 22.8.08 KK - 8

Durch Grünanlagen in Abschnitte eingeteilter, gepflasterter und asphaltierter Wohnmobilplatz in sehr ruhiger und schöner Lage.

Von der D925 östlich von Le Treport im Kreisel Richtung Le Treport fahren und nach 2,8 km im Kreisel Richtung Le Treport (D2) und nach weiteren 300 m im Kreisel Richtung Le Treport abbiegen (D1915). Nach 1 km - 300 m nach dem Ortsanfang Le Treport - rechts dem Wegweiser Camping municipal/aire de camping car folgen und am Campingplatz vorbei fahren. Nach 300 m wird der Wohnmobilplatz rechts erreicht.

! Restaurant in der Nähe.
! Tische und Bänke am Parkplatz.
! Ver- und Entsorgung mit Spülschlauch am Parkplatz. Mehrere Wasserentnahmestellen.
! Stromversorgung am Platz.
! Getrennte Müllentsorgung am Platz.
! Wohnmobile immer anzutreffen.
! Aufenthaltsdauer 48 Stunden.
! Ganzjährig zugänglich.
! 15 min Fußweg zur Ortsmitte und zum Strand (Klippen und Sandstrand).
! Wanderungen und Radtouren an der Kanalküste. Aussichtspunkt Calvaire des Terrasses.
! Ausflug zur Somme.
! Stellmöglickeiten für 30 Wohnmobile.
! Parkgebühr: 5 Euro für 24 Stunden (einschließlich Ver- und Entsorgung und Stromanschluss).
! Ebene Stellflächen.
! Informationen: Tel. 02 35 50 55 20. 6,50.-

Bild Seite 21

Aumale, Wohnmobilplatz ** KK - 9

Für Wohnmobile zugelassener kommunaler Parkplatz vor dem Campingplatz Grand Mail in ruhiger Lage.

Von der D29 (Neufchâtel-Amiens) 30 km östlich von Neufchâtel Richtung Aumale abbiegen. Im Ort den Wegweisern Colline le Grand Mail und Camping Grand Mail folgen (Rue Soer Badion, Ecke Rue de l' Hotel de Ville).

! Häuser in der Nähe.
! Campingplatz am Parkplatz.
! Ver- und Entsorgung am Parkplatz.
! Stromversorgung möglich.
! Zugänglich vom 14. 04 bis 30. 09.
! Aufenthaltsdauer nicht begrenzt.
! Ausflug zur Küste.
! Besichtigung von Rouen: Place du Vieux-Marché, Abbaye Saint-Quen, Kathedrale Notre-Dame, Palais de Justice, Saint-Maclou, Altstadt.
! Fahrt nach Amiens.
! Stellmöglickeiten für 30 Wohnmobile.
! Parkgebühr: 2 Euro für 24 Stunden.
! Ebene Stellflächen.
! Informationen: Tel. 02 35 93 40 50.

Forget-les-Eaux, Wohnmobilplatz ** KK - 10

Für Wohnmobile zugelassener kommunaler Parkplatz in der Nähe des Campingplatzes am Boulevard Nicolas Thiessé in ruhiger Lage.

Von der D915 (Dieppe-Gournay) Richtung Forget-les Eaux abbiegen. Im Ort denWegweisern Camping und Boulevard Nicolas Thiessé folgen.

! Häuser in der Nähe.
! Campingplatz in der Nähe.
! Ver- und Entsorgung am Parkplatz.
! Stromversorgung möglich.
! Aufenthaltsdauer 48 Stunden.
! Ganzjährig zugänglich.
! Ausflug zur Küste.
! Besichtigung von Rouen: Place du Vieux-Marché, Abbaye Saint-Quen, Kathedrale Notre-Dame, Palais de Justice, Saint-Maclou, Altstadt.
! Stellmöglickeiten für 10 Wohnmobile.
! Keine Parkgebühr.
! Ebene Stellflächen.
! Informationen: Tel. 02 32 89 94 20.

Montville, Espace-Loisir ** KK - 11

Für Wohnmobile zugelassener kommunaler Parkplatz am Freizeitpark Espace in ruhiger Lage.

Von der Ausfahrt Eslettes (10) der Autobahn A151 Richtung Eslette/Montville fahren. Im Ort den Wegweisern Espace-Loisir und Musée des Sapeurs-pompiers folgen.

! Häuser in der Nähe.
! Ver- und Entsorgung am Parkplatz.
! Stromversorgung möglich.
! Aufenthaltsdauer 24 Stunden.
! Ganzjährig zugänglich.
! Ausflug zur Küste.
! Besichtigung von Rouen: Place du Vieux-Marché, Abbaye Saint-Quen, Kathedrale Notre-Dame, Palais de Justice, Saint-Maclou, Altstadt.
! Stellmöglickeiten für 3 Wohnmobile.
! Keine Parkgebühr.
! Ebene Stellflächen.
! Informationen: Tel. 02 32 93 91 00.

Cléres, Rue Spalikowski * KK - 12

Für Wohnmobile zugelassener kommunaler Parkplatz im Ort.

Von Rouen über Montville nach Cléres fahren oder von der D29 (Yvetot-St-Saens) Richtung Cléres abbiegen. Im Ort dem Wohnmobil-Symbol zur Rue Spalikowski folgen.

! Häuser in der Nähe.
! Ver- und Entsorgung am Parkplatz.
! Stromversorgung möglich.
! Zugänglich April - Oktober.
! Aufenthaltsdauer 72 Stunden.
! Ausflug zur Küste.
! Besichtigung von Rouen: Place du Vieux-Marché, Abbaye Saint-Quen, Kathedrale Notre-Dame, Palais de Justice, Saint-Maclou, Altstadt.
! Stellmöglickeiten für 3 Wohnmobile.
! Keine Parkgebühr.
! Ebene Stellflächen.
! Informationen: Tel. 02 35 33 23 31.

Dieppe, Hafeneinfahrt *** KK -13

Asphaltierter Wohnmobilplatz in sehr ruhiger und schöner Lage.

Von der D925 Richtung Dieppe fahren (Lastwagen-Route) und im Kreisel N27/D925 (Ortanfang Dieppe) Richtung Dieppe fahren (N27). Nach 1,6 km im Kreisel dem Wegweiser centre folgen und nach weiteren 1,1 km links fahren (kein Wegweiser). Nach 100 m rechts Richtung Port de Plaissier, nach weiteren 600 m wieder rechts Richtung Parkplatz Plage abbiegen. Nach 300 m wird der Platz rechts erreicht.

! Häuser und Gaststätten in der Nähe.
! Blick auf Felsen und Meer.
! WC am Platz.
! Abfallbehälter am Platz.
! Telefon am Platz.
! Wohnmobile immer anzutreffen.
! Aufenthaltsdauer nicht begrenzt.
! Ganzjährig zugänglich.
! Kiesstrand am Platz.
! 10 min Fußweg zur Ortsmitte.
! Wanderungen und Radtouren an der Kanalküste.
! Besichtigung von Dieppe: Château, Seemannskirche Notre-Dame-de-Bonsecours, St-Remy, St-Jaques, Pont Jean-Ango, Fischerviertel Le Pollet, Porte de Tourelles, Hafen.
! Besuch des Elfenbeinmuseums im Château.
! Besuch des Aquariums Estran-Cité de la Mer.
! Stellmöglickeiten für 50 Wohnmobile.
! Keine Parkgebühr.
! Ebene Stellflächen.
! Informationen: Tel. 02 35 84 11 77.

St-Valery-en-Caux, Plage Ouest *** KK - 14

In Boxen eingeteilter, asphaltierter Wohnmobilplatz am Meer in sehr ruhiger und schöner Lage.

Von der D925 im Kreisel Richtung centre ville fahren und nach 1,6 km links Richtung centre ville abbiegen. Nach 600 m links dem Wegweiser Plage/Casino und nach 200 m nach der Brücke rechts dem Wegweiser Aire de Camping Car folgen. Noch 400 m bis zum Wohnmobilplatz links und rechts.

! Restaurant in der Nähe.
! Teilweise Blick aufs Meer.
! Schmale 400 m lange, aber gute Zufahrt.
! Klippen und Kiesstrand in der Nähe.
! Ver- und Entsorgung (Euro Relais) am Platz.
! Stromversorgung am Platz.
! Abfallbehälter am Platz.
! Informationstafel am Platz.
! Wohnmobile immer anzutreffen.
! Aufenthaltsdauer 48 Stunden.
! Ganzjährig zugänglich.
! 8 min Fußweg zur Ortsmitte.
! Fangfrischer Fischverkauf von den Fischerbooten am Hafen.
! Wanderungen und Radtouren zu den Felsenklippen und an der Kanalküste.
! Ausflug zur Alabasterküste.
! Stellmöglickeiten für 20 Wohnmobile. Schmale Boxeneinteilung. In der Saison oft überfüllt.
! Keine Parkgebühr.
! Ebene Stellflächen.
! Andere Parkplätze im Ort abgeschrankt.
! Informationen: Tel. 02 35 50 55 20.

Bild Seite 44

Ètretat, Grand val ** KK - 15

Für Wohnmobile zugelassener, asphaltierter Parkplatz am Ortsrand in ruhiger und schöner Lage.

Bei Anfahrt aus dem Süden von Le Havre von der D940 in der Ortsmitte - 600 m nach dem Ortsanfang Ètretat rechts Richtung Autobahn abbiegen (D39). Noch 400 m bis zum Parkplatz links.

! Restaurant in der Nähe.
! Häuser am Parkplatz.
! WC am Parkplatz.
! Ver- und Entsorgung (Bodeneinlass, Wasseranschluss) am Platz.
! Getrennte Müllentsorgung am Platz.
! Wohnmobile fast immer anzutreffen.
! Aufenthaltsdauer 24 Stunden.
! Ganzjährig zugänglich.
! Felsklippen und feiner Kiesstrand in der Nähe.
! 10 min Fußweg zur Ortsmitte und zum Strand.
! Wanderungen und Radtouren zu den Felsenklippen und an der Kanalküste.
Felsnadel Porte d' Aval, Falaise d' Amont.
! Besichtigung von Ètretat: Altstadt, Fachwerkhäuser, Markthallen, Küstenlandschaft.
! Ausflug zur Alabasterküste.
! Stellmöglickeiten für 10 Wohnmobile.
! Keine Parkgebühr.
! Ebene Stellflächen.
! Informationen: Tel. 02 35 27 05 21.

Bilder Seite 6, 21 und 44

La Mailleraye, Seineufer **

Für Wohnmobile zugelassener, befestigter Parkplatz an der Seine in ruhiger und schöner Lage.

Von der D982 (Lillebonne-Rouen) bei Caudebec über die Brücke Pont de Brotonne Richtung la Mailleraye fahren. Im Ort den Wegweisern Seine und Quai Paul Gérardeau folgen.

! Restaurant in der Nähe.
! Häuser am Parkplatz.
! Ver- und Entsorgung am Platz.
! Stromanschluss möglich.
! Aufenthaltsdauer 24 Stunden.
! Ganzjährig zugänglich.
! Besichtigung von Rouen: Place du Vieux-Marché, Abbaye Saint-Quen, Kathedrale Notre-Dame, Palais de Justice, Saint-Maclou, Altstadt.
! Fahrt nach Le Havre.
! Ausflug zur Alabasterküste.
! Stellmöglickeiten für 10 Wohnmobile.
! Keine Parkgebühr.
! Ebene Stellflächen.
! Informationen: Tel. 02 35 37 12 04.

Wohnmobilplatz auf der Mole von Port-en-Bessin-Huppain (CC-9, Seite 54)

Die großen Drei: Cidre, Calvados und Camembert

Die Calvados-Küste und die Halbinsel Cotentin

Tour 2

Auf unserem Weg zur Küste fahren wir an zwei Wohnmobilplätzen vorbei. Man kann in Bourgtheroulde und in Campigny übernachten **(CC-1** und **CC-2)**. Die Küste der Region Calvados ist unbedingt zu besuchen. Dort liegen die breiten Sandstrände, die vornehmen Badeorte, malerische Hafenstädte und die Landungsgebiete der Alliierten im Juni 1944. Überall sind auch die Spuren der großen Drei zu finden: Knorrige Apfelbäume und fette Milchkühe. Cidre, Calvados und Camembert werden in allen Orten zum Probieren und Mitnehmen angeboten. Überall hängt der Duft des Cidre und des Calvados in der Luft

Gleich nach dem grandiosen Brückenbauwerk Pont de Normandie finden wir in St-Pair und Honfleur ruhige Plätze für die Nacht **(CC-3** und **CC-4)**. Wir stellen unser Schlafmobil am östlichen Hafenbecken in Honfleur ab. Nur wenige Minuten sind es bis zum Vieux Port und zu der Altstadt dieses malerischen Ortes.

Die schmalen Häuser in den engen Gassen stehen fünf bis sieben Stockwerke hoch dicht an dicht. jedes Haus ist ein Schmuckstück auf seine Art. Auffällig ist die Lieutenance, ein Gebäude aus dem 16. Jahrhundert, der Amtssitz des Stadtkommandanten. In den kleinen Galerien kann man die Gemälde der Neo-Impressionisten kaufen. Im Musée Eugène Boudin betrachten wir die Bilder dieses Impressionisten. Dann schauen wir den Künstlern bei der Arbeit auf ihren Staffeleien am alten Hafen zu.

Etwas besonderes stellt auch die Kirche Ste-Cathérine dar. Der Glockenturm ist mit Schindeln bedeckt und steht wie ein italienischer Campanile neben dem Kirchengebäude. Der Innenraum überrascht durch seine Größe und durch die beiden hölzernen Kirchenschiffe, die wie umgeworfene Schiffsrümpfe wirken. Hier spürt man den Atem der Vergangenheit, als mutige Seefahrer von Honfleur zur Entdeckung der Welt ausliefen.

Hoch über der Stadt erhebt sich ein Kalvarienberg und die Wallfahrtskapelle der Seemänner und Fischer Notre-Dame-de-Grâce aus dem 17. Jahrhundert, ein Ort der Andacht und des Gedenkens für die Besucher, meistens Seeleute und ihre Angehörigen.

Trouville und Deauville sind bekannte Ferien- und Badeorte. Trouville ist ein lebendiger Ferienort für Familien. Die Angebote an Fisch und Schalentieren in der berühmten Halle an der Touques sind vielfältig und farbenprächtig, ein Einkaufserlebnis der besonderen Art.

Besonders Deauville ist durch die Prachtbauten der Jahrhundertwende ein exklusiver Badeaufenthalt für die Pariser Schickeria und den ausländischen Geldadel geworden. Überall stößt man auf die Spuren der vergangenen Zeit und erlebt den Charme der Belle Èpoche. Die hölzerne Strandpromenade Les Planches zieht sich am sehr breiten feinen Sandstrand entlang. An den Umkleidekabinen sind die Namen berühmter Schauspieler, Musiker, Künstler und Politiker zu lesen.

Zahlreiche Film- und Musikfestivals mit Stars aus aller Welt geben dem Ort im Sommer ein besonderes Flair. Tag- oder Nachtschwärmer finden an der Pferderennbahn, in den noblen Hotelbars, in den Diskotheken und im Spielkasino viel Abwechslung. Die Sucht nach der alten, guten Zeit ist überall zu spüren.

An den Sportanlagen hat die Stadt einen ruhigen Übernachtungsplatz mit allen Ver- und Entsorgungsmöglichkeiten in einer grünen Umgebung eingerichtet **(CC-5)**. Leider sind die Boxen zwischen den Bäumen für größere Fahrzeuge viel zu klein. Wenn der kleine Platz belegt ist, kann man für eine Nacht sein rollendes Zuhause am Hafen abstellen.

Ein Abstecher nach der alten Bischofsstadt Lisieux lohnt sich bestimmt. Sehenswert sind die große Kathedrale Ste-Thérèse, das Karmeliterkloster, das Haus der Therese Les Buissonnets, der Bischofspalst mit dem goldenen Saal und die Kirche St-Pierre. In Lisieux und in Cambremer kann man sein rollendes Haus abstellen und übernachten **(CC-6** und **CC-7)**.

Der Küstenabschnitt im Westen, die Côte de Nacre, beeindruckt mit Sandstränden und Steilküsten. Aber die jüngste Geschichte holt jeden Besucher ein, denn überall sind die Relikte des „längsten Tages", des 6. Juni 1944 zu sehen, Bunker, Wracks, Geschütze, Panzer, Hafenbefestigungen und die Kriegsgräber mit den unendlich vielen weißen Kreuzen. Museen zeigen die grausamen Ereignisse an diesem und den folgenden Tagen und stellen Exponate aus diesem Kampf aus. Eine Landschaft der Ruhe und Besinnung, eine Mahnung an grausame Kriege bleibt in unserer Erinnerung.

In Arromanches-les-Bains errichteten die Alliierten einen künstlichen Hafen, um die Landung von Menschen und Material sicherzustellen. Noch heute sind Reste dieser Anlagen und Pontons zu sehen. Der Ort gehört heute durch die vielen englischen, amerikanischen und deutschen Touristen zu den am meisten besuchten Zielen in der Normandie. Auch der Wohnmobilplatz in der Nähe des Strandes und des Museums wird immer von rollenden Ferienhäusern angefahren **(CC-8)**.

In Port-en-Bessin-Huppain sind das alte Hafenbecken mit den bunten Fischerbooten und alten Kähnen, die schmucken Hausfassaden und die farbigen Tische und Bänke der kleine Bars und Restaurants am Rande des Wassers ein besonderer Anziehungspunkt für uns. Noch mehr Anziehungskraft übt der Wohnmobilplatz auf uns aus. Auf der schmalen Mole zwischen dem schäumenden Meer und den wenigen schaukelnden Sportbooten im Hafen steht unser rollendes Ferienhaus und bietet uns nach beiden Seiten einen grandiosen Blick über Hafen, Meer, Sandstrand und Steilküste **(CC-9)**. Für uns ist dieser Wohnmobilplatz einer der schönsten Plätze im Norden von Frankreich. Wenn der Platz am Nachmittag belegt ist, findet man auf der anderen Seite des Hafenkanals einen weiteren Platz, der allerdings nicht so schön gelegen ist **(CC-10)**.

Bayeux und der berühmte Teppich über die Geschichte der Eroberung Englands durch den Herzog Wilhelm der Normannen sind unser nächstes Ziel. Der große Parkplatz in der Nähe des Museums eignet sich vorzüglich für das Abstellen unseres Ferienhauses auf Rädern **(CC-11)**. Wir schlafen auf diesem Platz ruhig und ungestört.

Am Hafen von St-Valery
(CC-14, Seite 40)

An der Küste bei Étretat
(KK-15, Seite 40)

Auf unserem Weg zum nahen Museum entdecken wir ein Wasserrad, das die Zeit der alten Kornmühlen überlebt hat. Beim Bummel durch die Altstadt schaffen die alten, teilweise schiefen Fachwerkfassaden und die winkligen Gassen eine mittelalterliche Stimmung . Die gotische Cathédrale de Bayeux, für die der berühmte Teppich als Schmuck und Erinnerung gedacht war, wurde von Wilhelm dem Eroberer im 11. Jahrhundert eingeweiht. Einige Jahrhunderte lang wurde der berühmte Teppich in der Kathedrale ausgestellt zur Erinnerung an die Eroberung Englands durch den Normannenherzog Wilhelm.

Ein einmaliges Kunstwerk ist der Teppich von Bayeux im Museum Centre Guillaume-le-Conquérant. Das 70 Meter lange und 50 Zentimeter breite Zeitdokument wurde in jahrelanger Arbeit angefertigt. Er stellt die Ereignisse vor dem Normannenfeldzug und die Schlacht bei Hastings 1066 in 58 Szenen mit 600 Figuren und 700 Tieren dar. Herzog Wilhelm von der Normandie siegt, wird zum König von England gekrönt und bekommt den Beinamen der Eroberer. Wir sind sehr beeindruckt von der Feinheit und Kunstfertigkeit dieser Arbeit und von der Vielzahl der gewebten und gestickten Bilder.

Auf dem Wege nach St-Lô entdecken wir in Montfique einen sehr ruhigen, aber auch einsam gelegenen Übernachtungsplatz **(CC-12)**. In Cerisy stellen wir unser rollendes Heim auf dem sehr ruhigen und schönen Wohnmobilplatz an der alten Abtei ab **(CC-13)**. Verstreut liegen die einzelnen Stellplätze auf Schotter- und Grasflächen in einer ländlichen Idylle zwischen modernen Skulpturen. Die Ver- und Entsorgungsstation wurde versteckt hinter einer Hecke angeordnet.

Auch in St-Lô gibt es einen Stellplatz für Wohnmobile mit einer Ver- und Entsorgungsstation **(CC-14)**. Leider führen die Bahngleise und die verkehrsreiche Straße am Stellplatz vorbei. Die Stadt wurde im zweiten Weltkrieg durch die Kämpfe in der Normandie fast vollständig zerstört und bietet deshalb kaum sehenswerte Altbauten.

Die Halbinsel Contentin ist touristisch nur wenig erschlossen. Das Granitmassiv, die Felsküsten und Dünen sind ständig den Atlantikstürmen und den reißenden Strömungen ausgesetzt. Der Weg zur östlichen Küste führt uns über Ste-Mère-Eglise. Die Ortschaft wurde 1944 von den Alliierten nach der Landung als erste erobert. An der Kirchturmspitze blieb ein Fallschirmjäger hängen und wurde später von seine Kameraden befreit. Heute erinnert eine Stoffpuppe an dieses Ereignis.

Entlang der Strandstraße von Utah Beach sind etliche Reste des blutigen Landeunternehmens zu sehen, Panzer, Fahrzeuge, Geschütze, Bunker. In Montebourg am Stadion wurde ein Übernachtungsplatz für Wohnmobile eingerichtet **(CC-15)**.

Eine ruhige, friedliche Idylle ist der Strand von St-Vaast. Am Sportboothafen und am Strand sind zwei schöne Stellplätze für Wohnmobiltouristen zu finden **(CC-16** und **CC-17)**. Am alten Hafen blicken wir auf rostige alte und farbig gestrichene Fischkutter und dümpelnde Boote. In St-Vaast sollen die besten Austern der Normandie geerntet werden. Am Strand genießen wir die seltenen Sonnenstrahlen und bewundern die massiven Mauern der Festungen am Meer und auf der Insel.

Einen ähnlichen Eindruck bietet der Hafen von Barfleur. Die Landspitze Pointe de Barfleur reicht weit ins Meer. Von der Plattform des 71 Meter hohen Leuchtturms hat man einen weiten Blick über Land und Wasser. Cherbourg ist der Heimathafen der französischen U-Boot-Flotte. Vom Hafen fahren die Fähren nach England.

Im Nordwesten der Halbinsel Cotentin erreicht man den entlegendsten Zipfel der Normandie, das Cap de la Hague. Die Küstenformationen nach Süden wechseln zwischen grauem Sand und schwarzem Granit. Überall muss an der Küste mit gefährlichen Strömungen gerechnet werden. Der Platz am Cap de la Hague eignet sich für eine Übernachtung **(CC-18)**.

Die Stadt Coutances, von den Römern gegründet und nach dem in Trier residierenden Kaiser Constantin benannt, war einst das geistige und religiöse Zentrum der Normandie. Auch der Name der Halbinsel Contentin leitet sich von dem großen römischen Kaiser ab. Die berühmte Cathédrale Notre-Dame mit außergewöhnlichen Abmessungen und reicher Ornamentik ist ein Schmuckstück der normannischen Hochgotik.

Auf einem Felsrücken liegt der Touristenort Granville, wegen seines Spielkasinos Monaco des Nordens genannt und Geburtsort des Modeschöpfers Christian Dior. Die aus dem Mittelalter stammende Oberstadt mir einer fast vollständig erhaltenen Stadtmauer verleitet uns zu einem Spaziergang auf der Mauer mit ständig wechselnden Ausblicken über die Stadt, den Hafen und das Meer. In Granville wird der höchste Unterschied zwischen Ebbe und Flut gemessen, 14 Meter, ein Weltrekord.

Oben am Cap hat die Stadt einen schönen Stellplatz für Wohnmobile mit einem phantastischen Blick über den Hafen eingerichtet **(CC-19)**. Leider sind die vorgezeichneten Boxen ziemlich schmal und zu kurz für längere Wohnmobile. Nur wenige Kilometer südlich besteht in St-Pair in der Nähe des Strandes ein weiterer Übernachtungsplatz für Urlauber im Wohnmobil **(CC-20)**. Hier ist genügend Platz für alle Fahrzeuge vorhanden.

15 km entfernt im tosenden Meer liegen die einzigen französischen Kanalinseln, die Iles Chausey, von Granville mit der Fähre zu erreichen. Sie markieren den einstigen Küstenverlauf zwischen Normandie und Bretagne. Im Jahre 709 hat eine riesige Flut das Land weggerissen, die Inseln freigespült und die Bucht von Saint Michel geschaffen.

Etwas entfernt von der Küste kann man in St-George-de-Livoye auf dem Wohnmobilplatz an der Bienen- und Honig-Ausstellung übernachten **(CC-21)**. Die Ausstellung bietet umfassende Einblicke in die Welt der Bienen und gibt gute Informationen über die Herstellung des Honigs.

Der Weg führt nun unweigerlich zum Höhepunkt einer Reise durch die Normandie oder durch die Bretagne, zum weltberühmten Mont-St-Michel. Auch wir lenken unser Fahrzeug in diese Richtung. Unsere Eindrücke sind in der nächsten Route um die Bucht von St-Michel beschrieben.

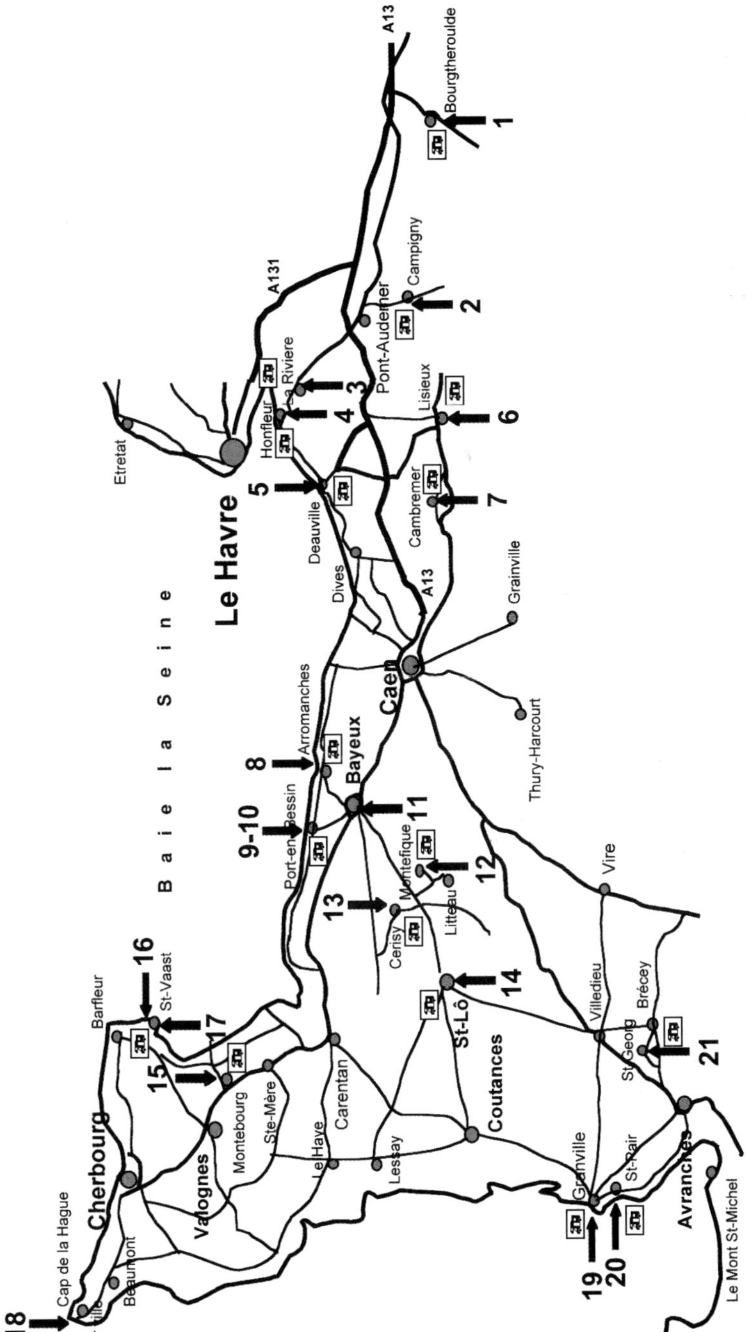

An der Calvados-Küste und auf der Halbinsel Cotentin

Tour 2: **An der Calvados-Küste und auf der Halbinsel Contentin**

Nr.	Ort, Bezeichnung	Stell-plätze A	Gast-haus	Häu-ser	WC	Bad See	Womo-platz	Ent-sorg.	Park-dauer B	Park-gebühr C
CC-1	**Bourgtheroulde, Intermarché ***	5	+	+	-	-	+	+	U	0
CC-2	**Campigny, Wohnmobilplatz ****	3	+	+	-	-	+	+	1	0
CC-3	**La Rivière, Chemin du banc ****	10	-	+	+	-	+	+	1	0
CC-4	**Honfleur, Bassin de l' Est ******	100	-	+	+	-	+	+	1	7,7
CC-5	**Deauville, Stade ****	5	-	+	-	-	+	+	1	0
CC-6	**Lisieux, Wohnmobilplatz ****	5	+	+	-	-	+	+	1	7
CC-7	**Cambremer, Place de l' Europe ****	10	+	+	-	-	+	+	1	0
CC-8	**Arromanches, Wohnmobilplatz ****	10	+	+	-	+	+	+	1	0
CC-9	**Port-en-Bessin, Mole ******	10	+	+	-	+	+	+	2	4
CC-10	**Port-en-Bessin, Ort ****	5	+	+	+	-	+	+	2	3
CC-11	Bayeux, centre ville ***	20	+	+	-	-	-	-	1	0
CC-12	**Montfique, Le Relais de la Foret****	50	-	+	-	-	+	+	1	0
CC-13	**Cerisy-la-Foret, Abbey *****	5	-	+	-	-	+	+	U	0
CC-14	**St-Lô, Quai d' Agneaux ***	5	+	+	-	-	+	+	1	0
CC-15	**Montebourg, Stade de Cacheux ****	5	+	+	-	-	+	+	2	0
CC-16	**St-Vaast, Port Plaisance *****	10	-	+	-	-	+	+	2	6
CC-17	St-Vaast, Zone de Loisir ***	10	-	-	-	-	-	-	1	0
CC-18	Auderville, Cap de la Hague **	10	-	-	-	-	-	-	1	0
CC-19	**Granville, Aquarium *****	10	-	+	+	-	+	+	1	4
CC-20	**St-Pair, Tennisanlage ****	30	+	+	+	+	+	+	2	6
CC-21	**St-Georg, Wohnmobilplatz ****	5	+	+	-	-	+	+	1	0

Legende

****	sehr ruhige und sehr schöne Lage.
***	sehr ruhige und schöne Lage.
**	ruhige und gute Lage.
*	keine ruhige Lage.
A	Stellplätze gestaffelt nach 3, 5, 10, 20, 30, 50 Wohnmobilen. Dabei wird angenommen, dass nur die Hälfte des Platzes zur Verfügung steht und die andere Hälfte durch PKW belegt ist.
B	Aufenthaltsdauer in Tagen.
C	Übernachtungsgebühr in Euro pro Wohnmobil und 24 Stunden oder Parkgebühr.
P	Parkgebühr in der Saison.
T	Aufenthaltsdauer einige Tage.
U	Aufenthaltsdauer unbegrenzt.
	Ausgewiesener Wohnmobilplatz.

Am Hafen von Honfleur
(CC-4, Seite 51)

Wohnmobilplatz auf der Mole von Port-en-Bessin
(CC-9, Seite 54)

Bourgtheroulde-Infreville, Intermarché *   CC - 1

Asphaltierter privater Parkplatz am Supermarkt Shopi.

Von der D138 (Bourgtheroulde-Brionne) Richtung Bourgtheroulde-Infreville abbiegen. Im Ort Richtung Montfort fahren und den Wegweisern intermarché shopi folgen.

! Gaststätte am Parkplatz.
! Häuser in der Nähe.
! Ver- und Entsorgung am Platz.
! Elektroanschluss möglich.
! Müllbehälter am Platz.
! Aufenthaltsdauer nicht begrenzt.
! Ganzjährig zugänglich.
! Wanderungen und Radtouren im Seine-Tal und in der Region Calvados.
! Besichtigung von Honfleur: Vieux Bassin (Altes Hafenbecken), Lieutenance, Holzkirche Ste-Cathérine, schmale Schieferhäuser, Wallfahrtskirche Notre-Dame-de-Grâce.
! Fahrt nach Trouville und Deauville.
! Ausflug zur Côte Fleurie.
! Stellmöglickeiten für 5 Wohnmobile.
! Keine Parkgebühr.
! Ebene Stellflächen.
! Informationen: Tel. 02 35 87 69 59.

Campigny, Wohnmobilplatz **   CC - 2

Für Wohnmobile ausgewiesener Parkplatz am alten Gericht.

Von Pont-Audemer Richtung Bernay fahren (D810) und rechts Richtung St-Georges du Vievre abbiegen. Im Ort dem Wegweiser Altes Gericht (cour de l' ancien presbytère) folgen.

! Gaststätte in der Nähe.
! Häuser in der Nähe.
! Ver- und Entsorgung am Platz.
! Müllbehälter am Platz.
! Aufenthaltsdauer 24 Stunden.
! Ganzjährig zugänglich.
! Wanderungen und Radtouren in der Region Calvados.
! Besichtigung von Honfleur: Vieux Bassin (Altes Hafenbecken), Lieutenance, Holzkirche Ste-Cathérine, schmale Schieferhäuser, Wallfahrtskirche Notre-Dame-de-Grâce.
! Fahrt nach Trouville und Deauville.
! Ausflug zur Côte Fleurie.
! Stellmöglickeiten für 3 Wohnmobile.
! Keine Parkgebühr.
! Ebene Stellflächen.
! Informationen: Tel. 02 32 41 02 52.

La Rivière St-Sauveur, Chemin du banc ** CC - 3

Asphaltierter Wohnmobilplatz am Ortsrand in ruhiger und schöner Lage.

Bei Anfahrt aus dem Norden von Le Havre nach der Seine-Brücke Richtung Honfleur fahren und nach 800 m im Kreisel dem Wegweiser La Rivière/Wohnmobil-Symbol folgen (D27A). 600 m nach dem Ortsanfang La Rivière wird links der Parkplatz erreicht.

! Häuser am Parkplatz.
! WC am Parkplatz.
! Ver- und Entsorgung (Euro Relais) am Platz. Mit Jetons zu bedienen.
! Elektroanschluss möglich.
! Blick auf die Brücke „Pont de Normandie".
! Aufenthaltsdauer 24 Stunden.
! Ganzjährig zugänglich.
! Wanderungen und Radtouren an der Côte de Grâce und in der Region Calvados.
! Besichtigung von Honfleur: Vieux Bassin (Altes Hafenbecken), Lieutenance, Holzkirche Ste-Cathérine, schmale Schieferhäuser, Wallfahrtskirche Notre-Dame-de-Grâce.
! Fahrt nach Trouville und Deauville.
! Ausflug zur Côte Fleurie.
! Stellmöglickeiten für 10 Wohnmobile.
! Keine Parkgebühr.
! Ebene Stellflächen.
! Informationen: Tel. 02 31 98 70 06.

Honfleur, Bassin de l' Est **** CC - 4

Asphaltierter und geschotterter großer Wohnmobilplatz am Ortsrand in sehr ruhiger Lage und landschaftlich reizvoller Umgebung.

Bei Anfahrt aus dem Norden von Le Havre nach der Seine-Brücke Richtung Honfleur fahren und nach 800 m im Kreisel dem Wegweiser Honfleur folgen und in den Kreiseln geradeaus fahren (D580). Nach 2,6 km - 100 m nach dem letzten Kreisel - rechts dem Wohnmobil-Symbol folgen. Noch 100 m bis zu den Stellplätzen rechts und links.

! Häuser in der Nähe.
! Chemie-WC am Parkplatz.
! Ver- und Entsorgung am Platz.
! Elektroanschluss möglich.
! Tische und Bänke am Platz.
! Müllbehälter am Platz.
! Blick auf den Fluss Risle und das Hafenbecken.
! Aufenthaltsdauer 24 Stunden. Wohnmobile immer anzutreffen.
! Zugänglich 01.02. bis 31.10.
! 15 min Fußweg zur Innenstadt.
! Wanderungen und Radtouren an der Côte de Grâce und in der Region Calvados.
! Besichtigung von Honfleur: Vieux Bassin (Altes Hafenbecken), Lieutenance, Holzkirche Ste-Cathérine, schmale Schieferhäuser, Wallfahrtskirche Notre-Dame-de-Grâce.
! Fahrt nach Trouville und Deauville.
! Ausflug zur Côte Fleurie.
! Stellmöglickeiten für 100 Wohnmobile.
! Parkgebühr: EUR 7,70 für 24 Stunden (Parkautomat).
! Ebene Stellflächen.
! Informationen: Tel. 02 31 81 88 00.

Bild Seite 49

Deauville, Stade **

CC - 5

Geschotterter Wohnmobilplatz am Ortsrand in ruhiger und schöner Lage.

Von der Ausfahrt Deauville/Trouville der Autobahn A13 zur A132 und N177 Richtung Deauville fahren. 900 m nach dem Ortsanfang Deauville im Kreisel Richtung Cabourg und nach weiteren 300 m im Kreisel Richtung Caen fahren. Nach weiteren 200 m rechts abbiegen (Boulevard des Sports, kein Hinweis). Noch 100 m bis zum Parkplatz links.

! Häuser am Parkplatz.
! Ver- und Entsorgung (Euro-Relais) am Platz. Keine Gebühr.
! Elektroanschluss möglich. Keine Gebühr.
! Müllcontainer am Platz.
! Für sehr große Wohnmobile nicht geeignet.
! Aufenthaltsdauer 24 Stunden. Wohnmobile fast immer anzutreffen.
! Zugänglich 01.04. bis 15.11.
! Wanderungen und Radtouren an der Côte Fleurie und in der Region Calvados.
! Besichtigung von Deauville: Spielkasino, Les Planches (hölzerne Strandpromenade), prachtvolle Fachwerkhäuser.
! Besichtigung von Trouville: Fischhalle, Musée Montebello (Vorimpressionisten), Aquarium.
! Besichtigung von Honfleur: Vieux Bassin (Altes Hafenbecken), Lieutenance, Holzkirche Ste-Cathérine, schmale Schieferhäuser, Wallfahrtskirche Notre-Dame-de-Grâce.
! Fahrt nach Bayeux.
! Stellmöglickeiten für 5 Wohnmobile.
! Keine Parkgebühr.
! Ebene Stellflächen.
! Ausweichparkplatz am Hafen.
! Informationen: Tel. 02 31 14 02 02.

Lisieux, Wohnmobilplatz **

CC - 6

Privater Wohnmobilplatz im Ort in ruhiger Lage.

Von der Nationalstraße N12 (Evreux-Caen) nach Lisieux abbiegen und Richtung centre ville fahren. Dem Wegweiser Basilique folgen und zum Parkplatz Avenue de la Basilique abbiegen.

! Gaststätten in der Nähe.
! Häuser am Parkplatz.
! Ver- und Entsorgung (Euro-Relais) am Platz.
! Elektroanschluss möglich.
! Müllcontainer am Platz.
! Aufenthaltsdauer 24 Stunden.
! Zugänglich 15.02. bis 15.12.
! Wanderungen und Radtouren an der Côte Fleurie und in der Region Calvados.
! Besichtigung von Deauville: Spielkasino, Les Planches (hölzerne Strandpromenade), prachtvolle Fachwerkhäuser.
! Besichtigung von Lisieux: Karmeliterkloster, Basilique Ste-Thérèse, Les Buisssonnets, St-Pierre, Salle dorée.
! Besuch des Musée d' Art: Aquarelle, Mobiliar, normannische Keramik.
! Fahrt nach Caen und Bayeux.
! Stellmöglickeiten für 5 Wohnmobile.
! Parkgebühr: 7 Euro für 24 Stunden.
! Ebene Stellflächen.
! Informationen: Tel. 02 31 61 15 16.

Cambremer, Place de l' Europe ** CC - 7

Für Wohnmobile zugelassener, kommunaler, asphaltierter Wohnmobilplatz im Ort in ruhiger Lage.

Von der D13 (Lisieux-Caen) nach Cambremer abbiegen (D50). Im Ort den Wegweisern Place de l' Europe folgen.

! Gaststätten in der Nähe.
! Häuser am Parkplatz.
! Ver- und Entsorgung (Bodeneinlass) am Platz.
! Müllbehälter am Platz.
! Aufenthaltsdauer 24 Stunden.
! Ganzjährig zugänglich.
! Wanderungen und Radtouren an der Côte Fleurie und in der Region Calvados.
! Besichtigung von Deauville: Spielkasino, Les Planches (hölzerne Strandpromenade), prachtvolle Fachwerkhäuser.
! Besichtigung von Lisieux: Karmeliterkloster, Basilique Ste-Thérèse, Les Buisssonnets, St-Pierre, Salle dorée.
! Fahrt nach Caen und Bayeux.
! Stellmöglickeiten für 10 Wohnmobile.
! Keine Parkgebühr.
! Ebene Stellflächen.
! Informationen: Tel. 02 31 63 03 36.

Arromanches-les-Bains, Wohnmobilplatz ** CC - 8

Asphaltierter Wohnmobilplatz im Ort in ruhiger Lage.

Von der D512 Richtung Arromanches fahren. 600 m nach dem Ortsanfang geradeaus in die schmale Einbahnstraße fahren. Nach 100 m links und nach weiteren 100 m rechts Richtung Musée du Debarquement fahren. Nach 100 m rechts, nach weiteren 200 m links und nach weiteren 100 m wieder links dem Wohnmobil-Symbol folgen. Noch 100 m bis zum Parkplatz rechts.

! Gaststätten in der Nähe.
! Häuser am Parkplatz.
! Ver- und Entsorgung (Euro-Relais) am Platz. Elektroanschluss möglich. WC am Platz.
! Bänke und Tische und Spielplatz am Platz.
! Getrennte Müllentsorgung am Platz.
! Schmale Zufahrt durch den Ort.
! Aufenthaltsdauer 24 Stunden. Wohnmobile immer anzutreffen.
! Ganzjährig zugänglich.
! 2 min Fußweg zum Zentrum, Strand, Hafen (Reste des künstlichen Hafens der alliierten Landung 1944) und Museum.
! Wanderungen und Radtouren an der Côte de Nacre und in der Region Calvados.
! Besichtigung von Bayeux: Teppich von Bayeux, Kathedrale, Altstadt, Mémorial.
! Besichtigung von Caen: Abbaye aux Hommes mit St-Etienne, Abbaye aux Dames mit La Trinité, Dom St-Pierre, Hügelschloss, Maison des Quatrans.
! Stellmöglickeiten für 10 Wohnmobile. Ebene Stellflächen.
! Keine Parkgebühr.
! Ausweichparkplatz am Cinemar Circulear an der D514 östlich von Arromanches.
! Informationen: Tel. 02 31 22 36 70.

Bild Seite 32

Port-en-Bessin-Huppain, Mole **** CC - 9

Asphaltierter Wohnmobilplatz auf der Mole in sehr ruhiger Lage und landschaftlich sehr reizvoller Umgebung.

Von Bayeux Richtung Port-en-Bessin fahren (D6) und im Kreisel am Ortsanfang Port-en-Bessin dem Wegweiser Bus- und Caravan-Parkplatz folgen. Nach 200 m rechts und nach weiteren 200 m links diesem Wegweiser folgen. Noch 500 m bis zum Parkplatz auf der Mole rechts.

! Gaststätten und Geschäfte am Platz.
! Häuser am Parkplatz.
! Ver- und Entsorgung am Platz. Gebühr 1,60 Euro. Jeton beim Hafenmeister.
! Blick über Hafen, Meer und Steilküste.
! Müllcontainer am Platz.
! Aufenthaltsdauer 48 Stunden.
! Ganzjährig zugänglich. Wohnmobile meistens anzutreffen.
! Strand in der Nähe.
! Fischereihafen in der Nähe.
! 5 min Fußweg zum Zentrum.
! Wanderungen und Radtouren an der Côte de Nacre und in der Region Calvados.
! Besichtigung von Bayeux: Teppich von Bayeux, Kathedrale, Altstadt, Mémorial.
! Besichtigung von Caen: Abbaye aux Hommes mit St-Etienne, Abbaye aux Dames mit La Trinité, Dom St-Pierre, Hügelschloss, Maison des Quatrans.
! Besuch des Musée de Normandie und des Musée des Beaux-Arts in Caen.
! Stellmöglickeiten für 10 Wohnmobile.
! Parkgebühr: 4 Euro für 24 Stunden.
! Ebene Stellflächen.
! Informationen: Tel. 02 31 21 72 12.

Bilder Seite 41 und 49

Port-en-Bessin-Huppain, Ort ** CC - 10

Befestigter Wohnmobilplatz im Ort in sehr ruhiger Lage.

Von Bayeux Richtung Port-en-Bessin fahren (D6) und im Kreisel am Ortsanfang Port-en-Bessin dem Wegweiser Centre und nach 600 m dem Wohnmobil-Symbol geradeaus folgen. Nach weiteren 300 m links Richtung Wohnmobil-Symbol und nach 100 m rechts abbiegen. Noch 100 m bis zum Wohnmobilplatz.

! Gaststätten und Geschäfte in der Nähe.
! Häuser am Parkplatz.
! Wasserversorgung und Stromsäule am Platz.
! WC gegenüber. Öffnungszeiten: Sommer 8-21.00 Uhr, Winter 8-19.00 Uhr.
! Getrennte Müllsammlung am Platz.
! Aufenthaltsdauer 48 Stunden.
! Ganzjährig zugänglich.
! Fischereihafen in der Nähe.
! 5 min Fußweg zum Zentrum.
! Wanderungen und Radtouren an der Côte de Nacre und in der Region Calvados.
! Besichtigung von Bayeux: Teppich von Bayeux, Kathedrale, Altstadt, Mémorial.
! Besichtigung von Caen: Abbaye aux Hommes mit St-Etienne, Abbaye aux Dames mit La Trinité, Dom St-Pierre, Hügelschloss, Maison des Quatrans.
! Besuch des Musée de Normandie und des Musée des Beaux-Arts in Caen.
! Stellmöglickeiten für 5 Wohnmobile.
! Parkgebühr: 3 Euro für 24 Stunden.
! Ebene Stellflächen.
! Informationen: Tel. 02 31 21 72 12.

Bayeux, centre ville *** CC - 11

Asphaltierter Großparkplatz in der Nähe der Stadtmitte in sehr ruhiger und schöner Lage.

Bei Anfahrt aus St-Lo (D572) 300 m nach dem Ortsanfang Bayeux rechts Richtung centre ville fahren. Nach weiteren 400 m im Kreisel dem Wegweiser Tapisserie/Parkplatz Bus und Pkw folgen. Noch 100 m bis zum Parkplatz rechts.
Bei Anfahrt aus allen anderen Richtungen zum Ring fahren und im südlichen Großkreisel dem Wegweiser Tapisserie/Parkplatz Bus und Pkw folgen.

! Gaststätten und Geschäfte in der Nähe.
! Häuser am Parkplatz.
! Müllbehälter am Platz.
! Aufenthaltsdauer 24 Stunden.
! Ganzjährig zugänglich.
! 10 min Fußweg zum Zentrum und zum Dom.
! 5 min Fußweg zur Austellung „Teppich von Bayeux“ (Centre Guillaume le Conquérant).
! Wanderungen und Radtouren an der Côte de Nacre und in der Region Calvados.
! Besichtigung von Bayeux: Teppich von Bayeux, Kathedrale, Altstadt, Mémorial.
! Besuch des Musée des Beaux-Arts und des Musée Memorial Bataille de Normandie (Invasion).
! Besichtigung von Caen: Abbaye aux Hommes mit St-Etienne, Abbaye aux Dames mit La Trinité, Dom St-Pierre, Hügelschloss, Maison des Quatrans.
! Stellmöglickeiten für 20 Wohnmobile.
! Keine Parkgebühr.
! Ebene Stellflächen.

Bild Seite 34

Montfique, Le Relais de la Foret ** CC - 12

Für Wohnmobile zugelassener, befestigter privater Wohnmobilplatz in sehr ruhiger und schöner Lage am Rande eines Naturschutzgebietes.

Von der D572 (St-Lo - Bayeux) Richtung Litteau abbiegen und nach 1 km links Richtung Montfique abbiegen (D122a). Nach 1,5 km wird der Parkplatz am Eingang des Naturparks erreicht.

! Häuser in der Nähe.
! Etwas einsame Lage.
! Ver- und Entsorgung (Euro-Relais) am Platz.
! Stromanschluss möglich.
! Müllbehälter am Platz.
! Bänke und Tische am Platz.
! Aufenthaltsdauer 24 Stunden.
! Ganzjährig zugänglich.
! Wanderungen und Radtouren im Naturpark Forêt de Cerisy.
! Fahrt nach St-Lo.
! Besichtigung von Bayeux: Teppich von Bayeux, Kathedrale, Altstadt, Mémorial.
! Fahrt zur Côte de Nacre.
! Besuch des Musée des Beaux-Arts und des Musée Memorial Bataille de Normandie (Invasion) in Bayeux.
! Stellmöglickeiten für 50 Wohnmobile.
! Keine Parkgebühr.
! Ebene und leicht schräge Stellflächen.
! Informationen: Tel. 02 31 21 39 78.

Wohnmobilplatz in Cerisy
(CC-13, Seite 57)

Am Strand von St-Malo
(BM-7, Seite 73)

Cerisy-la-Foret, Abbey ***   CC - 13

Befestigter Wohnmobilplatz und Plätze auf Grasgelände an der Abbay in sehr ruhiger Lage und landschaftlich reizvoller Umgebung.

Von der D572 (St-Lo - Bayeux) Richtung Cerisy-la-Foret abbiegen (D34) und durch Cerisy fahren. Nach 4,5 km - 1,4 km nach dem Ortsanfang Cerisy - rechts dem Wegweiser Abbey/Euro Relais folgen. Nach 200 m links und nach weiteren 100 m wieder links fahren. Noch 200 m bis zum Wohnmobilplatz links.

! Häuser am Parkplatz.
! Ver- und Entsorgung (Euro-Relais) am Platz.
! Stromanschluss möglich.
! Müllbehälter am Platz.
! Bänke und Tische und Spielgelände am Platz.
! Aufenthaltsdauer nicht begrenzt.
! Ganzjährig zugänglich.
! Wanderungen und Radtouren in den Regionen Calvados und Manche.
! Fahrt nach St-Lo.
! Besichtigung von Bayeux: Teppich von Bayeux, Kathedrale, Altstadt, Mémorial.
! Fahrt zur Côte de Nacre.
! Besuch des Musée des Beaux-Arts und des Musée Memorial Bataille de Normandie (Invasion) in Bayeux.
! Stellmöglickeiten für 5 Wohnmobile.
! Keine Parkgebühr.
! Ebene und leicht schräge Stellflächen.
! Ausweichparkplatz 200 m vorher an der Abbay.
! Informationen: Tel. 02 33 56 10 01.

Bild Seite 56

Wohnmobilplatz in Cerisy (CC-13)

St-Lô, Quai d' Agneaux *   CC - 14

Befestigter Wohnmobilplatz in der Nähe des Bahnhofs.

Von der N174 (Carentan - St-Lô) Richtung centre fahren und 1,0 km nach dem Ortsanfang St-Lô rechts Richtung Gare (Bahnhof) abbiegen. Nach 300 m rechts, nach weiteren 100 m links und gleich wieder links dem Wegweiser gare SNCF folgen. Nach 300 m wird der Parkplatz rechts erreicht.

! Restaurant in der Nähe.
! Häuser am Parkplatz.
! Ver- und Entsorgung (Euro-Relais) am Platz.
! Stromanschluss möglich.
! Bahnlinie am Parkplatz.
! Aufenthaltsdauer 24 Stunden.
! Ganzjährig zugänglich.
! 15 min Fußweg zur Stadtmitte.
! Wanderungen und Radtouren in den Regionen Calvados und Manche.
! Besichtigung von Bayeux: Teppich von Bayeux, Kathedrale, Altstadt, Mémorial.
! Ausflug zur Côte de Nacre.
! Ausflug zur Halbinsel Cotentin.
! Stellmöglickeiten für 5 Wohnmobile.
! Keine Parkgebühr.
! Ebene und leicht schräge Stellflächen.
! Informationen: Tel. 02 33 77 60 00.

Montebourg, Stade Louis Le Cacheux **   CC - 15

Befestigter und asphaltierter Wohnmobilplatz am Stadion Louis le Cacheux in ruhiger Lage.

Von der N13 (Carentan-Cherbourg) südlich von Valognes Richtung Montebourg abfahren und durch die Ortsmitte fahren. 800 m nach dem Ortsanfang links Richtung stade fahren. Nach weiteren 400 m links zum Parkplatz am Stadion abbiegen. Noch 100 m bis zum Platz.

! Restaurant in der Nähe.
! Häuser am Parkplatz.
! Ver- und Entsorgung (Bodeneinlass) am Platz.
! Schmale Zufahrt zum Parkplatz. Nur für kleine Wohnmobile geeignet.
! Aufenthaltsdauer 48 Stunden.
! Ganzjährig zugänglich.
! 5 min Fußweg zur Ortsmitte.
! Wanderungen und Radtouren in den Regionen Manche und an der Küste.
! Besichtigung von Valognes: Palais Hôtel de Beaumont, Hôtel de Touffreville, Hôtel de Grandval-Caligny, Altstadt.
! Besuch des Musée Régional du Cidre in Valognes.
! Ausflug nach Cherbourg.
! Stellmöglickeiten für 5 Wohnmobile.
! Keine Parkgebühr.
! Ebene und leicht schräge Stellflächen.
! Informationen: Tel. 02 33 95 40 50.

St-Vaast, Port Plaisance ***   CC - 16

Asphaltierte Wohnmobilplätze am Sportboothafen in sehr ruhiger und schöner Lage.

Von der D902 in Quettehou geradeaus Richtung St-Vaast fahren (D1). Nach 2,1 km - 1 km nach dem Ortsanfang St-Vaast rechts abbiegen (geradeaus Lkw 3,5 t Verbot). Nach 600 m rechts dem Wegweiser Zone Loisir und nach 100 m links dem Wegweiser Le Port folgen. Nach weiteren 200 m im Kreisel links am Sportboothafen vorbei fahren und nach weiteren 500 m rechts und gleich wieder links abbiegen. Noch 200 m bis zum Parkplatz links.

! Häuser am Parkplatz.
! Ver- und Entsorgung (Euro Relais) am Platz.
! Stromanschluss möglich.
! Kleine Boxen. Für sehr große Wohnmobile nicht geeignet.
! Aufenthaltsdauer 48 Stunden.
! Ganzjährig zugänglich. Wohnmobile immer anzutreffen.
! Spielplatz am Parkplatz.
! Segelschule am Parkplatz.
! 8 min Fußweg zur Ortsmitte.
! Wanderungen und Radtouren in den Regionen Manche und an der Küste.
! Besichtigung von St-Vaast: Fort de la Hougue, Ile de Tatihou, Hafen.
! Besichtigung von Valognes: Palais Hôtel de Beaumont, Hôtel de Touffreville, Hôtel de Grandval-Caligny, Altstadt.
! Besuch des Musée Régional du Cidre in Valognes.
! Ausflug nach Cherbourg.
! Stellmöglickeiten für 10 Wohnmobile.
! Parkgebühr: 6 Euro für 24 Stunden.
! Ebene Stellflächen.
! Informationen: Tel. 02 33 23 61 00.

St-Vaast, Zone de Loisir ***   CC - 17

Befestigte Parkstreifen an und vor der Burg in sehr ruhiger Lage und landschaftlich reizvoller Umgebung.

Von der D902 in Quettehou geradeaus Richtung St-Vaast fahren (D1). Nach 2,1 km - 1 km nach dem Ortsanfang St-Vaast rechts abbiegen (geradeaus Lkw 3,5 t Verbot). Nach 600 m rechts dem Wegweiser Zone Loisir und nach 200 m geradeaus dem Wegweiser Zone de Loisir folgen. Noch 800 m bis zum ersten und 1,2 km bis zum zweiten Parkstreifen.

! Blick auf das Meer und die Festung.
! Etwas einsame Lage.
! Aufenthaltsdauer 24 Stunden.
! Ganzjährig zugänglich.
! Sand- und Kiesstrand am Parkplatz.
! Wanderungen und Radtouren in den Region Manche und an der Küste.
! Besichtigung von St-Vaast: Fort de la Hougue, Ile de Tatihou, Hafen.
! Besichtigung von Valognes: Palais Hôtel de Beaumont, Hôtel de Touffreville, Hôtel de Grandval-Caligny, Altstadt.
! Besuch des Musée Régional du Cidre in Valognes.
! Ausflug nach Cherbourg.
! Stellmöglickeiten für 10 Wohnmobile.
! Keine Parkgebühr.
! Ebene Stellflächen.

Auderville, Cap de la Hague ** CC - 18

Befestigter Parkplatz am Cap de la Hague in sehr ruhiger Lage und landschaftlich reizvoller Umgebung.

Von der D901 (Cherbourg-Auderville) in Auderville Richtung Cap de la Hague abbiegen (D401). Nach 1,4 km wird der Parkplatz am Cap erreicht.

! Blick auf das Meer.
! Einsame Lage.
! Aufenthaltsdauer 24 Stunden.
! Ganzjährig zugänglich.
! Felsstrand am Parkplatz.
! Wanderungen und Radtouren am Kap und an der Küste.
! Fahrt mit der Fähre nach England.
! Besichtigung von Cherbourg: Place Napoléon, Basilika Ste-Trinité, neobarockes Theater, Fort du Roule.
! Besuch des Musée des Beaux-Arts Thomas-Henry in Cherbourg.
! Fahrt nach Valognes.
! Stellmöglickeiten für 10 Wohnmobile.
! Keine Parkgebühr.
! Ebene und leicht schräge Stellflächen.

Granville, Aqarium *** CC - 19

Asphaltierte Wohnmobilplätze am Aquarium in sehr ruhiger und schöner Lage.

Bei Anfahrt aus dem Süden von der Küstenstraße D911 600 m nach dem Ortsanfang Granville im Kreisel dem Wegweiser Aquarium und nach 1 km im Kreisel dem Wegweiser Centre Ville folgen. Nach weiteren 400 m halblinks und nach 200 m im Kreisel Richtung Aquarium fahren. Nach weiteren 800 m im Kreisel rechts dem Wegweiser Point du Roc folgen. Noch 100 m bis zum Parkplatz rechts.

! Häuser am Parkplatz.
! Blick über Hafen und Meer.
! Ver- und Entsorgung am Platz. WC unterhalb des Platzes. Stromanschluss möglich.
! Müllbehälter am Parkplatz.
! Kleine und mittlere Boxen. Für sehr große Wohnmobile nicht geeignet.
! Aufenthaltsdauer 24 Stunden. Wohnmobile immer anzutreffen.
! Juni bis September zugänglich.
! Besuch des Aquariums.
! Besuch des Christian Dior Museums.
! 10 min Fußweg zur Ortsmitte. Rundwanderweg um die Altstadt am Parkplatz.
! Wanderungen und Radtouren in den Region Manche und an der Küste.
! Besichtigung von Granville: Altstadt, Stadtmauern, Häfen.
! Fahrt vom Seebahnhof (Gare Maritime) zu den britischen Kanalinseln Jersey und Guernsey.
! Ausflug zum Mont St-Michel.
! Stellmöglickeiten für 10 Wohnmobile.
! Parkgebühr: 4 Euro für eine Übernachtung.
! Ebene und leicht schräge Stellflächen.
! Informationen: Tel. 02 33 91 30 03.

Wohnmobilplatz in Pleuneuf-Val-d' Andre
(SK-9, Seite 84)

Am Hafen von Pleuneuf-Val-d' Andre
(SK-9, Seite 84)

St-Pair, Tennisanlage ** CC - 20

Befestigter Wohnmobilplatz an der Tennisanlage in sehr ruhiger Lage.

Von der D973 (Granville-Avranches) südlich von Granville Richtung St-Pair abbiegen (D309) und nach 1,5 km - 700 m nach dem Ortsanfang St-Pair rechts Richtung Tennis abbiegen. Nach weiteren 200 m geradeaus fahren. Noch 500 m bis zum Parkplatz rechts.
Bei Anfahrt von Granville (D911) 100 m nach dem Ortsanfang St-Pair im Kreisel links fahren. Noch 100 m bis zum Parkplatz links.

! Gaststätten und Geschäfte in der Nähe.
! Häuser am Parkplatz. Supermarkt am Parkplatz.
! Ver- und Entsorgung am Platz. WC in der Nähe.
! Stromversorgung möglich.
! Müllbehälter am Parkplatz.
! Spielplatz und Boule-Anlage am Parkplatz.
! Sandstrand in 200 m Entfernung.
! Aufenthaltsdauer 48 Stunden. Wohnmobile oft anzutreffen.
! Ganzjährig zugänglich.
! 8 min Fußweg zur Ortsmitte.
! Wanderungen und Radtouren in den Regionen Manche und an der Küste.
! Besichtigung von Granville: Altstadt, Stadtmauern, Häfen.
! Fähre zu den britischen Kanalinseln Jersey und Guernsey von Granville.
! Ausflug zum Mont St-Michel.
! Stellmöglickeiten für 30 Wohnmobile.
! Parkgebühr: 6 Euro für eine Übernachtung.
! Ebene Stellflächen.
! Informationen: Tel. 02 33 50 06 50.

St-Georg-de-Livoye, Wohnmobilplatz ** CC - 21

Befestigter privater Wohnmobilplatz am Bienenhaus (Ausstellung) in ruhiger und schöner Lage.

Von der D911 (Avranches-Brecéy) westlich von Brecéy Richtung St-Gearges-de-Livoye abbiegen und dem Wegweiser Expo Miel bis zum Wohnmobilplatz am Bienenhaus (Ruchers des Collines-La Touche) folgen.

! Gaststätte in der Nähe.
! Häuser am Parkplatz.
! Ver- und Entsorgung am Platz.
! Müllbehälter am Parkplatz.
! Aufenthaltsdauer 24 Stunden.
! 01.04-31.10 zugänglich.
! Besichtigung der Bienen-Ausstellung. Honigproben und Honigverkauf.
! Wanderungen und Radtouren.
! Besichtigung von Avraches: Tour Baudange, Tour de l' Arsenal, Palais épiscopal, Tribunal de l' Officialité, Doyenné, St-Gervais.
! Beuch des Musée Municipal d' Avranches.
! Besichtigung von Granville: Altstadt, Stadtmauern, Häfen.
! Ausflug zum Mont St-Michel.
! Stellmöglickeiten für 5 Wohnmobile.
! Keine Parkgebühr.
! Ebene und leicht schräge Stellflächen.
! Informationen: Tel. 02 33 48 62 33.

An der Bucht von Mont-St-Michel

Tour 3

Unsere Fahrt durch die Bretagne beginnt gleich mit einem Höhepunkt, mit dem Besuch des Mont-St-Michel. Eigentlich liegt diese großartige Sehenswürdigkeit nicht in der Bretagne, aber unmittelbar an ihrer Grenze, in der Normandie. Der Mont-St-Michel ist aber für alle Reisenden durch die Bretagne ein unbedingtes Besuchsziel.

Auf der Anfahrt haben wir an der Schnellstraße nach Rennes auf dem Aire de Erbrée übernachtet **(BM-1)**. An dieser Raststätte gibt es einen Waldrastplatz, abseits von der Straße und nicht zugänglich für Lastwagen. Alle Einrichtungen einer Raststätte, Ver- und Entsorgung, Restaurant, Shop, Lebensmittelladen, Tankstelle, Müllbehälter, Bänke und Tische, sind vorhanden. Hier haben wir gut gegessen, ruhig geschlafen und uns im Informationsbüro mit Karten und Prospekten über die Bretagne versorgt.

Rennes ist eine Großstadt und Provinzhauptstadt der Bretagne. Sehenswürdigkeiten sind die Rue St-Michel mit windschiefen, vorspringenden Fachwerkhäusern, die Cathédrale Saint-Pierre mit dem Symbol des Sonnenkönigs Louis XIV, das klassizistische Rathaus (Hôtel de Ville) und der Palais de Justice, das ehemalige Parlament der Bretagne. Besonders sehenswert ist das Musée de Bretagne mit wertvollen historischen und vorgeschichtlichen Funden und Austellungsstücken. Das Musée des Beaux-Arts zeigt bedeutende Werke der europäischen Malerei.

Wir fahren nach Norden, zur Küste. In der Nähe des Mont-St-Michel, in Sains, hat die Gemeindeverwaltung einen kleinen Wohnmobilplatz mit einer Ver- und Entsorgungsstation in einer Parkanlage eingerichtet **(BM-2)**. Hier kann man gut übernachten, wenn das rollende Ferienhaus nicht zu groß für die Parkbuchten ist. Aber auch am Mont-St-Michel darf das Wohnmobil für 24 Stunden unmittelbar am Ufer der Bucht von St-Malo vor der Sehenswürdigkeit abgestellt werden **(BM-3)**. Abends hat jeder die Möglichkeit lange Spaziergänge am Ufer zu unternehmen und sich anschließend in den vielen Kneipen und Restaurants verwöhnen zu lassen.

Benediktiner Mönche begannen in der Karolinger-Zeit 966 mit dem Bau einer Abteikirche auf dem Felsen im Meer. Bis ins 11. Jahrhundert wurde an den nördlich gelegenen Klostergebäuden in drei Etagen gebaut, der wuchtige Unterbau im romanischen, der leichte filigrane Kreuzgang im gotischen Stil. Vom Vorplatz der Kirche und aus dem Kreuzgang haben wir einen phantastischen Blick über das flache Land und das weite Meer.

Zu Füßen dieser Gottesburg wälzen sich die Touristen durch die einzige Dorfgasse, die sich in sanften Bögen zur Kirche hinaufwindet. Bauten aus dem 15. und 16. Jahrhundert säumen die Gasse und beherbergen Geschäfte für die Touristen mit Unmengen von Souvenirs, Läden zum Verkauf von Spezialitäten der Normandie und der Bretagne und Gaststätten aller Preisklassen. Abends entfliehen die vielen Pkw-Touristen und es kehrt Ruhe ein auf dem Platz vor dem Kirchenberg.

Wir sitzen nach lange vor unserem Ferienhaus auf Rädern und genießen den Blick zum beleuchteten Wunder Mont-St-Michel.

Auf unserer Fahrt nach Westen erblicken wir den Mont-Dol, der wie eine Insel aus der Ebene ragt. Hier soll sich der Erzengel Michael einen erbitterten Kampf mit dem Teufel geliefert haben. Spuren des Kampfes sind nicht zu entdecken. Südlich von Dol-de-Bretagne steht einer der größten Menhire der Bretagne, der Menhir de Champ-Dolent, fast zehn Meter hoch, gebrochen in einem Steinbruch in acht Kilometern Entfernung. Sehenswert sind in Dol die wuchtige Cathédrale St-Samson mit einem Bischofsthron und dem wertvollen Chorgestühl, Häuser und Bauten aus dem 11. bis 13. Jahrhundert und Reste der Stadtmauer.

In Vivier-sur-mer treffen wir auf die flache Küste der Baie du Mont-Saint-Michel. Es ist Ebbe. Wir sehen kein Wasser, nur Schlick und Watt, denn 14 Meter beträgt der Höhenunterschied zur Flut. Lange Reihen von Eichenholz mit Trauben von Muscheln zieren die Wattflächen. Mit Booten auf Rädern werden sie geerntet und handverlesen. Während der Flut sind sie verschwunden und nur mit einem Boot zu erreichen. In den alten Lagerhäusern bieten die Fischer Hummer, Langusten und Massen von Austern an.

Zwei Parkplätze an der Straße wurden mit dem Wohnmobil-Symbol versehen **(BM-4)**. Über die Weite der Bucht erblicken wir in der Ferne den Mont-St-Michel. Im Watt erkennen wir endlose Reihen von Eichenpfählen, an denen dicke Trauben von Muscheln hängen. Von Fahrzeugen, die auf dem Meer schwimmen und an Land auf Rädern fahren, werden sie geerntet. Das Meer ist ein Stück entfernt, aber die Straße verläuft unmittelbar an den Plätzen vorbei. Wir wollen lieber an einem ruhigeren Ort übernachten und fahren nach Cancale.

Cancale ist berühmt durch seine Austernzucht. Die Schalentiere erblicken wir in den Austerngärten im Wasser oder im Watt, in den Kisten und Säcken der Boote, an Land auf den Tischen der Händler, in den Händen der Verkäufer, die fachmännisch mit einem Messer die Schalen öffnen, überall schauen wir auf diese Delikatesse. Schier unendlich ist die Sortenvielfalt. Gourmets wählen immer die für ihren Geschmack richtige Sorte aus dem Angebot heraus.

Früher wurden die Austern als Wildwuchs vom Meeresboden abgepflückt. Heute bezieht man die Austernlarven zum Züchten aus dem Golf von Morbihan. Nach drei Jahren mühevoller Pflege müssen sie aus den Austerngärten geerntet werden. In Cancale holt man jährlich 2000 Tonnen in prallgefüllten Säcken aus dem Meer.

Der Hafen und die Gebäude am Hafen ziehen sich weit am Ufer entlang. Überall laden uns die Restaurants zum Schlemmen ein. Gern bleiben wir in diesem alten, schönen Austernort. Wir fühlen uns hier sehr wohl. Einen Übernachtungsplatz für Wohnmobile haben die Stadtväter eingerichtet **(BM-5)**. Nicht weit ist es von hier zum Hafen und zu den vielen Restaurants. Der kleine Parkplatz auf der Anfahrt bietet eine grandiose Aussicht auf Cancale und auf das Meer.

An der Pointe de Grouin bestimmen Felsküste und Felsinseln das Landschaftsbild. Die Bretagne wird uns nun immer diese abwechslungsreiche und schöne Küste bieten. Vorbei ist die flache Marsch der Normandie und an der Küste des Mont-Saint-Michel. Lange laufen wir auf den Pfaden an der Pointe du Grouin entlang und können uns nicht sattsehen am Spiel der Wellen mit den Felsen im schäumenden Meer.

Ein Bunker, Wahrzeichen des letzten Krieges, steht an der Pointe du Grouin. Innen hängen Landkarten, Diagramme, Bilder, Informationen über Landschaft und Natur. Außen der düstere Betonklotz mit drohenden Schießscharten, innen der freundliche Ausstellungsraum, ein Zeichen für Krieg und Frieden. Uns wird bewusst, dass wir schon viele Jahre Frieden haben, dass es den meisten Menschen in Europa sehr gut geht. Europa wächst zusammen, viele Jahrhunderte, vor allem in der ersten Hälfte dieses Jahrhunderts, herrschten in Europa fürchterliche Kriegszeiten. Nur der Bunker mahnt uns noch an die grausigen Zeiten der Kriege.

Der große Parkplatz an der Pointe Grouin kann für eine Übernachtung an diesem stimmungsvollen Ort gut genutzt werden **(BM-6)**. Wir fahren weiter nach Westen auf der Küstenstraße Richtung St-Malo. Die Parkplätze an den Stränden sind abgeschrankt und für uns nicht zugänglich.

Wenige Kilometer landeinwärts finden wir im Ortszentrum von St-Coulomb einen Stellplatz **(BM-7)**. In St-Meloir hat die Gemeinde in ruhiger Lage in der Nähe des Campingplatzes einen Wohnmobil-Übernachtungsplatz eingerichtet **(BM-8 🚐)**. Wir sind fast in St-Malo. Aber leider gibt es dort keinen Wohnmobilplatz.

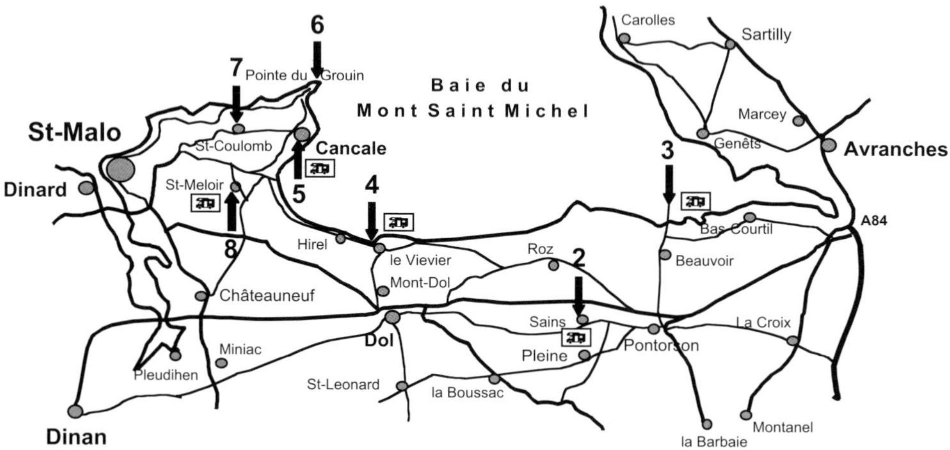

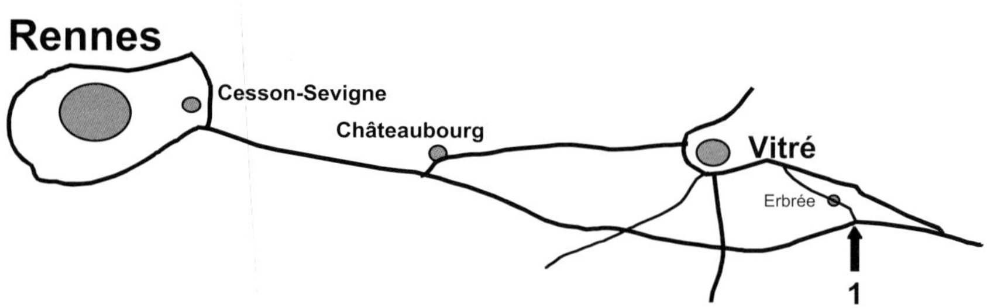

An der Bucht von Mont-St-Michel

Tour 3: **An der Bucht von Mont-St-Michel**

Nr.	Ort, Bezeichnung	Stell-plätze A	Gast-haus	Häu-ser	WC	Bad See	Womo-platz	Ent-sorg.	Park-dauer B	Park-gebühr C
BM-1	Vitré, Aire d' Erbrée **	5	+	-	+	-	-	-	1	0
BM-2	**Sains, Aire de camping car ****	5	+	+	-	-	+	+	U	0
BM-3	**Mont-St-Michel, Wohnmobilplatz *****	50	+	+	+	-	+	-	1	8
BM-4	**Le Vivier, Uferparkplätze ***	5	-	+	-	-	+	+	1	3
BM-5	**Cancale, Wohnmobilplatz ****	20	+	+	-	-	+	+	U	0
BM-6	Cancale, Pointe de Grouin ***	20	+	+	-	-	-	-	1	0
BM-7	St-Coulomb, Ortsparkplatz **	5	+	+	-	-	-	-	1	0
BM-8	**St-Meloir, Ortsmitte ****	5	-	+	-	-	+	+	1	0

Legende

****	sehr ruhige und sehr schöne Lage.
***	sehr ruhige und schöne Lage.
**	ruhige und gute Lage.
*	keine ruhige Lage.
A	Stellplätze gestaffelt nach 3, 5, 10, 20, 30, 50 Wohnmobilen. Dabei wird angenommen, dass nur die Hälfte des Platzes zur Verfügung steht und die andere Hälfte durch PKW belegt ist.
B	Aufenthaltsdauer in Tagen.
C	Übernachtungsgebühr in Euro pro Wohnmobil und 24 Stunden oder Parkgebühr.
P	Parkgebühr in der Saison.
T	Aufenthaltsdauer einige Tage.
U	Aufenthaltsdauer unbegrenzt.
	Ausgewiesener Wohnmobilplatz.

Stellplatz am Mont St-Michel (BM-3, Seite 71)

Wohnmobilplatz in Cancale (BM-5, Seite 72)

Stellplatz an der Poite de Grouin (BM-6, Seite 72)

Am Strand von St-Malo

Vitré, Aire d' Erbrée ** BM - 1

Befestigter Waldparkplatz bei einer Raststätte an der Schnellstraße nach Rennes in ruhiger Lage.

Von der Autobahn A81 Richtung Rennes fahren (N157) und 5 km nach der letzten Zahlstelle rechts zur Raststätte abbiegen. Auf dem Raststättengelände dem Wegweiser Aire de Repos folgen.

! Gaststätte, Imbiss und Hotel am Parkplatz.
! Touristen-Information über die Bretagne am Parkplatz.
! Bänke und Tische am Parkplatz.
! WC am Parkplatz. Müllcontainer am Parkplatz.
! Zufahrt für LKW verboten.
! Besichtigung von Rennes: Rue St-Michel, Cathédrale Saint-Pierre, St-Sauveur, Hôtel de Ville, Théatre, Palais de Justice, La Criée.
! Besuch der Museen in Rennes: Musée de Bretagne und Musée des Beaux-Arts.
! Fahrt zum Mont St-Michel.
! Keine Parkgebühr.
! Stellmöglichkeiten für 5 Wohnmobile.
! Ausweichparkplätze an der Raststätte.
! Ebene Stellflächen.

Sains, Aire de camping car ** BM - 2

In Parkbuchten eingeteilter Wohnmobilplatz am Ortsrand in ruhiger und schöner Lage.

Von der Schnellstraße N176 (Pontorson-Dol) westlich von Pontorson dem Wohnmobil-Symbol folgen und Richtung Sains abbiegen (D289). Nach 1,3 km links Richtung Sains fahren. Noch 200 m bis zum Parkplatz links.

! Gaststätte und Geschäfte in der Nähe.
! Häuser am Parkplatz.
! Ver- und Entsorgungsstation am Parkplatz. Stromanschluss möglich.
! Müllkörbe am Parkplatz.
! Spielplatz am Parkplatz.
! Für sehr große Wohnmobile nicht geeignet.
! Aufenthaltsdauer nicht begrenzt.
! Ganzjährig zugänglich.
! Bänke und Tische am Parkplatz.
! Besichtigung von Dol: Menhir de Champ-Dolent, Cathédrale St-Samson mit Bischofsthron, Häuser aus dem 11. Jahrhundert, Reste der Stadtmauer.
! Besichtigung von Rennes: Rue St-Michel, Cathédrale Saint-Pierre, St-Sauveur, Hôtel de Ville, Théatre, Palais de Justice, La Criée.
! Besuch der Museen in Rennes: Musée de Bretagne und Musée des Beaux-Arts.
! Besichtigung des Mont St-Michel.
! Keine Parkgebühr.
! Stellmöglichkeiten für 5 Wohnmobile.
! Ebene Stellflächen.
! Ausweichparkplätze gegenüber am Sportgelände.
! Informationen: Tel. 02 99 48 63 18.

Mont-St-Michel, Wohnmobilplatz *** BM - 3

Für Wohnmobile ausgewiesene, befestigte Übernachtungsplätze unmittelbar am Ufer in sehr ruhiger Lage und landschaftlich reizvoller Umgebung.

Von Rennes Richtung Mont-St. Michel fahren (D175). 7 km nach dem Ortsende Pontorson werden am Ende der Straße D976 die Parkplätze rechts erreicht.

! Gaststätte und Geschäfte in der Nähe.
! Häuser in der Nähe.
! WC in der Nähe.
! Ver- und Entsorgungsstation in Beauvoir Küstenstraße Richtung Avranches und in Sains westlich von Pontorson.
! Aufenthaltsdauer 1 Tag.
! Wohnmobile immer anzutreffen.
! Campingplatz in der Nähe.
! Besichtigung des Mont-St-Michel und der Abtei.
! Besichtigung von Dol: Menhir de Champ-Dolent, Cathédrale St-Samson mit Bischofsthron, Häuser aus dem 11. Jahrhundert, Reste der Stadtmauer.
! Besichtigung von Rennes: Rue St-Michel, Cathédrale Saint-Pierre, St-Sauveur, Hôtel de Ville, Théatre, Palais de Justice, La Criée.
! Besuch der Museen in Rennes: Musée de Bretagne und Musée des Beaux-Arts.
! Parkgebühr: 8 Euro für 24 Stunden.
! Stellmöglichkeiten für 50 Wohnmobile.
! Ebene Stellflächen.

Bild Seite 6

Le Vivier, Uferparkplätze * BM - 4

Zwei asphaltierte Wohnmobilplätze in Ufernähe in landschaftlich reizvoller Umgebung.

Bei Anfahrt aus dem Westen von Hirel (D155) wird der erste Platz 200 m, der zweite Platz 400 m nach dem Ortsanfang Le Vivier links erreicht.
Bei Anfahrt aus dem Osten von Cherrueix (D797) wird der erste Platz 900 m, der zweite Platz 1100 m nach dem Ortsanfang Le Vivier rechts erreicht.

! Häuser am Parkplatz.
! Tankstelle am Parkplatz.
! Ver- und Entsorgung in der Nähe.
! Aufenthaltsdauer 1 Tag.
! Zugänglich 15.04. bis 30.09.
! Besichtigung des Mont-St-Michel und der Abtei.
! Besichtigung von Dol: Menhir de Champ-Dolent, Cathédrale St-Samson mit Bischofsthron, Häuser aus dem 11. Jahrhundert, Reste der Stadtmauer.
! Ausflug nach Cancale und zum Pointe du Grouin.
! Ausflug nach St-Malo.
! Parkgebühr 19-9.00 Uhr: 3 Euro für 24 Stunden. Parkautomat mit Jetons.
! Stellmöglichkeiten für je 5 Wohnmobile.
! Ebene Stellflächen.
! Informationen: 02 99 48 91 92.

Cancale, Wohnmobilplatz ** BM - 5

Für Wohnmobile ausgewiesener, in Parkbuchten eingeteilter, befestigter Übernachtungsplatz am Ortsrand in ruhiger und schöner Lage.

Von der D155 (St. Benoit - St. Malo) Richtung Cancale abbiegen (D76). 2 km nach der Kreuzung D155/D76 rechts dem Wegweiser le Port folgen (Einbahnstraße). Nach 300 m wird rechts der sehr schön gelegene kleine Ausweichparkplatz erreicht. Nach 1,3 km auf der Einbahnstraße links dem Parkplatz-Schild und Wohnmobil-Symbol folgen. Noch 200 m bis zum Parkplatz rechts.

! Gaststätte und Geschäfte in der Nähe.
! Häuser am Parkplatz.
! Ver- und Entsorgungsmöglichkeiten am Parkplatz.
! Aufenthaltsdauer nicht begrenzt.
! Zugänglich 01.04. bis 01.11.
! Campingplatz in der Nähe.
! Besuch des Musée de la Huitre (an der Einbahnstraße auf der Anfahrt).
! Besichtigung des Mont-St-Michel und der Abtei.
! Besichtigung von Saint-Malo: Chateau Gaillard, St-Vincent, Bastionen St-Louis, de la Hollande und St-Philippe, Porte de Dinan, Tour Bidouane.
! Keine Parkgebühr.
! Stellmöglichkeiten für 20 Wohnmobile.
! Wohnmobil-Parkverbote am Hafen und im Ort.
! Ebene und leicht schräge Stellflächen.
! Ausweichparkplatz mit Panoramablick auf das Meer und Cancale auf der Anfahrt.
! Informationen: Tel. 02 99 89 60 15.

Bild Seite 68

Cancale, Pointe de Grouin *** BM - 6

Zwei unbefestigte und asphaltierte Parkplätze am Pointe de Grouin in sehr ruhiger und schöner Lage.

Von der D355 (St-Malo - Cancale) am westlichen Ortsrand von Cancale Richtung Pointe de Grouin fahren (D201). Nach 3,4 km wird der unbefestigte Großparkplatz und nach 3,6 km der asphaltierte Parkplatz hinter dem Hotel erreicht.

! Gaststätte und Hotel am Parkplatz.
! Häuser am Parkplatz.
! Müllkörbe am Parkplatz.
! Wandern am Pointe de Grouin. Naturschutzgebiet. Blick über die Bucht bis Mont-St-Michel.
! Besuch des Musée de la Huitres in Cancale.
! Besichtigung des Mont St-Michel und der Abtei.
! Fahrt auf der Küstenstraße nach St-Malo.
! Besichtigung von Saint-Malo: Chateau Gaillard, St-Vincent, Bastionen St-Louis, de la Hollande und St-Philippe, Porte de Dinan, Tour Bidouane.
! Keine Parkgebühr.
! Stellmöglichkeiten für 20 Wohnmobile.
! Ebene und schräge Stellflächen.
! Parkplätze an der Küstenstraße nach St-Malo und in St-Malo abgeschrankt.

Bild Seite 69

St-Coulomb, Ortsparkplatz ** BM - 7

Asphaltierter Parkplatz im Ort in ruhiger Lage.

Von Cancale Richtung St-Malo fahren (D355) und 800 m nach dem Ortsanfang St-Coulomb rechts zum Parkplatz abbiegen.
Von St-Malo Richtung Cancale fahren (D355) und 300 m nach dem Ortsanfang St-Coulomb links zum Parkplatz abbiegen.

! Gaststätte und Geschäfte in der Nähe.
! Häuser am Parkplatz.
! Müllkörbe am Parkplatz.
! Wandern am Pointe de Grouin. Naturschutzgebiet.
! Besuch des Musée de la Huitres in Cancale.
! Besichtigung des Mont St-Michel und der Abtei.
! Fahrt auf der Küstenstraße nach St-Malo.
! Besichtigung von Saint-Malo: Chateau Gaillard, St-Vincent, Bastionen St-Louis, de la Hollande und St-Philippe, Porte de Dinan, Tour Bidouane.
! Keine Parkgebühr.
! Stellmöglichkeiten für 5 Wohnmobile.
! Ebene Stellflächen.
! Parkplätze an der Küstenstraße nach St-Malo und in St-Malo abgeschrankt.

St-Meloir, Ortsmitte ** BM - 8

Für Wohnmobile ausgewiesener, asphaltierter Übernachtungsplatz am Ortsrand in ruhiger und schöner Lage.

Bei Anfahrt von St-Malo von der D155 Richtung St-Meloir abbiegen (D5) und nach 3,2 km - 800 m nach dem Ortsanfang St-Meloir - im Kreisel Richtung Camping Municipal fahren. Nach 200 m links und nach weiteren 100 m rechts dem Wegweiser Camping folgen. Noch 200 m bis zu den Parkplätzen rechts und links.
Bei Anfahrt von Cancale von der D76 Richtung St-Meloir abbiegen und 700 m nach dem Ortsanfang St-Meloir im Kreisel Richtung Camping Municipal fahren. Nach 200 m links und nach weiteren 100 m rechts dem Wegweiser Camping folgen. Noch 200 m bis zu den Parkplätzen rechts und links.

! Häuser am Parkplatz.
! Ver- und Entsorgungsmöglichkeiten auf dem Campingplatz.
! Spielplatz am Parkplatz.
! Aufenthaltsdauer 24 Stunden.
! Ganzjährig zugänglich.
! Campingplatz der Gemeinde in der Nähe.
! Besichtigung des Mont-St-Michel und der Abtei.
! Besichtigung von Saint-Malo: Chateau Gaillard, St-Vincent, Bastionen St-Louis, de la Hollande und St-Philippe, Porte de Dinan, Tour Bidouane.
! Ausflug nach Cancale und Pointe de Grouin.
! Keine Parkgebühr.
! Stellmöglichkeiten für 5 Wohnmobile.
! Ebene und schräge Stellflächen.
! Informationen: Tel. 02 99 89 10 78.

Wohnmobilplatz am Fort de la Latte (SK-3, Seite 81)

Stellplatz am Strand von Pléhérel (SK-5, Seite 82)

St-Malo und das stürmische Cap Fréhel

An der Smaragd-Küste

Tour 4

Wir fahren weiter nach Westen auf der Küstenstraße Richtung St-Malo. Die Parkplätze an den Stränden sind abgeschrankt und für uns nicht zugänglich.

Die Straße führt direkt zum Hafen und zur Altstadt von St-Malo. Schon von weitem bewundern wir das mächtige Schloss der Herzöge der Bretagne, das Chateau Gaillard. Unser Rundgang auf dem Wehrgang und unser Bummel durch die ville close, durch die vom Meer und von einer gewaltigen mittelalterlichen Mauer vollständig umgebene Altstadt, lässt uns die einzigartige Lage der Stadt erleben. Beeindruckend sind die Bastionen St-Louis, St-Philippe und de la Hollande, der schützende lange Arm der Mole, die Porte de Dinan, der Tour Bidouane und die Bischofskirche, die Cathédrale St-Vincent. In den Straßen pulsiert das Leben, drängen sich die Menschen durch die engen Gassen, bieten die Geschäfte ihre Waren an.

Einen Übernachtungsplatz finden wir in Saint-Malo nicht. Wir fahren deshalb weiter über den Damm des Gezeitenkraftwerkes am Fluss Rance. Abwechselnd wird die Strömung der Flut und der Ebbe durch die Turbinen in elektrischen Strom umgesetzt.

In Ploubalay wurde am Ortsrand ein Wohnmobilplatz eingerichtet **(CE-1)**. Leider führen zwei Straßen an dem Platz vorbei. Wir ziehen es vor, in einer ruhigen und reizvollen Lage am Cap Frehel zu übernachten.

Auf dem Weg nach Cap Fréhel finden wir in Plévenon einen Platz für Wohnmobile und eine Ver- und Entsorgungsstation **(SK-2)**. Ein sehr schöner, großer und sehr ruhig gelegener offizieller Übernachtungsplatz - allerdings ohne Ver- und Entsorgungsstation - wurde am Fort la Latte in der Nähe des Cap Fréhel eingerichtet **(SK-3)**. In der Saison bedienen an diesem Parkplatz ein Imbißstand und ein Souvenirladen die Besucher des Fort de la Latte.

Das mächtige Fort war ein Vorposten von St-Malo, eine trutzige Burg auf einem zerklüfteten Felsen über dem Meer. Unter der Zugbrücke tobt die Brandung, Möwen umkreisen wie Angreifer die Türme und Mauern, ein Menhir aus uralten Zeiten hält die Wache am Eingang, gegenüber zeigt das Cap Fréhel wie ein Wegweiser für die Schiffe seine felsige Küste.

Die Küste zwischen Cap Fréhel und St-Brieuc erhielt die Bezeichnung Côte d' Emeraude, Smaragdküste, wegen der leuchtend grünen Vegetation hinter den goldgelben Stränden.

Auch die großen Parkplätze am Cap Fréhel bieten sich für eine Übernachtung in einsamer Lage an **(SK-4)**. Die Küstenstraße im Westen führt zunächst zu den schönsten Stränden, feinsandig, von Felsen durchsetzt und von Felswänden eingerahmt. Der große Parkplatz am Strand von Pléhérel kann nicht nur für eine

Übernachtung, sondern im Sommer auch zum Baden in der traumhaften Sandbucht genutzt werden **(SK-5)**. Von den drei Plätzen in der Nähe des stürmischen Caps lassen sich herrliche Wanderungen und Radtouren unternehmen.

Leider sind die weiten Strände von Sables d' Or-les-Pins für Wohnmobile gesperrt. Tagsüber kann man hier aber parken, baden oder wandern. Nachts fährt man zu den drei schönen Schlafplätzen am Cap.

Am nächsten Tag übernachten wir am Fischereihafen in Erquy **(SK-6)**. Der Fischerort hat noch seinen alten, mittelalterlichen Charme bewahrt. Der Stellplatz bietet einen phantastischen Blick aufs Meer und die zerklüftete Küste. Nebenan dümpeln die kleinen Fischerboote, ganz in der Nähe sind urige Fischgaststätten, Geschäfte und der feinsandige Strand. Auf der Promenade spazieren wir abends in den Ort. Hier fühlen wir uns wohl und faulenzen am nächsten Tag am Strand in der Sonne.

Am südlichen Strand Plage de Caroual ist inzwischen von der Verwaltung ein Wohnmobilplatz mit einer Ver- und Entsorgungsstation eingerichtet worden **(SK-7)**. Hier kann der Wohnmobilurlauber schöne Stunden am breiten Sandstrand verbringen, Badefreuden erleben und Wassersport betreiben. Die Ver- und Entsorgung des Wohnmobils ist gewährleistet. 15 Minuten benötigt man zu Fuss, um im Ortszentrum zu bummel und einzukaufen.

Im Nachbarort, in Pléneuf-Val-André, befindet sich auch ein schöner Strand mit einem großen asphaltierten Parkplatz **(SK-8)**. Leider sind alle Stellflächen schräg. Nur mit einigen Unterlegkeilen lässt sich eine gerade Lage des rollenden Ferienhauses herstellen.

Wir bleiben nur kurze Zeit am Strand und fahren zum Sportboothafen im Ortsteil Dahouet. In ruhige Lage mit Blick auf die Segel- und Motorboote übernachten wir auf dem Wohnmobilplatz am Hafen **(SK-9)**. Gaststätten und Geschäfte sind in der Nähe. Eindrucksvoll ist unser abendlicher Spazierweg entlang der Küste zu dem Leuchtturm an der Landspitze. Traumhaft sind die Strände in Pléneuf-Val-d' André, Plage Vallées, Plage des Nations und Plage du Val d' André.

Am nächsten Morgen fahren wir weiter nach St-Brieux im Westen. Uns lockt die Insel Bréhat und die berühmte Küste des roten Granits.

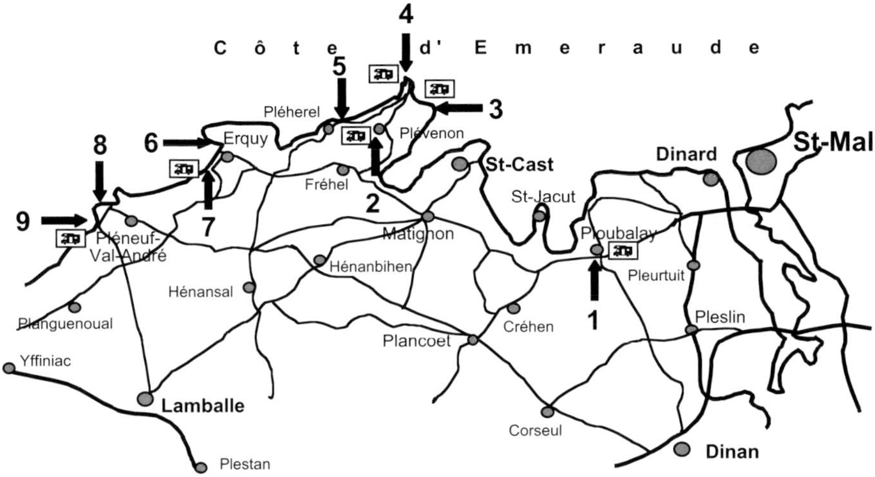

An der Smaragdküste

Tour 4: **An der Smaragd-Küste**

Nr.	Ort, Bezeichnung	Stell-plätze A	Gast-haus	Häu-ser	WC	Bad See	Womo-platz	Ent-sorg.	Park-dauer B	Park-gebühr C
SK-1	**Ploubalay, Ortseingang ***	3	+	+	-	-	+	+	1	0
SK-2	**Plévenon, Aire de Service ***	5	+	+	-	-	+	+	U	0
SK-3	**Plévenon, Fort la Latte *****	30	+	+	-	-	+	-	U	0
SK-4	**Fréhel, Cap Fréhel *****	50	-	-	+	-	+	-	U	0
SK-5	Pléhérel, Plage de la Fosse ***	30	-	-	-	+	-	-	1	0
SK-6	Erquy, Fischereihafen ***	20	+	+	+	+	-	-	1	0
SK-7	**Erquy, Plage de Caroual *****	20	-	+	+	+	+	+	1	0
SK-8	Pléneuf-Val-André, Plage des Vallées *	10	+	+	-	+	-	-	1	0
SK-9	**Pléneuf-Val-André, Port de Plaisance *****	20	+	+	-	-	+	+	U	0

Legende

****	sehr ruhige und sehr schöne Lage.
***	sehr ruhige und schöne Lage.
**	ruhige und gute Lage.
*	keine ruhige Lage.
A	Stellplätze gestaffelt nach 3, 5, 10, 20, 30, 50 Wohnmobilen. Dabei wird angenommen, dass nur die Hälfte des Platzes zur Verfügung steht und die andere Hälfte durch PKW belegt ist.
B	Aufenthaltsdauer in Tagen.
C	Übernachtungsgebühr in Euro pro Wohnmobil und 24 Stunden oder Parkgebühr.
P	Parkgebühr in der Saison.
T	Aufenthaltsdauer einige Tage.
U	Aufenthaltsdauer unbegrenzt.
	Ausgewiesener Wohnmobilplatz.

Wohnmobilplatz in Ploubalay (SK-1, Seite 80)

Stellplatz in Erquy (SK-6, Seite 82)

Ploubalay, Ortseingang * SK - 1

Für Wohnmobile ausgewiesener, kleiner asphaltierter Übernachtungsplatz am Ortsrand.

Bei Anfahrt aus dem Westen von Cap Frehel (D768) 200 m nach dem Ortsanfang Ploubalay im Kreisel geradeaus fahren. Noch 100 m bis zum Parkplatz links.
Bei Anfahrt aus dem Osten von St-Malo (D169) 300 m vor dem Ortsende Ploubalay zum Parkplatz rechts fahren.

! Gaststätte und Geschäfte in der Nähe.
! Häuser am Parkplatz.
! Verkehrsreiche Straße in der Nähe.
! Ver- und Entsorgungsstation (Flot bleu) am Parkplatz.
! Stromversorgung möglich.
! Müllbehälter am Parkplatz.
! Aufenthaltsdauer 1 Tag.
! Ganzjährig zugänglich.
! Besichtigung von Saint-Malo: Chateau Gaillard, St-Vincent, Bastionen St-Louis, de la Hollande und St-Philippe, Porte de Dinan, Tour Bidouane.
! Ausflug zum Cap Frehel.
! Keine Parkgebühr.
! Stellmöglichkeiten für insgesamt 3 Wohnmobile.
! Ebene Stellflächen.
! Informationen: Tel. 02 96 82 60 60.

Bild Seite 79

Plévenon, Aire de service * SK - 2

Für Wohnmobile ausgewiesener, kleiner befestigter Übernachtungsplatz im Ort.

Von der D786 östlich von Fréhel - 5 km westlich von Matignon - Richtung Cap Frehél abbiegen (D16). Nach 4,3 km - 500 m nach dem Ortsanfang Plévenon - wird links der Ausweichparkplatz im Ort, 700 m nach dem Ortsanfang links der Platz Aire de service und 800 m nach dem Ortsanfang rechts der Ausweichparkplatz am Salle des Sports erreicht.

! Gaststätte und Geschäfte am Parkplatz.
! Häuser am Parkplatz.
! Ver- und Entsorgungsstation am Parkplatz.
! Stromanschluss möglich.
! Müllbehälter am Parkplatz.
! Aufenthaltsdauer nicht begrenzt.
! Ganzjährig zugänglich.
! Wanderungen und Radtouren auf der Halbinsel Fréhel.
! Besichtigung des Forts la Latte.
! Besichtigung von Saint-Malo: Chateau Gaillard, St-Vincent, Bastionen St-Louis, de la Hollande und St-Philippe, Porte de Dinan, Tour Bidouane.
! Keine Parkgebühr.
! Stellmöglichkeiten für 5 Wohnmobile.
! Ebene Stellflächen.
! Informationen: 02 96 41 40 12.

Plévenon, Fort la Latte ***

SK - 3

Befestigte und unbefestigte Wohnmobilplätze am Fort la Latte in sehr ruhiger Lage und landschaftlich reizvoller Umgebung.

Von der D786 östlich von Fréhel - 5 km westlich von Matignon - Richtung Cap Frehél/Fort la Latte abbiegen (D16). Nach 6,2 km rechts Richtung Fort la Latte fahren. Nach 2,1 km werden die Übernachtungsplätze rechts nach dem abgeschrankten PKW-Parkplatz erreicht.

! Häuser am Parkplatz.
! Restaurant und Hotel in der Nähe.
! Besichtigung Fort la Latte. Öffnungszeiten: Sa, So 14.30-18.30.
  Eintritt: Erw. 3 Euro, Kinder 1,50 Euro. 10 min Fußweg.
! Ver- und Entsorgungsstation in Plévenon. Müllbehälter am Parkplatz.
! Aufenthaltsdauer nicht begrenzt.
! Ganzjährig zugänglich.
! Wohnmobile oft anzutreffen.
! Wanderungen und Radtouren auf der Halbinsel Fréhel.
! Fahrt auf der Küstenstraße im Westen.
! Besichtigung von Saint-Malo: Chateau Gaillard, St-Vincent, Bastionen St-Louis, de la Hollande und St-Philippe, Porte de Dinan, Tour Bidouane.
! Keine Parkgebühr.
! Ebene und leicht schräge Stellflächen.
! Reservierte Plätze für 30 Wohnmobile.
! Informationen: 02 96 41 40 12.

Bild Seite 74

Fréhel, Cap Fréhel ***

SK - 4

Für Wohnmobile zugelassener, befestigter Großparkplatz in der Nähe des Leuchtturms in sehr ruhiger und schöner Lage.

Von der D786 östlich von Fréhel - 5 km westlich von Matignon - Richtung Cap Frehél/Fort la Latte abbiegen (D16). Nach 7,4 km wird der befestigte Parkplatz rechts und nach 7,6 km der asphaltierte Parkplatz am Leuchtturm erreicht.

! WC am Parkplatz.
! Einsame Lage.
! Müllcontainer am Parkplatz.
! Ver- und Entsorgungsstation in Plévenon.
! Aufenthaltsdauer nicht begrenzt.
! Ganzjährig zugänglich.
! Wohnmobile immer anzutreffen.
! Wanderungen und Radtouren am Cap und auf der Halbinsel Fréhel.
! Besichtigung Fort la Latte. Öffnungszeiten: Sa, So 14.30-18.30.
  Eintritt: Erw. 3 Euro, Kinder 1,50 Euro. 10 min Fußweg.
! Fahrt auf der Küstenstraße nach Pléhérel-Plage.
! Besichtigung von Saint-Malo: Chateau Gaillard, St-Vincent, Bastionen St-Louis, de la Hollande und St-Philippe, Porte de Dinan, Tour Bidouane.
! Keine Parkgebühr.
! Stellmöglichkeiten für 50 Wohnmobile.
! Ebene Stellflächen.

Pléhérel, Plage de la Fosse *** SK - 5

Befestigter Großparkplatz am Strand in sehr ruhiger und schöner Lage.

Bei Anfahrt aus dem Westen bei Plunien von der N786 Richtung Sables d' Or-les Pins abbiegen (D34). 8,4 km nach der Abzweigung von der N786 - 1,7 km nach dem Ortsende Pléhérel-Plage wird der Parkplatz rechts erreicht.
Bei Anfahrt aus dem Norden von Cap Fréhel Richtung Pléhérel-Plage fahren (D34A). 2,6 km nach der Abzweigung von der D16 wird links der Parkplatz erreicht.

! Breiter, feinsandiger Strand am Parkplatz.
! Einsame Lage.
! Müllcontainer am Parkplatz.
! Wohnmobile oft anzutreffen.
! Aufenthaltsdauer 24 Stunden. Ganzjährig zugänglich.
! Sandstrand am Parkplatz.
! Campingplatz in der Nähe.
! Wanderungen und Radtouren am Cap und auf der Halbinsel Fréhel.
! Besichtigung Fort la Latte. Öffnungszeiten: Sa, So 14.30-18.30.
Eintritt: Erw. 3 Euro, Kinder 1,50 Euro. 10 min Fußweg.
! Ver- und Entsorgungsstation in Plévenon.
! Besichtigung von Saint-Malo: Chateau Gaillard, St-Vincent, Bastionen St-Louis, de la Hollande und St-Philippe, Porte de Dinan, Tour Bidouane.
! Keine Parkgebühr.
! Stellmöglichkeiten für 30 Wohnmobile. Ebene und schräge Stellflächen.
! Ausweichparkplatz 400 m Richtung Pléhérel-Plage. Gasthaus am Parkplatz.
! Asphaltierter Ausweichparkplatz am südlichen Ortsanfang Pléhérel-Plage.
! Wohnmobil-Verbote in Sables d´Or-les-Pins.

Bild Seite 74

Erquy, Fischereihafen *** SK - 6

Befestigter Großparkplatz am Fischereihafen in sehr ruhiger Lage und landschaftlich reizvoller Umgebung.

Von der D786 Richtung Erquy abbiegen und nach 2,3 km - 1,1 km nach dem Ortsanfang Erquy - halbrechts Richtung Le Plage/Le Port fahren. Nach 100 m rechts dem Wegweiser Le Plage/Le Port folgen. Noch 800 m bis zum Ausweichparkplatz links und 1,1 km bis zum Parkplatz am Hafen links.

! Gaststätte und Geschäfte am Parkplatz.
! Häuser am Parkplatz.
! WC am Parkplatz.
! Getrennte Müllentsorgung und Müllbehälter am Parkplatz.
! Bei Veranstaltungen gesperrt.
! Aufenthaltsdauer 24 Stunden.
! Hafen und Slipstraße am Parkplatz.
! Promenade am Hafen und Strand.
! Breiter, feinsandiger Strand am Ausweichparkplatz.
! Boule-Platz am Ausweichparkplatz.
! Spielplatz in der Nähe.
! Wanderungen am Cap d' Erquy.
! Fahrt zum Cap Fréhel.
! Keine Parkgebühr.
! Stellmöglichkeiten für 20 Wohnmobile. Ebene Stellflächen.
! Asphaltierter Ausweichparkplatz 300 m vorher.

Bild Seite 79

Erquy, Plage de Caroual *** SK - 7

Für Wohnmobile ausgewiesener, befestigter Großparkplatz am Strand in sehr ruhiger Lage und landschaftlich reizvoller Umgebung.

Bei Anfahrt aus dem Süden von der D786 Richtung Erquy abbiegen und 200 m nach dem Ortsanfang Erquy dem Wohnmobil-Symbol links folgen. Nach 200 m wieder links fahren. Noch 100 m bis zum Parkplatz rechts.

! Häuser am Parkplatz.
! WC am Parkplatz.
! Ver- und Entsorgung am Parkplatz.
! Stromanschluss möglich.
! Müllbehälter am Parkplatz.
! Aufenthaltsdauer 24 Stunden.
! Ganzjährig geöffnet.
! Wohnmobile fast immer anzutreffen.
! Breiter, feiner Sandstrand am Platz.
! Fußweg zum Zentrum 15 min.
! Wanderungen am Cap d' Erquy.
! Fahrt zum Cap Fréhel.
! Keine Parkgebühr.
! Stellmöglichkeiten für 20 Wohnmobile.
! Ebene Stellflächen.
! Informationen: Tel. 02 96 63 52 42.

Pléneuf-Val-André, Plage des Vallées * SK - 8

Asphaltierter Parkplatz mit schrägen Stellflächen am Strand in ruhiger Lage.

Von der D786 östlich von Pléneuf Richtung Plage abbiegen und nach 2,4 km - 600 m nach dem Ortsanfang Pléneuf - rechts Richtung Plage des Vallées abbiegen. Nach 500 m rechts dem Wegweiser Plage des Vallées folgen. Noch 700 m bis zum Parkplatz am Ende der Straße.

! Gaststätte am Parkplatz.
! Häuser am Parkplatz.
! Telefon am Parkplatz.
! Getrennte Müllentsorgung am Parkplatz.
! Aufenthaltsdauer 24 Stunden.
! Ganzjährig zugänglich.
! Breiter, feinsandiger Strand am Parkplatz.
! Wanderungen und Radtouren an der Küste.
! Fahrt zum Cap Fréhel.
! Keine Parkgebühr.
! Stellmöglichkeiten für 10 Wohnmobile.
! Nur schräge Stellflächen.

Pléneuf-Val-André, Port de Plaisance *** SK - 9

Befestigter Wohnmobilplatz am Sportboothafen im Ortsteil Dahouet in sehr ruhiger und schöner Lage.

Von der D786 südlich von Pléneuf Richtung Pleuneuf-Dahouet abbiegen (ebenfalls D786). Nach 3 km - 400 m nach dem Ortsanfang Pléneuf - dem Wegweiser Yachtclub geradeaus und nach weitern 200 m links folgen. Noch 100 m bis zum Wohnmobilplatz links.

! Gaststätte am Parkplatz.
! Häuser am Parkplatz.
! Ver- und Entsorgung (Euro Relais) am Platz.
! Stromversorgung möglich.
! Müllbehälter am Parkplatz.
! Sportboothafen am Parkplatz.
! Aufenthaltsdauer nicht begrenzt.
! Ganzjährig zugänglich.
! Wanderungen und Radtouren an der Küste.
! Fahrt zum Cap Fréhel.
! Keine Parkgebühr.
! Stellmöglichkeiten für 20 Wohnmobile.
! Ebene Stellflächen.
! Informationen: Tel. 02 96 63 13 05.

Bilder Seite 61

Wohnmobilplatz am Port de Plaicance in Pleuneuf-Val-André (SK-9)

Muscheln, Krebse und eine südliche Insel

Von St-Brieuc zur Île de Bréhat

Tour 5

Nördlich von St-Brieuc an der Pointe de Roselier haben wir übernachtet **(BB-1)**. Großartig ist der Blick auf St-Brieuc und auf die Bucht. Am Abend fahren die Pkw nach Hause und die Wohnmobile haben den asphaltierten Platz am Denkmal der Seefahrer für sich.

St-Brieuc ist eine sehenswerte Stadt. Die wuchtige Kathedrale St-Etienne ist mit Schießscharten versehen und diente in Kriegszeiten als Zuflucht. In den Straßen der Altstadt nördlich der Kathedrale stehen viele schöne alte Häuser. In den modernen Markthallen neben der Kathedrale werden am Samstag alle Waren der Côtes d' Armor angeboten. Eine Köstlichkeit für Feinschmecker sind die Jakobsmuscheln aus der Baie de St-Brieuc. Den Namen erhielt diese Muschel von den Pilgern, die auf dem Weg nach Santiago de Compostela zum Heiligen Jakob sich die Muschelschale als Erkennungszeichen an den Hut hefteten.

Ver- und Entsorgungsmöglichkeiten und Übernachtungsplätze gibt es in mehreren Orten in der Umgebung von St-Brieuc, in Trémuson **(BB-2)**, Pordic **(BB-3)** und Binic **(BB-4)**. In Pordic sind Geschäfte und Gaststätten vom Platz aus schnell zu erreichen, obwohl der Platz am Ende einer Straße und am Rande von Wiesen liegt.

In Binic sind Strand und Ortszentrum in der Nähe. Allerdings kann die Nachtruhe durch den Verkehr auf der nahen Straße gestört werden.

In Saint-Quay-Portrieux liegen einige Kutter im Hafen, die St-Jacque-Muscheln an Bord haben oder diese berühmten Schalentiere aus dem Meer ernten wollen. Der Ort ist nur in der Saison von Touristen bevölkert, sonst werden die Straßen und Gassen von einer tiefen Ruhe erfüllt.

Wir fahren nach Norden, wir wollen zur Côte de Granit rose. Doch die Küste, die Bucht und der Strand von le Palus bei Plouha sind so reizvoll, dass wir hier noch einen Tag bleiben **(BB-5)**. Wanderungen entlang der Küste mit den bizarren Felsformationen zählen zu unseren schönsten Urlaubseindrücken.

Ein paar Kilometer von Plouha besichtigen wir die Kapelle von Kermaria. Beeindruckend ist der Totentanz mit Kaiser, König und Papst, mit Bürgern, Liebespaaren und Bettlern im Gewölbe der Kirche. Der Tod holt sie alle, ob reich oder arm, keiner kann ihm entrinnen.

In der Ortsmitte von Plouézec kann man sein Ferienhaus auf Rädern von allem unnötigen Ballast befreien und mit Frischwasser versorgen **(BB-6)**. Zum Übernachten erscheint uns dieser Platz im Trubel der Ortsmitte aber nicht besonders geeignet.

Die Fischerstadt Paimpol ist zunächst unser Ziel, bevor wir die beliebte Insel Bréhat besuchen. Im Kutterhafen ankern heute auch Freizeitboote. Die Austern sind immer noch eine gute Einnahmequelle. Frisch vom Kutter kaufen wir Austern, Muscheln und Krebse. Touristen werden von dem Hafen, den guten Restaurants und dem Musée de la mer mit der Ausstellung über die Islandfischerei angezogen.

Die alten Fischerhäuser in den engen Gassen bestimmen heute noch das Bild in der malerischen Altstadt. Interessant ist das alte Kaufhaus der Islandfischer und der Islandschoner Mad Atao im Hafenbecken.

Die Ruinen des Klosters von Beauport auf einer schmalen Halbinsel über dem Meer ziehen immer wieder die Touristen an, die auch von dem Anblick der stürmischen Brandung um die felsige Halbinsel beeindruckt sind. Viele Seeleute aus Paimpol und Ploubazlanek verloren in den vergangenen Jahrhunderten ihr Leben auf hoher See. An der langen Friedhofsmauer von Ploubazlanek sind ihre Namen auf kleinen Holztafen zu lesen.

Am Hafen zwischen den Bootswerften liegt am Quai Pierre Loti ein guter, ruhiger Platz zum Übernachten **(BB-7)**. Die Stadt hat auch einen Platz für Wohnmobile mit Ver- und Entsorgung eingerichtet **(BB-8)**. Leider sind die Parkbuchten für große Wohnmobile zu klein, die Einfahrt zu eng und der Untergrund ist nach starken Regenfällen aufgeweicht. Außerdem führt eine verkehrsreiche Straße unmittelbar am Stellplatz vorbei.

Wir übernachten deshalb an der Pointe l' Arconest gegenüber der Ile de Bréhat **(BB-9)**. Einmalig ist der Blick auf die Insel und die vielen Felseninseln und Schären, die überall verstreut aus dem Wasser oder aus dem Watt ragen. Am nächsten Morgen setzen wir mit einer kleinen Fähre in zehn Minuten über zur Ile de Bréhat. Alle Autos müssen auf den großen und zum Teil bewachten Parkplätzen stehen bleiben. Nur Fahrräder, Menschen und Tiere werden mit den Booten auf die Insel befördert. Auf schmalen Wegen und über eine Brücke erreichen wir nach einer Stunde den nördlichsten Punkt der kleinen Insel. In den warmen klimatischen Verhältnissen gedeihen Palmen, Eukalyptusbäume, Feigenbäume und Mimosen. Es fällt uns nicht leicht, von dieser schönen Landschaft Abschied zu nehmen. Aber wir wissen, dass uns noch einige landschaftliche Höhepunkte erwarten.

Bevor die Côte Granit rose erreicht wird, kann man in Pontrieux übernachten **(BB-10)**. Der Stellplatz liegt in einem Wohngebiet, nicht weit von Zentrum entfernt. Durch den Eisenbahnverkehr ist allerdings eine Lärmbelästing möglich.

Wohnmobilplatz in Binic (BB-4, Seite 91)

Wohnmobilplatz in Pordic (BB-3, Seite 91)

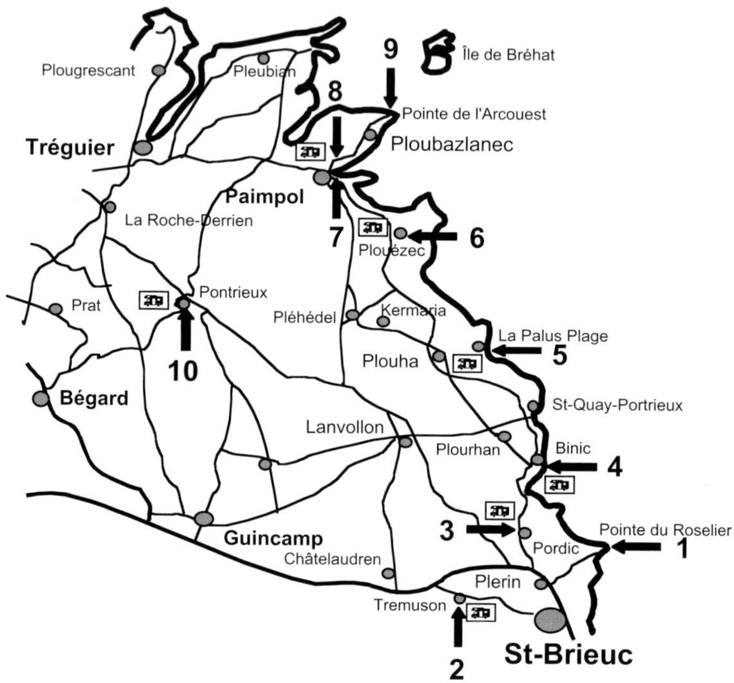

Von St-Brieuc zur Île de Bréhat

Tour 5: **Von St-Brieuc zur Île d' Brehat**

Nr.	Ort, Bezeichnung	Stell-plätze A	Gast-haus	Häu-ser	WC	Bad See	Womo-platz	Ent-sorg.	Park-dauer B	Park-gebühr C
BB-1	Plerin-sur-mer, Pointe de Roselier ***	10	-	+	-	-	-	-	1	0
BB-2	**Tremuson, Rue de Brest** **	5	-	+	-	-	+	+	2	0
BB-3	**Pordic, Place Jean Audard** **	5	+	+	-	-	+	+	1	0
BB-4	**Binic, Plage de la bange** *	10	+	+	-	+	+	+	1	0
BB-5	**Plouha, Le Palus Plage** ***	20	+	+	-	+	+	+	3	0
BB-6	**Plouézec, Ortsmitte** *	3	+	+	-	-	+	+	1	0
BB-7	Paimpol, Hafen **	10	+	+	-	-	-	-	1	0
BB-8	**Paimpol, aire de camping car** **	10	-	+	-	-	+	+	2	3
BB-9	Ploubazlanec, Pointe de l' Arconest ***	50	+	-	-	-	-	-	1	0
BB-10	**Pontrieux, Rue Kerpontou** **	5	+	+	-	-	+	+	2	0

Legende

****	sehr ruhige und sehr schöne Lage.
***	sehr ruhige und schöne Lage.
**	ruhige und gute Lage.
*	keine ruhige Lage.
A	Stellplätze gestaffelt nach 3, 5, 10, 20, 30, 50 Wohnmobilen. Dabei wird angenommen, dass nur die Hälfte des Platzes zur Verfügung steht und die andere Hälfte durch PKW belegt ist.
B	Aufenthaltsdauer in Tagen.
C	Übernachtungsgebühr in Euro pro Wohnmobil und 24 Stunden oder Parkgebühr.
P	Parkgebühr in der Saison.
T	Aufenthaltsdauer einige Tage.
U	Aufenthaltsdauer unbegrenzt.
	Ausgewiesener Wohnmobilplatz.

Plerin-sur-mer, Pointe de Roselier *** BB - 1

Asphaltierter Parkplatz an der Pointe de Roselier in sehr ruhiger Lage und landschaftlich reizvoller Umgebung.

Von der N12 nördlich von St-Brieuc Richtung Plerin abbiegen, die N12 bei Anfahrt aus dem Süden überqueren und im 2. Kreisel dem Wegweiser Promocash rechts folgen. Nach 600 m wieder rechts die N12 überqueren und auf der D36 Richtung La Ville Henry/Pointe de Roselier fahren. Noch 3,6 km bis zum Parkplatz links.

! Häuser in der Nähe.
! Müllbehälter am Parkplatz. Ver- und Entsorgung in Bicnic nördlich von Plerin am Plage de la Bange.
! Panoramablick über die Bucht von Saint-Brieuc.
! Denkmal für die Seeleute am Parkplatz.
! Wanderungen und Radtouren an der Küste. Rundwanderwege 2 - 8 km.
! Besichtigung von St-Brieuc: Gotische Cathédrale St-Etienne, Rue Gouet, Altstadt.
! Fahrt nach Treguier.
! Ausflug nach Paimpol und der Ile de Bréhat.
! Ausflug zur Côte de Granit rose.
! Keine Parkgebühr.
! Stellmöglichkeiten für 10 Wohnmobile.
! Ebene und schräge Stellflächen.

Tremuson, Rue de Brest ** BB - 2

Für Wohnmobile zugelassener Parkplatz an der Rue de Brest in ruhiger Lage.

Von der N12 westlich von St-Brieuc an der Ausfahrt Tremusion nach 200 m links Richtung Tremuson fahren. Nach weiteren 400 m rechts Richtung Tremuson (D36) abbiegen. Nach 1 km - 900 m nach dem Ortsanfang Tremuson wird der Parkplatz kurz vor der Ver- und Entsorgungsstation erreicht.
Von der N12 im Kreisel zur D712 fahren. Nach 1,5 km - 400 m nach dem Ortsanfang Tremuson wird der Parkplatz nach der Ver- und Entsorgungsstation rechts erreicht.

! Häuser in der Nähe.
! Ver- und Entsorgungstation (Euro-Relais) in der Nähe. Kleiner getrennter Parkplatz.
! Tische und Bänke am Parkplatz.
! Spielplatz am Parkplatz.
! Getrennte Müllentsorgung am Parkplatz.
! Aufenthaltsdauer 48 Stunden.
! Ganzjährig zugänglich.
! Besichtigung von St-Brieuc: Gotische Cathédrale St-Etienne, Rue Gouet, Altstadt.
! Fahrt nach Treguier.
! Ausflug nach Paimpol und der Ile de Bréhat.
! Ausflug zur Côte de Granit rose.
! Keine Parkgebühr.
! Stellmöglichkeiten für 5 Wohnmobile.
! Ebene Stellflächen.
! Informationen: Tel. 02 96 94 84 54.

Pordic, Place Jean Auduard ** — BB - 3

Für Wohnmobile zugelassener asphaltierter Parkplatz im Zentrum in ruhiger Lage.

Bei Anfahrt aus dem Süden von der D786 rechts Richtung Pordic-Centre abbiegen. Nach 500 m wird der Parkplatz rechts erreicht.
Bei Anfahrt aus dem Norden von der D786 links abbiegen und nach 1,3 km wieder links abbiegen. Noch 100 m bis zum Parkplatz.

! Gaststätten in der Nähe.
! Häuser am Parkplatz.
! Ver- und Entsorgung am Parkplatz (Euro-Relais).
! Elektroanschluss möglich.
! Getrennte Müllentsorgung am Parkplatz.
! Fußweg zur Ortsmitte 3 min.
! Aufenthaltsdauer 24 Stunden.
! Ganzjährig zugänglich.
! Besichtigung von St-Brieuc: Gotische Cathédrale St-Etienne, Rue Gouet, Altstadt.
! Fahrt nach Treguier.
! Ausflug nach Paimpol und der Ile de Bréhat.
! Ausflug zur Côte de Granit rose.
! Keine Parkgebühr.
! Stellmöglichkeiten für 5 Wohnmobile.
! Leicht schräge Stellflächen.
! Informationen: Tel. 02 96 79 12 12.

Bild Seite 87

Binic, Plage de la Banche * — BB - 4

Für Wohnmobile zugelassener Parkplatz in der Nähe des Strandes.

Bei Anfahrt aus dem Süden von der D786 rechts am Ortsanfang Richtung Binic abbiegen. Nach 300 m wird der Parkplatz links erreicht.
Bei Anfahrt aus dem Norden von der D786 800 m nach dem Ortsanfang Binic links Richtung camping car/Plage de la Banche abbiegen. Nach 200 m rechts fahren. Noch 200 m bis zum Parkplatz.

! Gaststätten in der Nähe.
! Häuser in der Nähe.
! Ver- und Entsorgungstation (Euro-Relais) am Parkplatz.
! Stromversorgung möglich.
! Verkehrslärm durch D786.
! Strand in der Nähe.
! Aufenthaltsdauer 24 Stunden.
! Ganzjährig zugänglich.
! Besichtigung von St-Brieuc: Gotische Cathédrale St-Etienne, Rue Gouet, Altstadt.
! Fahrt nach Treguier.
! Ausflug nach Paimpol und der Ile de Bréhat.
! Ausflug zur Côte de Granit rose.
! Keine Parkgebühr.
! Stellmöglichkeiten für 10 Wohnmobile.
! Ebene Stellflächen.
! Informationen: Tel. 02 96 73 39 90.

Bild Seite 87

Plouha, Le Palus Plage ***   BB - 5

Für Wohnmobile zugelassener, asphaltierter Parkplatz am Strand in sehr ruhiger Lage und landschaftlich reizvoller Umgebung.

Von der D786 in Plouha am Kreisel - 600 m nach dem südlichen Ortsanfang Plouha - Richtung Le Palus (D32) abbiegen. Nach 1,1 km - 300 m nach dem Ortsanfang Le Palus - rechts abbiegen. Noch 100 m bis zum Parkplatz.

! Gaststätten am Parkplatz.
! Häuser am Parkplatz.
! Blick aufs Meer.
! Ver- und Entsorgungstation (Euro-Relais) und Bodeneinlass am Parkplatz.
! Stromversorgung möglich.
! Spielplatz und Minigolf am Parkplatz.
! Strand am Parkplatz.
! Slipstraße am Parkplatz. Wassersport in der Bucht.
! Aufenthaltsdauer 3 Tage.
! Wohnmobile oft anzutreffen.
! Zugänglich März - Oktober. November - Februar Stellmöglichkeiten auf dem benachbarten Großparkplatz.
! Wanderwege an der Küste.
! Ausflug nach Paimpol und der Ile de Bréhat.
! Ausflug nach Treguier und zur Côte de Granit rose.
! Keine Parkgebühr.
! Stellmöglichkeiten für 20 Wohnmobile.
! Ebene Stellflächen.
! Informationen: Tel. 02 96 20 21 26.

Plouézec, Ortsmitte *   BB - 6

Für Wohnmobile zugelassener Parkplatz in der Ortsmitte.

Von der D786 1,2 km nach dem südlichen Ortsanfang Plouézec links zum Parkplatz abbiegen.

! Gaststätten am Parkplatz.
! Häuser am Parkplatz.
! Verkehrsgeräusche durch Ortsstraßen.
! Ver- und Entsorgungstation am Parkplatz.
! Aufenthaltsdauer 24 Stunden.
! Ganzjährig zugänglich.
! Wanderwege an der Küste.
! Ausflug nach Paimpol und der Ile de Bréhat.
! Ausflug nach Treguier und zur Côte de Granit rose.
! Keine Parkgebühr.
! Stellmöglichkeiten für 3 Wohnmobile.
! Ebene Stellflächen.
! Informationen: Tel. 02 96 16 43 86.

Paimpol, Hafen ** BB - 7

Geschotteter Parkplatz am Hafen in ruhiger und schöner Lage.

Von der Küstenstraße (D786) Richtung Paimpol fahren. 2,6 km nach dem Ortsanfang Paimpol im Kreisel dem Wegweiser Le Port rechts folgen. Noch 400 m bis zum Parkplatz an den Bootswerften.

! Häuser am Parkplatz.
! Geschäfte am Parkplatz.
! Gaststätten in der Nähe.
! Wanderungen und Radtouren an der Küste.
! Besichtigung der Ruinen der Abbaye de Beauport auf der Anfahrt.
! Besuch des Musée de la Mer.
! Fahrt zur Ile de Bréhat.
! Fahrt zur Côte de Granit rose.
! Keine Parkgebühr.
! Stellmöglichkeiten für 10 Wohnmobile.
! Ebene und leicht schräge Stellflächen.

Paimpol, aire de camping car ** BB - 8

Für Wohnmobile reservierter, unbefestigter Übernachtungsplatz.

In Paimpol Richtung Hafen fahren und am Hafen dem Wegweiser camping car und dem Wohnmobil-Symbol folgen. 700 m vom Ende des Hafenbeckens im Kreisel rechts Richtung camping car abbiegen. Noch 100 m bis zum Übernachtungsplatz rechts.

! Häuser in der Nähe.
! Verkehrsgeräusche.
! Geschäfte und Gaststätten in der Nähe.
! Parkbuchten nur für kleine und mittlere Wohnmobile geeignet. Große Wohnmobile zum Hafenparkplatz an den Bootswerften fahren.
! Ver- und Entsorgung am Parkplatz.
! Stromanschluss möglich.
! Aufenthaltsdauer 14. Juli bis 15. August 48 Stunden, sonst nicht begrenzt.
! Wanderungen und Radtouren an der Küste.
! Besichtigung der Ruinen der Abbaye de Beauport auf der Anfahrt.
! Besuch des Musée de la Mer.
! Fahrt zur Ile de Bréhat.
! Fahrt zur Côte de Granit rose.
! Parkgebühr Juli/August: 3 Euro.
! Stellmöglichkeiten für 10 Wohnmobile.
! Ebene, aber weiche Stellflächen.
! Informationen: Tel. 02 96 55 31 70.

Ploubazlanet, Pointe de l' Arconest *** BB - 9

Sehr großes, unbefestigtes Parkgelände in sehr ruhiger Lage und landschaftlich reizvoller Umgebung.

Von Paimpol Richtung Ile de Bréhat fahren (D789) und 1,8 km nach dem Ortsende Ploubazlanet links dem Parkplatz-Schild folgen.

! Gaststätten in der Nähe.
! Panoramablick zur Ile de Bréhat und zu den vielen Felseninseln.
! Campingplatz in der Nähe.
! Überfahrt zur Ile de Bréhat. Nur Fußgänger und Fahrräder.
! Wanderungen und Radtouren an der Küste und auf der Ile de Bréhat.
! Besuch des Musée de la Mer in Paimpol.
! Fahrt zur Côte de Granit rose.
! Keine Parkgebühr.
! Stellmöglichkeiten für 50 Wohnmobile. Für 600 PKW ausgewiesen.
! Ebene und schräge Stellflächen.
! Ausweichparkplatz an der Schiffsanlegestelle. Bewacht und Parkgebühr.

Pontrieux, Rue Kerpontou ** BB - 10

Für Wohnmobile ausgewiesener asphaltierter Parkplatz in der Nähe des Bahnhofs von Kerpontou in ruhiger Lage.

Von der D15 (Paimpol-Bégard) oder von der D787 (Lézardrieux-Guincamp) Richtung Pontrieux fahren und in Pontrieux Richtung centre ville fahren. Hinter der Kirche im Zentrum links abbiegen und rechts in die Rue Kerpontou zum Parkplatz einbiegen.

! Häuser in der Nähe.
! Geschäfte und Gaststätten in der Nähe.
! Lärmbelästigung durch Bahnverkehr möglich.
! Ver- und Entsorgung (Bodeneinlass) am Parkplatz.
! Stromanschluss möglich.
! Aufenthaltsdauer 48 Stunden.
! Ganzjährig zugänglich.
! Wanderungen und Radtouren an der Küste.
! Besichtigung der Kirche Kermaria.
! Fahrt nach Paimpol und zur Île de Bréhat.
! Ausflug zur Côte de Granit rose.
! Fahrt nach St-Brieuc.
! Keine Parkgebühr.
! Stellmöglichkeiten für 5 Wohnmobile.
! Ebene und leicht schräge Stellflächen.
! Informationen: Tel. 02 96 95 60 31.

Stellplatz an der Pointe de l' Arconest (BB-9, Seite 94)

Wohnmobilplatz am Strand le Palus (BB-5, Seite 92)

Wo Riesen mit Murmeln spielten

An der Küste des roten Granits

Tour 6

Über Tréguier, einst Bischofssitz und Hauptstadt einer nach dem Ort benannten Landschaft, fahren wir zur berühmten Côte de Granit rose. Die Cathédrale St-Tugdual mit drei wuchtigen Türmen über dem Querschiff beeindruckt uns am meisten. Einst haben die Bischöfe von hier aus die Politik der Bretagne bestimmt. Schutzpatron der Armen, aber auch der Richter und Anwälte, ist der Saint-Yves, ein Heiliger aus dem 13. Jahrhundert, dem heute die Prozession Grand Pardon im Mai gewidmet wird. Die Bittprozession führt nach Minihy, dem in der Nähe von Tréguier gelegenen Geburtsort von Saint-Yves. Kardinäle, Bischöfe, Richter, Anwälte und das Volk folgen dem vergoldeten Reliquiar, dem Schädel des Heiligen. In einer Seitenkapelle der Kathedrale steht eine Kopie seines Grabdenkmals aus weißem Marmor.

Am Ufer des Flusses le Jaudy übernachten wir in einer reizvollen Umgebung mit Blick auf den Strom und den ständig wechselnden Pegelstand. Zum Stadtzentrum mit den sehenswerten Häusern und lebendigen Straßen benötigen wir nur fünf Minuten **(GR-1)**.

Auch in La Roche-Derrien kann man in der Nähe der Ortsmitte an einem Park in einer ruhigen Umgebung übernachten **(GR-2)**. Das historische Zentrum des Ortes bietet alte Bürgerhäuser, die sehenswerte Kirche Sainte-Cathérine und einen schönen Uferweg am Fluss le Jaudy.

In Perros-Guirec treffen wir auf die berühmte Küste des roten Granits, die von hier über Ploumanach und Trégastel bis nach Trébeurden reicht. Überall liegen auf dem Land und im Wasser Steinhaufen aus großen rund abgeschliffenen roten Felsbrocken und rosa Felsplatten. Wetter, Wind und Wasser haben in Jahrtausenden die Felsen abgeschliffen und zu Haufen zusammengeschoben. Riesen müssen hier einst Murmel gespielt und die roten Steine dann zu farbenprächtigen Felshaufen aufgeschichtet haben. Dazwischen befinden sich feinsandige, von roten Felsbrocken durchsetzte Strände.

Der Küstenwanderweg von Perros-Guirec nach Ploumanac'h und weiter nach Trégastel, die Corniche Bretonne oder der Zöllnerpfad, bietet uns immer wieder phantastische rosarote, blank polierte Felsformationen. Holzschuh, Korkenzieher, Totenkopf, Crêpes sind nur einige der besonders herausragenden Felsgebilde, eingebettet in Heideflächen und umrahmt von gelbleuchtendem Ginster. Abends malt die Sonne die runden Felsklötze dunkelrot und zeichnet lange, bizarre Schatten über das Land.

Auch von der Küstenstraße zwischen Perros-Guirec und Trébeurden haben wir immer wieder phantastische Ausblicke auf die im Meer oder auf dem Land verstreut in Haufen liegenden rosa Granitbrocken.

Wohnmobilplatz am Fluss in Treguier
(GR-1, Seite 103)

An der Côte Granit rose

Das Seebad Perros-Guirec ist den Wohnmobilurlaubern leider nicht wohlgesonnen. Die Strände sind abgeschrankt, so dass anhalten, parken, wandern und baden leider nicht möglich ist. Im Nachbarort, in Ploumanac'h dürfen Wohnmobile über Nacht auch nicht am Strand oder am Hafen bleiben, aber wir können wenigstens parken, baden und die Küste des roten Granits erkunden.

Einen großen Übernachtungsplatz mit Ver- und Entsorgungsstation finden wir in Trégastel-Plage an der Straße **(GR-3)**. Leider ist auch in Trégastel auf den großen Parkplätzen am Strand und am Meeresaquarium das Übernachten im Wohnmobil untersagt. Das Aquarium und Vogelmuseum liegt in einer rosa Granitgrotte unter einem riesigen Felshaufen.

Die Côte de Granit rose endet an einem von Wind und Wellen geschliffenen Felsen, den Père Trébeurden. Am nördlichen Ortsrand von Trébeurden, am Plage de Goaz trez, wurde ein kleiner Übernachtungsplatz für Wohnmobilurlauber mit einer Ver- und Entsorgungsstation eingerichtet **(GR-4)**. Der Strand ist ein besonderer Tipp für Surfer und Taucher.

In Trébeurden sind die Kapelle Nouvelle, die Kirchen St-Christ und St-Penvern und die Steinallee von Prat ar menhir sehenswert. Vom Hafen fahren Boote zur Ile de Milliau, einer einsamen Insel, die Entdeckungen steinerner Zeugen der Vergangenheit und eine besonders reizvolle Landschaft bietet. Der sichelförmige Strand von Tresmeur, durch eine Landspitze und durch rundgeschliffene rote Granitblöcke vom Hafen getrennt, zählt zu den schönsten Stränden der nördlichen Bretagne.

Bei Pleumeur-Bodou hat sich neben der Weltraumstation für Kommnikation (Radom) ein interessantes Museumszentrum entwickelt, ein Keltendorf, village goulois, wurde originalgetreu nachgebildet. Wir tauchen ein in die Welt von Asterix und seinen Kumpanen. Nebenan ist ein wissentschaftlicher Freizeitpark mit einem Planetarium und einer Weltraumausstellung zu besichtigen. Wir begeben uns auf eine Reise durch das Weltall und erkunden unser Sonnensystem.

Die großen, ruhig gelegenen Parkplätze dürfen für die Übernachtung genutzt werden **(GR-5)**. Hohe Bäume rahmen das geschotterte Gelände in der hügeligen Landschaft ein. Die Ver- und Entsorgungsanlage wurde am Eingang zum Freizeitzentrum außerhalb des Schlafplatzes installiert.

In der kleinen Hafenstadt Lannion ist noch altes bretonisches Flair zu spüren. Wir entdecken in den engen Gassen schöne alte Fachwerkhäuser und einfache Handwerksbetriebe aus vergangenen Zeiten, im Hafen alte Kutter und kleine Fischerboote. Die Terrasse der Kirche von Brélévenez bietet uns einen schönen Blick über die Stadt und den Hafen.

Eine Übernachtungsmöglichkeit besteht am Hafen von Loquemeau **(GR-6)**. Allerding ist der Platz nur klein und für sehr große Wohnmobile nicht geeignet.

Wir übernachten in St-Michel-en-Grèves am Salle des Fêtes **(GR-7)**. Der asphaltierte Platz ist für Wohnmobile zugelassen, hat eine Ver- und Entsorgung und liegt ruhig in der Nähe des breiten Sandstrandes. Gaststätten und Geschäften sind ganz in der Nähe. Im Winter zählt die Gemeinde nur einige Hundert Einwohner, in der Saison sind es einige Tausend, die den langgezogenen, breiten Sandstrand bevölkern. Allerdings zieht sich das Meer bei Ebbe zwei Kilometer zurück.

Wir beschließen einen Ruhetag einzulegen, die Sonne zu genießen und im Meer zu schwimmen und am Ufer zu wandern. Die Corniche Bretonne, der Zöllnerpfad, erschließt viele schöne felsige Küstenabschnitte und zerklüftete Landspitzen. Der Grand Rocher, ein 80 Meter hoher Aussichtsfelsen, ist das Ziel vieler Wanderer. Die Côte Granit rose, eine wildromantische Naturlandschaft, ist ein Erlebnis der besonderen Art.

Wohnmobilplatz am Port de Plaisance in Treguier (GR-1, Seite 103)

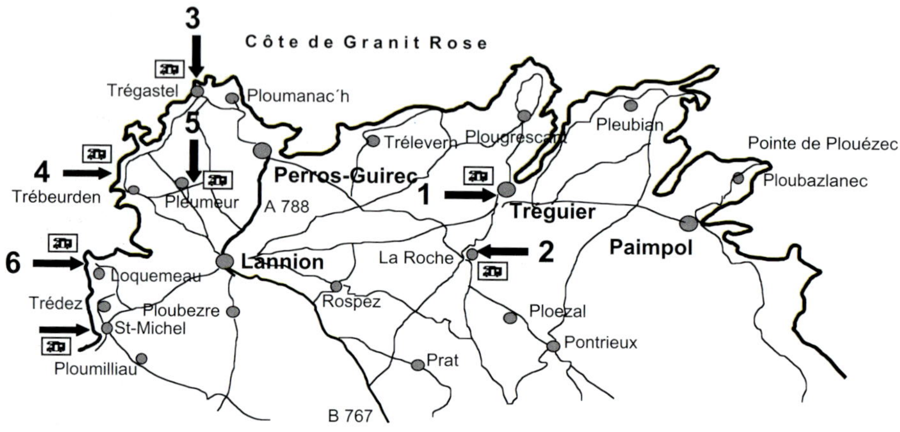

An der Küste des roten Granits

An der Côte Granit rose

Wohnmobilplatz in Pleumeur-Bodou
(GR-5, Seite 106)

Tour 6: **An der Küste des roten Granits**

Nr.	Ort, Bezeichnung	Stell-plätze A	Gast-haus	Häu-ser	WC	Bad See	Womo-platz	Ent-sorg.	Park-dauer B	Park-gebühr C
GR-1	**Tréguier, Port de Plaisance ****	20	+	+	-	-	+	+	1	0
GR-2	**La Roche-Derrien, Rue de Jouet ****	10	+	+	-	-	+	+	U	0
GR-3	**Trégastel-Plage, Ortsrand ***	20	-	+	-	-	+	+	1	0
GR-4	**Trébeurden, Plage de Goaz Trez ****	5	-	-	-	+	+	+	U	0
GR-5	**Pleumeur-Bodou, Cosmopolis *****	30	+	-	-	-	+	+	1	0
GR-6	**Tredez-Loquemeau, Port ****	3	+	+	-	-	+	+	1	0
GR-7	**St-Michel, Salles des Fêtes ****	5	+	+	-	+	+	+	U	0

Legende

****	sehr ruhige und sehr schöne Lage.
***	sehr ruhige und schöne Lage.
**	ruhige und gute Lage.
*	keine ruhige Lage.
A	Stellplätze gestaffelt nach 3, 5, 10, 20, 30, 50 Wohnmobilen. Dabei wird angenommen, dass nur die Hälfte des Platzes zur Verfügung steht und die andere Hälfte durch PKW belegt ist.
B	Aufenthaltsdauer in Tagen.
C	Übernachtungsgebühr in Euro pro Wohnmobil und 24 Stunden oder Parkgebühr.
P	Parkgebühr in der Saison.
T	Aufenthaltsdauer einige Tage.
U	Aufenthaltsdauer unbegrenzt.
	Ausgewiesener Wohnmobilplatz.

Tréguier, Port de Plaisance **

GR - 1

Für Wohnmobile ausgewiesener, befestigter Übernachtungsplatz in ruhiger und schöner Lage.

Bei Anfahrt aus dem Westen von der D786 im Kreisel Richtung Minihy-Tréguier fahren und 3,6 km - 300 m nach dem Ortsanfang Tréguier - rechts Richtung Le Port abbiegen. Nach weiteren 1,2 km im Kreisel links dem Wohnmobil-Symbol folgen. Noch 300 m bis zum Parkplatz rechts.

! Häuser am Parkplatz.
! Gaststätten am Parkplatz.
! Straße in der Nähe.
! Blick auf den Fluss le Jaudy und den Meeresarm.
! Ver- und Entsorgung am Parkplatz (Flot bleu).
! Stromanschluss möglich.
! Ganzjährig zugänglich.
! Aufenthaltsdauer 24 Stunden. Wohnmobile oft anzutreffen.
! Wanderungen und Radtouren an der Küste.
! Besichtigung von Tréguier: Cathédrale mit drei wuchtigen Türmen, Mamorgrabmal des Saint-Yves, Altstadt.
! Wassersport Fluss und Meeresbucht.
! Fahrt nach Paimpol und zur Ile de Bréhat.
! Fahrt zur Côte de Granit rose.
! Keine Parkgebühr.
! Stellmöglichkeiten für 20 Wohnmobile.
! Ebene Stellflächen.
! Informationen: Tel. 02 96 92 48 50.

Bild Seite 97

La Roche-Derrien, Rue de Jouet **

GR - 2

Für Wohnmobile ausgewiesener, befestigter Übernachtungsplatz in ruhiger und schöner Lage.

Bei Anfahrt aus dem Westen von der D8 im Kreisel rechts Richtung La Roche-Derrien fahren und nach 300 m links Richtung La Roche-Derrien/aire de camping car abbiegen. Nach weiteren 600 m - 500 m nach dem Ortsanfang - links, nach 100 m wieder links und nach weiteren 100 m nochmals links dem Schild camping car folgen. Noch 100 m bis zum Parkplatz.

! Häuser am Parkplatz.
! Gaststätten am Parkplatz.
! Ver- und Entsorgung am Parkplatz (Bodeneinlass).
! Stromanschluss möglich.
! Getrennte Müllentsorgung am Parkplatz.
! Ganzjährig zugänglich.
! Aufenthaltsdauer nicht begrenzt.
! Wanderungen und Radtouren am Fluss le Jaudy.
! Besichtigung von Tréguier: Cathédrale, Mamorgrabmal des Saint-Yves, Altstadt.
! Wassersport Fluss und Meeresbucht.
! Fahrt nach Paimpol und zur Ile de Bréhat.
! Fahrt zur Côte de Granit rose.
! Keine Parkgebühr.
! Stellmöglichkeiten für 10 Wohnmobile.
! Ebene Stellflächen.
! Informationen: Tel. 02 96 91 36 31

An der Côte Granit rose

Wohnmobilplatz in Taule
(RL-6, Seite 117)

Trégastel-Plage, Ortsrand * GR - 3

Für Wohnmobile zugelassener Übernachtungsplatz am Tennis- und Sportgelände.

Von Perros-Guirec Richtung Trégastel/Trébeurden fahren (D788) und 600 m nach dem Ortsanfang Trégastel rechts zum Parkplatz abbiegen.
Von Trébeurden Richtung Trégastel/Perros-Guirec fahren (D788) und 2,6 km nach dem Ortsanfang Trégastel links zum Parkplatz abbiegen.

! Häuser am Parkplatz.
! Verkehrsgeräusche durch nahe Straße.
! Ver- und Entsorgungsstation mit Stromanschluss am Parkplatz.
! Aufenthaltsdauer 24 Stunden.
! Ganzjährig zugänglich.
! Strand (Plage Thourony) in der Nähe.
! Wanderungen und Radtouren an der Küste. Wanderweg an der roten Granitküste (Sentier des Douaniers).
! Besuch des Meeresaquariums.
! Fahrt zur Ile de Bréhat.
! Keine Parkgebühr.
! Stellmöglichkeiten für 20 Wohnmobile.
! Wohnmobil-Übernachtungsverbot von 20-8.00 Uhr in Trégastel-Plage.
! Wohnmobil-Übernachtungsverbot von 22-6.00 Uhr in Ploumanac'h.
! Parkplätze an den Stränden in Perros-Guirec abgeschrankt.
! Informationen: Tel. 02 96 15 38 00.

Trébeurden, Plage de Goaz Trez ** GR - 4

Für Wohnmobile reservierter, kleiner befestigter Übernachtungsplatz am Plage Goaz Trez.

Von Perros-Guirec Richtung Trégastel/Trébeurden fahren (D788) und 200 m vor dem Ortsanfang Trébeurden links dem Wohnmobil-Symbol folgen. Noch 100 m bis zum Parkplatz.
Von Lannion Richtung Trébeurden (D65) und in Trébeurden Richtung Trégastel fahren (D788). 200 m nach dem Ortsende Trébeurden rechts dem Wohnmobil-Symbol folgen. Noch 100 m bis zum Parkplatz links.

! Ver- und Entsorgungsstation mit Stromanschluss am Parkplatz.
! Müllbehälter am Parkplatz.
! Für große Wohnmobile nicht geeignet.
! Aufenthaltsdauer nicht begrenzt.
! Ganzjährig zugänglich.
! Feinsandiger Strand am Parkplatz.
! Wanderungen und Radtouren an der Küste. Wanderweg an der roten Granitküste (Sentier).
! Besichtigung von Trébeurden: Kapelle Bonne Nouvelle, Kirche St-Christ und St-Penvern, Steinalle von Prat ar menhir.
! Schiffsfahrt zur Ile de Milliau vom Hafen in Trébeurden.
! Besuch der Weltraumstation bei Plemeur-Bodon.
! Besuch des Meeresaquariums in Trégastel-Plage.
! Keine Parkgebühr.
! Stellmöglichkeiten für 5 Wohnmobile.
! Ausweichparkplätze an der Kirche und am Salle des Sports in Trébeurden.
! Pkw-Parkplatz am Strand abgeschrankt.
! Wohnmobil-Übernachtungsverbot von 22-6.00 Uhr in Ploumanac'h.
! Wohnmobil-Übernachtungsverbot von 20-8.00 Uhr in Trégastel-Plage.
! Parkplätze an den Stränden in Perros-Guirec abgeschrankt.
! Informationen: Tel. 02 96 15 44 00.

Pleumeur-Bodou, Cosmopolis *** GR - 5

Mehrere für Wohnmobile zugelassene, befestigte Übernachtungsplätze in sehr ruhiger und schöner Lage.

Von Lannion Richtung Pleumeur-Bodou fahren und zur D21 abbiegen. 3,2 km nach der Abzweigung im Kreisel geradeaus dem Wegweiser Cosmopolis folgen. Nach weiteren 1,7 km - 700 m nach dem Ortsanfang - rechts und nach weiteren 300 m links Richtung Cosmopolis fahren. Noch 200 m bis zu den Parkplätzen rechts und links.

! Gasthaus in der Nähe.
! Ver- und Entsorgungsstation (Euro-Relais) am Parkplatz.
! Stromanschluss möglich.
! Müllbehälter am Parkplatz.
! Aufenthaltsdauer 24 Stunden.
! Ganzjährig zugänglich.
! Wohnmobile immer anzutreffen.
! Besuch des Parc Scientifique, des Keltendorfes und der Weltraumausstellung Cosmopolis.
! Besichtigung von Trébeurden: Kapelle Bonne Nouvelle, Kirche St-Christ und St-Penvern, Steinalle von Prat ar menhir.
! Schiffsfahrt zur Ile de Milliau vom Hafen in Trébeurden.
! Besuch des Meeresaquariums in Trégastel-Plage.
! Keine Parkgebühr.
! Stellmöglichkeiten für 30 Wohnmobile.
! Ebene Stellflächen.
! Informationen: Tel. 02 96 23 91 17.

Bild Seite 101

Tredez-Loquemeau, Port ** GR - 6

Für Wohnmobile zugelassener, kleiner befestigter Übernachtungsplatz in ruhiger und schöner Lage.

Von der D786 (Lannion - St-Michel) Richtung Loquemeau abbiegen (D88 und D88B). 2,2 km nach der Abzweigung - 600 m nach dem Ortsanfang - dem Wegweiser port geradeaus folgen. Nach weiteren 300 m halblinks Richtung port (kleines Schild) abbiegen. Nach 500 m wird links vor der Fischhalle der kleine Parkplatz erreicht.

! Gaststätte in der Nähe.
! Häuser in der Nähe.
! Ver- und Entsorgung am Parkplatz.
! Aufenthaltsdauer 24 Stunden.
! Zugänglich 15.03. bis 15.11.
! Besuch des Parc Scientifique, des Keltendorfes und der Weltraumausstellung Cosmopolis Pleumeur-Bodou.
! Besichtigung von Trébeurden: Kapelle Bonne Nouvelle, Kirche St-Christ und St-Penvern, Steinalle von Prat ar menhir.
! Schiffsfahrt zur Ile de Milliau vom Hafen in Trébeurden.
! Keine Parkgebühr.
! Stellmöglichkeiten für 3 Wohnmobile.
! Ebene Stellflächen.
! Übernachtungsverbot auf dem asphaltierten Parkplatz am Ende der Straße.
! Informationen: Tel. 02 96 35 74 52.

Für Wohnmobile ausgewiesener befestigter Übernachtungsplatz am Salle des Fêtes in ruhiger und schöner Lage.

Von Lannion Richtung Morlaix fahren (D786) und 400 m nach dem Ortsanfang St-Michel rechts dem Wohnmobil-Symbol folgen. Noch 100 m bis zum Parkplatz.
Von Morlaix Richtung Lannion fahren (D786) und 1,1 km nach dem Ortsanfang St-Michel links dem Wohnmobil-Symbol folgen. Noch 100 m bis zum Parkplatz.

! Häuser am Parkplatz.
! Gaststätten und Geschäfte in der Nähe.
! Ver- und Entsorgungsstation (Flot bleu) am Parkplatz.
! Stromanschluss möglich.
! Aufenthaltsdauer nicht begrenzt.
! Ganzjährig zugänglich.
! Sehr breiter feinsandiger Strand in 200 m Entfernung.
! Wanderungen und Radtouren an der Küste.
! Besichtigung des Kirchenbezirks (enclos paroissial) bei St-Michel.
! Besichtigung der Weltraumkommunikationsstation bei Pleumeur-Bodou.
! Besichtigung von Trébeurden: Kapelle Bonne Nouvelle, Kirche St-Christ und St-Penvern, Steinalle von Prat ar menhir.
! Keine Parkgebühr.
! Stellmöglichkeiten für 5 Wohnmobile.
! Informationen: Tel. 02 96 35 74 41.

Stellplatz in St-Michel-en-Grève (GR-7)

Kalvarienberg in St-Thegonnec

Wohnmobilplatz in la Roche-Maurice
(RL-12, Seite 120)

Glaube und Furcht in Stein gemeißelt

Im Lande Léon

Tour 7

Léon nennt man das hügelige Land im Nordwesten der Bretagne. Im Seebad Roscoff entstand ein neuer Hafen für Hummer- und Langustenfischer, ebenso für die Fähren zur Insel Batz und für die Autofähren nach Irland und England. Am Fischerhafen steht die gotische Kirche Notre-Dame-de-Kroaz-Baz mit einem Renaissance-Turm aus dem 16. Jahrhundert. Die Glocken schwingen offen unter kleinen Mauertürmen und die Wände schmücken Reliefs von Schiffen und Kanonen. Das Meeresforschungsinstitut und Meeresaquarium stellt die Fische und Schalentiere des Ärmelkanals zur Schau.

In der Nähe der zerklüfteten Küsten bei der Pointe de Primel und bei der Pointe du Diben kann man im Ort Plougasnou übernachten **(RL-1)**. Der Abstieg zu der Pointe de Primel führt uns zwischen Felsen und aufgetürmten Gestein hindurch bis wir unten von Riffen und Brandung umgeben sind. Felsbrocken und Brandung setzen sich bis weit ins Meer fort. Bei Hochwasser wird die Landspitze zu einer Insel.

Am Gare maritime, am Fährbahnhof in Roscoff, können Wohnmobile und Wohnanhänger auf einem sehr großen, asphaltierten Parkplatz auf die Fähren nach England und Irland warten und übernachten **(RL-2)**. Am nördlichsten Punkt, an der Pointe St-Barbe, befreien wir unser rollendes Zuhause von allem Ballast und tanken es mit frischem Wasser auf **(RL-3)**.

Roscoff besitzt drei Häfen, den Fährhafen, den alten Hafen und den neuen Hafen für die Hummer- und Langustenfischer. Sehenswert sind in der Stadt die mittelalterlichen Festungsmauern, der Maria-Stuart-Turm und die Kirche Notre-Dame de Croaz-Baz.

Ruhiger liegt der Wohnmobilplatz in St-Pol-de-Léon an der Avenue de la mer, den wir für die Übernachtung auswählen **(RL-4)**. Unser Blick gleitet über den Hafen und über die Häuser am Meer. Neben unserer Landyacht liegen große Segel- und Motoryachten auf dem Land und warten auf ihren Einsatz für den nächsten Segeltörn.

Wie Nadeln stechen die schlanken Türme der Kapelle Notre-Dame-de-Kreisker und der Kathedrale von Léon fast 80 Meter in den Himmel. Von der Plattform der Kathedrale haben wir einen weiten Rundblick über die Landschaft von Léon und über die Bucht von Morlaix. Die Stadt bietet uns mit der Rue Leclerc, der Friedhofskapelle Saint-Fiacre, der Kapelle Notre-Dame de Kreizker und dem Platz Petit-Cloître noch weitere Sehenswürdigkeiten.

Im Badeort Carantec finden wir einen weiteren schönen Übernachtungsplatz an der Pointe Pen-al-Lann **(RL-5)**. Weit reicht der Blick von der Halbinsel über die Bucht mit den vielen Schären und Felseninseln. Bei Ebbe führt eine befahrbare Straße zur Ile Callot mit der Kapelle Notre-Dame, die im August das Ziel von Wallfahrern ist. Von der Landzunge wandern wir auf einem Pfad am Rande der Steilküste entlang und bewundern das Meerespanorama mit den vielen Felsinsel und Felsbrocken in der stürmischen See.

Der 90 Meter lange und 40 Meter breite Tumulus von Barnenez auf einer Landzunge nordöstlich von Morlaix ist 6500 jahre alt. In diesem riesigen Grabhügel wurden viele Ganggräber aus der Steinzeit entdeckt, er wurde rekonstruiert und ist heute als Museum zugänglich.

Sehr schön und ruhig am Ufer des breiten Flusses la Penzé liegt der Wohnmobilplatz in Taule **(RL-6)**. Gaststätten und Geschäfte sind schnell zu erreichen. Der Weg am Flussufer lädt zu einem schönen Spaziergang ein. Auch der in Terrassen angelegte Wohnmobilplatz in Plouvorn am Rande einer Parkanlage ist für eine Übernachtung bestens geeignet **(RL-7)**. Auch hier sind Geschäfte und Gaststätten nicht weit entfernt.

In den Orten zwischen der Landschaft von Léon und dem Gebirgsrücken der Monts d' Arrée stehen die berühmten Kalvarienberge, ein in Stein gemeißeltes Bekenntnis zum christlichen Glauben. Die „enclos paroissal" sind von Mauern umgebene Pfarrbezirke mit einer Triumphpforte, einem calvaire, (Kalvarienberg), der Kirche, einem Brunnen, einem Friedhof und dem Beinhaus. Der Kalvarienberg ist ein religiöses Denkmal aus Stein, das die Leidensgeschichte Christi oder Szenen aus dem Leben Christi außerhalb der Kirche erzählt. Dieses religiöse Zentrum wurden aber nicht nur zum Ruhm Gottes und zur Verherrlichung des Todes, sondern auch zur Darstellung des eigenen Wohlstandes und des Machtanspruches errichtet.

Wir beginnen unsere Tour auf dem Circuit des encloses in St-Thegonnec. Eindrucksvoll öffnet sich die Anlage mit einem Triumphbogen. Besonders ausdrucksstark sind die Figuren des Calvarienberges. Christus wird verspottet, seine Augen sind verbunden, Engel fangen das Blut des Gekreuzigten auf. Das Beinhaus ist eine vollkommene Grabkapelle mit dem Kirchenschatz und einer Skulptur zur Grablegung Christi. An der Kirche beeindruckt das Portal aus der Renaissance, der Glockenturm, die geschnitzte Kanzel, der Rosenkranzaltar, die Orgel und die Vorhalle mit einer Außenkanzel, von der zu den Pilgerscharen gepredigt wurde.

Auf dem großen Parkplatz vor der Kirche kann man parken und übernachten **(RL-8)**. Gaststätten und Geschäfte sind in der Nähe. Da auf dem benachbarten Platz auch Lkw parken, fahren wir lieber zum stillen Nachbarort Guimiliau, in dem ein Wohnmobil-Übernachtungsplatz mit Ver- und Entsorgung eingerichtet wurde **(RL-9)**.

Im enclos paroissal von Guimiliau ist die Triumphpforte wie ein monumentales Kirchentor gestaltet. Die 200 Steinfiguren auf dem Kalvariensockel sind Gestalten aus dem Neuen und Alten Testament. Im Inneren der spätgotischen Kirche sind das Taufbecken, die Grabkapelle und der Eisenbaldachin des Baptisteriums sehenswert. Die Predigtkanzel befindet sich außen am Beinhaus.

Im nächsten Ort, in Lampaul-Guimiliau, trägt der Triumphbalken vor dem Chor aus dem 16. Jahrhundert Christus am Kreuz zwischen der Jungfrau Maria und dem Johannes. Anschließend sind geschnitzte und farbig bemalte Figuren aus der

Leidensgeschichte Christi zu sehen. Der Glockenturm der gotischen Kirche sollte eigentlich viel größer werden, fiel 1809 dem Blitz zum Opfer und trägt heute auf halber Höhe eine plumpe Blechhaube. Das Baptisterium in der Kirche besteht aus einem Granitbecken, das von einem bemalten Holzbaldachin überwölbt wird. Eine Figurengruppe rechts neben der Orgel zeigt die Grablegung Christi. Die sechs Figuren der Pietà sind aus einem Holzblock geschnitzt.

Die Parkplätze hinter der Kirche können für eine Übernachtung gut genutzt werden **(RL-10)**. Gaststätten und Geschäfte sind in der Nähe.

In der benachbarten Kleinstadt Landivisiau sind die neugotische Kirche St-Thivisiau mit dem massiven Turm auf Stelzen, der Portalvorbau mit dunklen Skulpturen, die venezianische Loggia und das zur Kapelle umgewandelte Beinhaus sehenswert.

Weitere sehenswerte enclos paroissal sind in Ploudiry, La Martyre mit ausdrucksvollen Figuren auf dem Calvarienberg über dem Triumphtor und wunderbaren naiven biblischen Szenen an dem Portal der Kirchenvorhalle, Sizun mit einer kunstvoll gestalteten Beinhauskapelle, La Roche-Maurice am Fuß einer Festung und Pleyben.

In La Martyre kann man in der Ortsmitte neben dem Pfarrbezirk gut übernachten **(RL-11)**. Auch in La Roche wurde ein großer, befestigter Wohnmobilplatz in ruhiger Lage am Ortsrand mit einer Ver- und Entsorgungsstation eingerichtet **(RL-12)**.

Wir haben genügend in Stein gemeißelte eindrucksvolle Pfarrbezirke, Zeugen des mittelalterlichen Glaubens und der Furcht vor dem Tode, gesehen und fahren nach Landerneau. Der Übernachtungsplatz mit einer Ver- und Entsorgungsstation am Ufer des Flusses l' Elorn wurde von der Stadt für die Wohnmobiltouristen eingerichtet **(RL-13)**. Er liegt sehr ruhig und trotzdem in der Nähe von Gaststätten, Geschäften und den Sehenswürdigkeiten Pont de Rohan, mittelaltenlichen Bürgerhäusern und der Kirche St-Houardon mit einem schönen Vorbau aus der Renaissance und der Kirche St-Thomas de Canterbury.

Noch besser gefällt uns der Wohnmobilplatz in St-Derrien **(RL-14)**. Der in Terrassen angelegte Platz liegt in einem Park, an einem kleinen See mit einem Sandstrand und in einer reizvollen natürlichen Landschaft. Am nächsten Morgen fahren wir wieder zur Küste der Bretagne.

Wohnmobilplatz in Taule (RL-6, Seite 117)

Stellplatz in Carantec (RL-5, Seite 117)

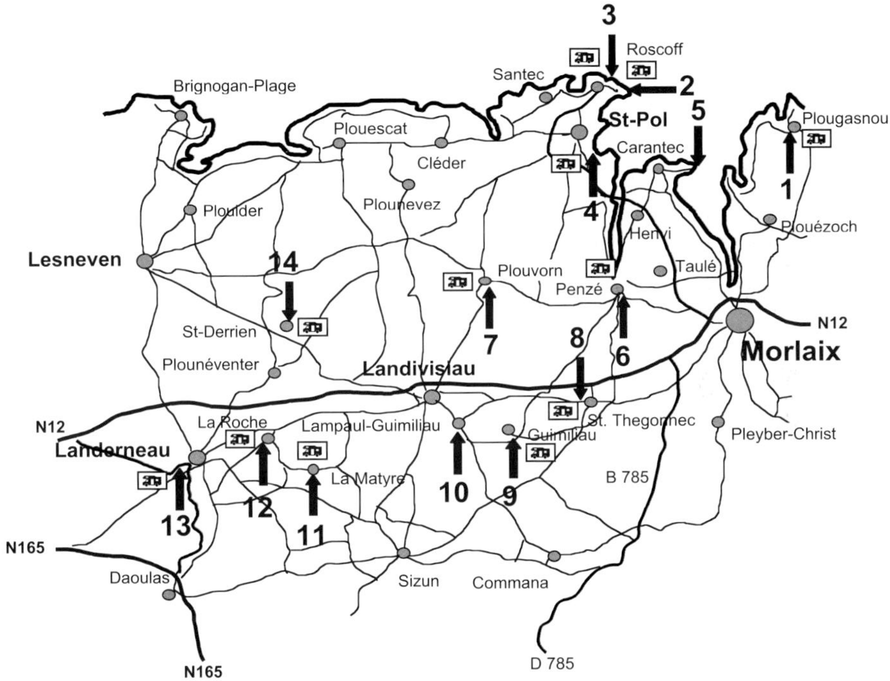

Im Lande von Léon

Tour 6: **Im Lande Léon**

Nr.	Ort, Bezeichnung	Stell-plätze A	Gast-haus	Häu-ser	WC	Bad See	Womo-platz	Ent-sorg.	Park-dauer B	Park-gebühr C
RL-1	**Plougasnou, Salles des Fêtes ***	5	+	+	-	-	+	+	1	0
RL-2	**Roscoff, Gare Maritime ****	50	+	+	+	-	+	-	1	0
RL-3	**Roscoff, St-Barbe ****	10	+	+	-	-	+	+	U	0
RL-4	**St-Pol, Avenue de la mer *****	20	+	+	-	-	+	+	1	0
RL-5	Carantec, Pointe de Pen-al-Lann ***	10	-	+	-	-	-	-	1	0
RL-6	**Taulé-Penzé, Place Jean Coat *****	10	+	+	-	-	+	+	1	0
RL-7	**Plouvorn, Lanorgant *****	10	+	+	+	-	+	+	1	0
RL-8	**ST-Thegonnec, Ortsparkplatz ***	30	+	+	-	-	+	+	1	0
RL-9	**Guimiliau, Salle Polyvalente ****	5	+	+	+	-	+	+	2	0
RL-10	Lampaul-Guimiliau, Ortsrand **	20	+	+	+	-	-	-	1	0
RL-11	**La Martyre, Bourg ****	10	+	+	+	-	+	+	U	0
RL-12	**La Roche, Aire du Morbic ****	20	+	+	-	-	+	+	U	0
RL-13	**Landerneau, Flussufer ****	10	+	+	-	-	+	+	1	0
RL-14	**St-Derrien, Zone de loisir ******	10	+	+	+	+	+	+	U	0

Legende

****	sehr ruhige und sehr schöne Lage.
***	sehr ruhige und schöne Lage.
**	ruhige und gute Lage.
*	keine ruhige Lage.
A	Stellplätze gestaffelt nach 3, 5, 10, 20, 30, 50 Wohnmobilen. Dabei wird angenommen, dass nur die Hälfte des Platzes zur Verfügung steht und die andere Hälfte durch PKW belegt ist.
B	Aufenthaltsdauer in Tagen.
C	Übernachtungsgebühr in Euro pro Wohnmobil und 24 Stunden oder Parkgebühr.
P	Parkgebühr in der Saison.
T	Aufenthaltsdauer einige Tage.
U	Aufenthaltsdauer unbegrenzt.
	Ausgewiesener Wohnmobilplatz.

Plougasnou, Salle des Fêtes *

RL - 1

Für Wohnmobile zugelassener, asphaltierter Parkplatz im Ort.

Von der D78 (Lanmeur-Plougasnou) Richtung Plougasnou fahren und 300 m nach dem Ortsanfang im Kreisel geradeaus und nach 300 m im nächsten Kreisel wieder geradeaus Richtung centre ville/le Diben fahren. Nach weiteren 500 m links abbiegen und um die Kirche herum fahren. Nach weiteren 500 m wird der Parkplatz rechts erreicht.

! Gaststätten und Geschäfte in der Nähe.
! Häuser am Parkplatz.
! Aufenthaltsdauer 24 Stunden.
! Ganzjährig zugänglich.
! Ver- und Entsorgungsstation (Euro-Relais) am Parkplatz.
! Stromversorgung möglich.
! Wanderungen und Radtouren an der Küste.
! Ausflug zum Pointe du Diben und zum Pointe de Primel.
! Fahrt nach Morlaix, St-Pol-de-Leon und Roscoff.
! Ausflug zum Tumulus von Barnenez mit Museum.
! Fahrt zu den Kirchenbezirken (enclos paroissial) von St-Thégonnec und Guimiliau.
! Keine Parkgebühr.
! Stellmöglichkeiten für 5 Wohnmobile.
! Informationen: Tel. 02 98 67 30 06.

Roscoff, Gare maritime **

RL - 2

Für Wohnmobile ausgewiesener, asphaltierter Großparkplatz in ruhiger Lage.

Von Morlaix Richtung Roscoff fahren und vor Roscoff im Kreisel dem Wegweiser Car ferries rechts folgen. Nach 1,3 km - 800 m nach dem Ortsanfang Roscoff - rechts Richtung Ferry fahren. Noch 500 m bis zum Wohnmobil-Warteplatz links.

! Häuser in der Nähe.
! Gaststätten, Kiosk, Bank, Information am Parkplatz.
! WC im Gare maritime.
! Aufenthaltsdauer eine Nacht.
! Ver- und Entsorgungsstation in St-Barbe.
! Fährhafen am Parkplatz.
! Warteplatz auch für Wohnanhänger.
! Wanderungen und Radtouren an der Küste.
! Besichtigung von Roscoff: Notre-Dame-de-Croaz-Baz, Meeresforschungsinstitut, Kutterhafen.
! Besichtigung von St-Pol-de-Léon: Notre-Dame de Kreizker, Cathédrale, Altstadt.
! Fahrt zum Tumulus von Barnenez mit Museum.
! Fahrt zu den Kirchenbezirken (enclos paroissial) von St-Thégonnec und Guimiliau.
! Keine Parkgebühr.
! Stellmöglichkeiten für 50 Wohnmobile.

Roscoff, St-Barbe **

RL - 3

Für Wohnmobile ausgewiesener, befestigter Übernachtungsplatz an der Pointe St-Barbe in ruhiger und schöner Lage.

Von Morlaix Richtung Roscoff fahren und vor Roscoff im Kreisel dem Wegweiser Car ferries rechts folgen. Nach 1,3 km - 800 m nach dem Ortsanfang Roscoff - rechts Richtung Ferry fahren. Nach 700 m am Fährhafen Richtung centre ville fahren. Nach 200 m rechts und nach weiteren 400 m wieder rechts dem Wohnmobil-Symbol/aire de service St-Barbe folgen. Noch 100 m bis zum Parkplatz rechts.

! Häuser am Parkplatz.
! Gaststätten in der Nähe.
! Blick aufs Meer.
! Teilweise schräge Stellflächen.
! Ver- und Entsorgungsstation am Parkplatz.
! Stromversorgung möglich.
! Aufenthaltsdauer unbegrenzt.
! Wanderungen und Radtouren an der Küste.
! Besichtigung von Roscoff: Notre-Dame-de-Croaz-Baz, Meeresforschungsinstitut, Kutterhafen.
! Besichtigung von St-Pol-de-Léon: Notre-Dame de Kreizker, Cathédrale, Altstadt.
! Fahrt zum Tumulus von Barnenez mit Museum.
! Fahrt zu den Kirchenbezirken (enclos paroissial) von St-Thégonnec und Guimiliau.
! Keine Parkgebühr.
! Stellmöglichkeiten für 10 Wohnmobile.
! Informationen: Tel. 02 98 24 43 00

St-Pol-de-Leon, Avenue de la mer ***

RL - 4

Für Wohnmobile ausgewiesener, befestigter Übernachtungsplatz an der Avenue de la mer und am Bootshafen in sehr ruhiger und schöner Lage.

Von der Umgehungsstraße (D58) westlich von St-Pol rechts Richtung Plage/Port abbiegen und den Wegweisern Plage und Port folgen. Nach insgesamt 2 km rechts dem Wohnmobil-Symbol folgen und nach 200 m wieder rechts Richtung Plage/Port abbiegen. Noch 800 m bis zum Parkplatz links.

! Häuser am Parkplatz.
! Gaststätten am Parkplatz.
! Blick aufs Meer.
! Ver- und Entsorgungsstation am Parkplatz.
! Stromanschluss möglich.
! Müllbehälter am Parkplatz.
! Aufenthaltsdauer 24 Stunden.
! Ganzjährig zugänglich.
! Wanderungen und Radtouren an der Küste.
! Besichtigung von St-Pol-de-Léon: Notre-Dame de Kreizker, Cathédrale, Altstadt.
! Besichtigung von Roscoff: Notre-Dame-de-Croaz-Baz, Meeresforschungsinstitut, Kutterhafen.
! Fahrt zum Tumulus von Barnenez mit Museum.
! Fahrt zu den Kirchenbezirken (enclos paroissial) von St-Thégonnec und Guimiliau.
! Keine Parkgebühr.
! Stellmöglichkeiten für 20 Wohnmobile.
! Informationen: Tel. 02 98 15 85 03.

Carantec, Pointe de Pen-al-Lann *** RL - 5

Zwei geschotterte und unbefestigte Parkplätze an der Pointe de Pen-al-Lann in sehr ruhiger und schöner Lage.

Bei Anfahrt aus dem Norden südlich von St-Pol von der D58 Richtung Carantec abbiegen und nach 2 km im Kreisel links Richtung Carantec fahren. Nach 1,1 km - 600 m nach dem Ortsanfang Carantec - und nach weiteren 600 m links Richtung Centre fahren. Nach 200 m rechts Richtung Pointe de Pen-al-Lann abbiegen. Nach 1,2 km wird links der geschotterte und nach 1,3 km rechts der unbefestigte Parkplatz unter hohen Bäumen erreicht.
Bei Anfahrt aus dem Süden von Morlaix von der D58 nördlich von Henvic rechts Richtung Carantec abbiegen und den Wegweisern Centre folgen. Nach insgesamt 4 km rechts Richtung Pointe de Pen-al-Lann abbiegen. Noch 1,2 km bis zum ersten Parkplatz links und 1,3 km bis zum unbefestigten Parkplatz rechts.

! Häuser am Parkplatz.
! Telefon am Parkplatz.
! 5 min Fußweg zu den Aussichtspunkten Pointe de Pen-al-Lann und Pointe Cosmeur.
! Bänke und Tische am 2. Parkplatz. Müllbehälter am Parkplatz.
! Wanderungen und Radtouren an der Küste.
! Besichtigung von St-Pol-de-Léon: Notre-Dame de Kreizker, Cathédrale, Altstadt.
! Besichtigung von Roscoff: Notre-Dame-de-Croaz-Baz, Meeresforschungsinstitut, Kutterhafen.
! Fahrt zum Tumulus von Barnenez mit Museum.
! Fahrt zu den Kirchenbezirken (enclos paroissial) von St-Thégonnec und Guimiliau.
! Keine Parkgebühr.
! Stellmöglichkeiten für 10 Wohnmobile.
! Ausweichparkplatz: 50 m von der D73 (Küstenstraße) am Ortsbeginn.
Für Wohnmobile zugelassen. Ver- und Entsorgung. 10 Wohnmobile.

Bild Seite 112

Taulé-Penzé, Place Jean Coat *** RL - 6

Für Wohnmobile zugelassener Parkplatz in der Ortsmitte in sehr ruhiger und schöner Lage.

Bei Anfahrt aus dem Süden von der D19 links Richtung Penzé abbiegen (D31). Nach 2,3 km - 300 m nach dem Ortsanfang Penzé rechts fahren (kein Wegweiser). Nach weiteren 100 m links dem Wohnmobil-Symbol folgen. Noch 100 m bis zu den Parkplätzen rechts und links.

! Gasthaus am Parkplatz.
! Häuser am Parkplatz.
! Geschäfte in der Nähe.
! Blick auf die Bucht la Penzé.
! Ganzjährig zugänglich.
! Ver- und Entsorgung (Euro Relais) am Parkplatz.
! Stromanschluss möglich.
! Müllbehälter am Parkplatz.
! Aufenthaltsdauer 24 Stunden.
! Wanderungen und Radtouren an der Küste.
! Besichtigung von St-Pol-de-Léon: Notre-Dame de Kreizker, Cathédrale, Altstadt.
! Besichtigung von Roscoff: Notre-Dame-de-Croaz-Baz, Meeresforschungsinstitut, Kutterhafen.
! Fahrt zum Tumulus von Barnenez mit Museum.
! Fahrt zu den Kirchenbezirken (enclos paroissial) von St-Thégonnec und Guimiliau.
! Keine Parkgebühr.
! Stellmöglichkeiten für 10 Wohnmobile.
! Informationen: Tel. 02 98 67 11 14.

Bilder Seite 104 und 112

Plouvorn, Lanorgant *** RL - 7

Für Wohnmobile zugelassener, in Terrassen angelegter, befestigter Parkplatz im Ort in sehr ruhiger und schöner Lage.

Bei Anfahrt aus dem Osten von Morlaix (D19) 700 m nach dem Ortsanfang links dem Wegweiser Plan d'eau folgen Noch 200 m bis zum Parkplatz rechts.
Bei Anfahrt aus dem Westen von St-Derrien 300 m nach dem Ortsanfang rechts Richtung Morlaix fahren (D19). Nach 1,1 km rechts dem Wegweiser Plan d'eau folgen Noch 200 m bis zum Parkplatz rechts.

! Gasthaus am Parkplatz.
! Häuser in der Nähe.
! Tankstelle und Geschäfte in der Nähe.
! WC am Parkplatz.
! Telefon am Parkplatz.
! Inlineskater-Bahn am Parkplatz.
! Ver- und Entsorgung (Euro Relais) am Parkplatz.
! Stromanschluss möglich.
! Müllbehälter am Parkplatz.
! Ganzjährig zugänglich.
! Aufenthaltsdauer 24 Stunden.
! Wanderungen und Radtouren in den Pays de Léon.
! Fahrt zu den Kirchenbezirken (enclos paroissial) von St-Thégonnec und Guimiliau.
! Keine Parkgebühr.
! Stellmöglichkeiten für 10 Wohnmobile.
! Ausweichparkplatz am salle pollivanente. 100 m vor der Abzweigung zum Plan d'eau.
! Informationen: Tel. 02 98 61 32 40.

St-Thegonnec, Ortsparkplatz * RL - 8

Geschotterter und unbefestigter Großparkplatz an der Kirche im Ort.

Von der Schnellstraße N12 (Morlaix-Brest) an der Ausfahrt St-Thegonnec abbiegen und nach 200 m rechts Richtung Centre fahren. Noch 800 m bis zum Parkplatz links.

! Häuser am Parkplatz.
! Gasthäuser und Geschäfte am Parkplatz.
! Verkehrsgeräusche durch Zufahrtstraße.
! Ver- und Entsorgung (Euro-Relais) am Parkplatz.
! Stromanschluss möglich. Getrennte Müllentsorgung am Parkplatz.
! Ganzjährig zugänglich.
! Aufenthaltsdauer 24 Stunden.
! Wanderungen in den Montagnes d' Arrée.
! Besichtigung des Kirchenbezirks (enclos) von St-Thegonnec: Triumphtor, Calvaire, Beinhaus, Krypta, Kirchenschatz.
! Besichtigung des Kirchenbezirks (enclos) von Guimiliau: Calvaire, Kirchenportal, Beinhaus.
! Besichtigung des Pfarrbezirks (enclos) von Lampau-Guimiliau: Glockenturm, Baptisterium, Triumphbalken, Passionsretabel, Figurengruppe Grablegung Christi.
! Besichtigung von Landivisiau: Kirche St-Thivisiau, venezianische Loggia, Pfarrbezirk.
! Rundfahrt: Circuit des encloses.
! Keine Parkgebühr.
! Stellmöglichkeiten für 30 Wohnmobile.
! Informationen: Tel. 02 98 79 43 00.

Guimiliau, Salle Polyvalente ** RL - 9

Für Wohnmobile ausgewiesener, befestigter Parkplatz am Salle Polyvalente in sehr ruhiger Lage.

Von der Schnellstraße N12 (Morlaix-Brest) an der Ausfahrt Guican Richtung Guimiliau abfahren (D31). Nach 3,7 km - 800 m nach dem Ortsanfang Guimiliau - rechts Richtung Salle Polyvalente abbiegen Noch 100 m bis zum Parkplatz links.

! Häuser am Parkplatz.
! Gasthäuser und Geschäfte in der Nähe.
! Mehrzweckhalle am Parkplatz.
! WC am Parkplatz.
! Ver- und Entsorgung am Parkplatz. Müllbehälter am Parkplatz.
! Aufenthaltsdauer 48 Stunden.
! Ganzjährig zugänglich.
! Wanderungen in den Montagnes d' Arrée.
! Besichtigung des Kirchenbezirks (enclos) von Guimiliau: Calvaire, Kirchenportal, Beinhaus.
! Besichtigung des Kirchenbezirks (enclos) von St-Thegonnec: Triumphtor, Calvaire, Beinhaus, Krypta, Kirchenschatz.
! Besichtigung des Pfarrbezirks (enclos) von Lampau-Guimiliau: Glockenturm, Baptisterium, Triumphbalken, Passionsretabel, Figurengruppe Grablegung Christi.
! Besichtigung von Landivisiau: Kirche St-Thivisiau, venezianische Loggia, Pfarrbezirk.
! Rundfahrt: Circuit des encloses.
! Keine Parkgebühr.
! Stellmöglichkeiten für 5 Wohnmobile.
! Informationen: Tel. 02 98 68 75 06.

Lampaul-Guimiliau, Ortsrand ** RL - 10

Zwei asphaltierte und befestigte Parkplätze am Ortsrand in der Nähe der Kirche in ruhiger Lage.

Von Guimiliau Richtung Lampaul fahren (D111) und 600 m nach dem Ortsanfang Lampaul-Guimiliau rechts vor der Kirche abbiegen (kein Hinweisschild). Noch 200 m bis zu den Parkplätzen links.
Von Landivisiau Richtung Lampaul fahren (D11) und 700 m nach dem Ortsanfang Lampaul-Guimiliau nach der Kirche links abbiegen. Noch 200 m bis zu den Parkplätzen links.

! Häuser und Gaststätte am Parkplatz.
! WC am Parkplatz.
! Müllbehälter am Parkplatz.
! Wanderungen in den Montagnes d' Arrée.
! Besichtigung des Pfarrbezirks (enclos) von Lampau-Guimiliau: Glockenturm, Baptisterium, Triumphbalken, Passionsretabel, Figurengruppe Grablegung Christi.
! Besichtigung von Landivisiau: Kirche St-Thivisiau, venezianische Loggia, Pfarrbezirk.
! Besichtigung des Pfarrbezirks (enclos) von Guimiliau: Calvaire, Kirchenportal, Beinhaus.
! Besichtigung des Pfarrbezirks (enclos) von St-Thegonnec: Triumphtor, Calvaire, Beinhaus, Krypta, Kirchenschatz.
! Rundfahrt: Circuit des encloses.
! Fahrt zur Festung Kerjean.
! Keine Parkgebühr.
! Stellmöglichkeiten für 20 Wohnmobile.

La Martyre, Bourg ** RL - 11

Für Wohnmobile zugelassener, befestigter Parkplatz in der Ortsmitte in ruhiger Lage.

Bei Anfahrt aus dem Westen von der D764 Richtung La Martyre abbiegen und nach 1,6 km - 100 m nach dem Ortsanfang rechts zum Parkplatz gegenüber der Kirche abbiegen.
Bei Anfahrt aus dem Osten 100 m nach dem Ortsanfang links zum Parkplatz abbiegen.

! Häuser am Parkplatz.
! Gasthaus in der Nähe.
! WC am Parkplatz.
! Ver- und Entsorgung (Euro-Relais) am Parkplatz. Stromanschluss möglich.
! Aufenthaltsdauer nicht begrenzt.
! Ganzjährig zugänglich.
! Wanderungen in der Montagnes d' Arrée.
! Besichtigung der Pfarrbezirke von La Matyre und La Roche.
! Besichtigung des Kirchenbezirks (enclos) von Guimiliau: Calvaire, Kirchenportal, Beinhaus.
! Besichtigung des Kirchenbezirks (enclos) von St-Thegonnec: Triumphtor, Calvaire, Beinhaus, Krypta, Kirchenschatz.
! Besichtigung des Pfarrbezirks (enclos) von Lampau-Guimiliau: Glockenturm, Baptisterium, Triumphbalken, Passionsretabel, Figurengruppe Grablegung Christi.
! Besichtigung von Landivisiau: Kirche St-Thivisiau, venezianische Loggia, Pfarrbezirk.
! Rundfahrt: Circuit des encloses.
! Keine Parkgebühr.
! Stellmöglichkeiten für 10 Wohnmobile.
! Ebene Stellflächen.
! Informationen: Tel. 02 98 25 13 19.

Bilder Seite 122 und 125

La Roche Maurice, Aire du Morbic ** RL - 12

Für Wohnmobile zugelassener, befestigter Parkplatz am Ortsrand in ruhiger Lage.

Bei Anfahrt aus dem Süden von der D764 Richtung La Roche fahren und 400 m nach der Abzweigung - 300 m nach dem Ortsanfang - links abbiegen. Noch 100 m bis zum Parkplatz rechts.
Bei Anfahrt aus dem Westen von Landerneau 400 m nach dem Ortsanfang geradeaus und nach weiteren 300 m rechts Richtung Sizun fahren. Nach weiteren 400 m rechts und nach 300 m wieder rechts abbiegen. Noch 100 m bis zum Parkplatz rechts.

! Häuser am Parkplatz.
! Gasthaus in der Nähe.
! Ver- und Entsorgung (Euro-Relais) am Parkplatz. Stromanschluss möglich.
! Aufenthaltsdauer nicht begrenzt.
! Ganzjährig zugänglich.
! Wanderungen am Fluss l'Elorn.
! Besichtigung der Pfarrbezirke von La Roche und La Matyre.
! Besichtigung des Kirchenbezirks (enclos) von Guimiliau: Calvaire, Kirchenportal, Beinhaus.
! Besichtigung des Kirchenbezirks (enclos) von St-Thegonnec: Triumphtor, Calvaire, Beinhaus, Krypta, Kirchenschatz.
! Besichtigung des Pfarrbezirks (enclos) von Lampau-Guimiliau: Glockenturm, Baptisterium, Triumphbalken, Passionsretabel, Figurengruppe Grablegung Christi.
! Besichtigung von Landivisiau: Kirche St-Thivisiau, venezianische Loggia, Pfarrbezirk.
! Rundfahrt: Circuit des encloses.
! Keine Parkgebühr.
! Stellmöglichkeiten für 20 Wohnmobile.
! Ebene Stellflächen.
! Informationen: Tel. 02 98 20 43 57.

Bild Seite 108

Landerneau, Flussufer **   RL - 13

Für Wohnmobile reservierter, befestigter Parkplatz am Ufer des Flusses l' Elorn in ruhiger und schöner Lage.

Bei Anfahrt aus dem Osten von Landivisiau (D712) 1,4 km nach dem Ortsanfang Landerneau dem Wegweiser Aire de Service folgen (kleines Wohnmobil-Symbol). Nach 100 m rechts fahren. Noch 200 m bis zum Parkplatz rechts.
Bei Anfahrt aus dem Norden von der Schnellstraße N12 (Morlaix-Brest) an der Ausfahrt Landerneau Richtung Landerneau fahren (D770) und 2,4 km nach dem Ortsanfang Landerneau im Kreisel links Richtung Centre/Landivisiau. Nach 600 m rechts dem Wegweiser Aire de Service folgen. Nach 100 m links fahren. Noch 200 m bis zum Parkplatz links.

! Häuser, Gaststätten, Geschäfte, Banken, Tankstelle in der Nähe.
! Ver- und Entsorgungsstation am Parkplatz.
! Stromanschluss möglich.
! Aufenthaltsdauer 24 Stunden.
! Uferpromenade Chemin de Halage.
! Wanderungen und Radtouren am l' Elorn und im Pays de Léon.
! Besichtigung von Landerneau: Pont de Rohan, Kirchen St-Houardon und St-Thomas, Bürgerhäuser.
! Besichtigung des Pfarrbezirks (enclos) von La Matyre, Lampau-Guimiliau, Guimiliau und St-Thegonnec.
! Rundfahrt: Circuit des encloses.
! Fahrt zur Festung Kerjean und nach Brest.
! Keine Parkgebühr.
! Stellmöglichkeiten für 10 Wohnmobile.
! Informationen: Tel. 02 98 85 43 00.

St-Derrien, Zone de loisir ****   RL - 14

Für Wohnmobile reservierter, in drei Terrassen angelegter, befestigter Parkplatz im Park in sehr ruhiger und landschaftlich reizvoller Umgebung.

Von der D32 (Landiviau-Lesneven) Richtung St-Derrien abbiegen. 1,2 km nach der nördlichen Abzweigung - 400 m nach dem Ortsanfang - wird der Wohnmobilplatz links erreicht.

! Gasthaus in der Nähe.
! Häuser in der Nähe.
! WC und sanitäre Anlagen am Parkplatz. Geöffnet 01.05.-31.10.
! See und Sandstrand am Parkplatz.
! Spielplatz am Parkplatz.
! Bänke und Tische am Parkplatz.
! Ver- und Entsorgung (Euro Relais) am Parkplatz.
! Stromanschluss möglich.
! Müllbehälter am Parkplatz.
! Ganzjährig zugänglich.
! Aufenthaltsdauer nicht begrenzt.
! Wanderungen und Radtouren in den Pays de Léon.
! Fahrt zu den Kirchenbezirken (enclos paroissial) von St-Thégonnec und Guimiliau.
! Keine Parkgebühr.
! Stellmöglichkeiten für 10 Wohnmobile.
! Informationen: Tel. 02 98 68 52 44.

Bild Seite 122

Wohnmobilplatz in la Matyre (RL-11, Seite 120)

Wohnmobilplatz in St-Derrien (RL-14, Seite 121)

Dünen, Klippen, Felsinseln und wilde Fjorde

An der Küste der Aber

Tour 8

Wir sind jetzt im Départment Finistère (Ende der Welt), der westlichsten Provinz Frankreichs. Hier donnert die Brandung an eine wilde Felsküste. Auf den Inseln vor der Küste und auf den zerklüfteten Kaps stehen die Leuchttürme und weisen den Schiffen den Weg. Die Küste bietet ein einzigartiges Panorama aus Felsen, Gischt und Brandungswellen. Tief eingeschnittene Fjorde, die Aber gaben der Küste ihren Namen.

Plougerneau ist das Zentrum eines Landes mit wild zerklüfteter Küste und hohen Dünen und einer flachen Ebene im Hinterland. Im Westen befinden sich die Aber, tief ins Festland eingeschnittene Meeresarme. Das Wort Aber bedeutet Mündung. Wir erreichen die Küste bei Lilia und stehen am Ende des Ärmelkanals. Ein Franzose aus Bronze blickt von diesem Punkt hinüber nach England. Felsen und tobende Wasser kämpfen um die Herrschaft. Wildromantisch ist hier die Küste. Der Leuchtturm Phare de la Vierge steht auf einer Felseninsel und erreicht eine Höhe von 77 Metern. Der Hafen für Freizeitkapitäne liegt in der Nähe bei Saint Michel. Sehenswert ist auch die Kapelle Saint-Michel und die Kirche Notre-Dame de Grouannec in Plougerneau.

Im Ort steht den Wohnmobiltouristen ein kleiner Platz mit Ver- und Entsorgung zur Verfügung **(KA-1)**. Am Strand mit Meeresblick übernachten wir auf einem Wiesengelände in einer reizvollen Umgebung und sehr ruhigen Lage **(KA-2)**.

Das ruhige Seebad Portsall wird in den Sommerferien vor allem von Familien besucht. Die Küstenstraße zwischen Portsall und Lanildut gestattet an den Kaps Pointe de Landunvez und Pointe de Guilligui großartige Ausblicke auf das tobende Meer. Vor der Küste von Portsall erspähen wir in der Ferne die Felseninseln Rochers de Portsall und Île Verte. Im Nachbarort Kersaint besichtigen wir die Ruinen des Schlosses von Trémasan und die Kapelle Notre-Dame du Bon Secours aus dem 16. Jahrhundert. In Portsall hat die Gemeinde eine sehr schönen Wohnmobilplatz in der Nähe des Strandes eingerichtet. **(KA-3)**.

Auch im Badeort Porsponder wird die felsige Küste unentwegt von der stürmischen See bearbeitet. Dazwischen liegen viele kleine Sand- oder Kiesbuchten. Von der Landspitze Pointe du Garchine haben wir einen phantastischen Rundblick über Meer und Küste. Sehenswert sind auch die Menhire von Kergadiou. Der aufrechte Menhir misst 8,50 Meter, der liegende erreicht 11 Meter Länge.

In Plourin wenige Kilometer von der Küste entfernt entsorgen wir unser rollendes Ferienhaus **(KA-4)**. Der Übernachtungsplatz liegt sehr ruhig im Grünen. Trotzdem fahren wir wieder zurück zur Küste.

Im Küstenort Lampaul-Plouarzel übernachten wir auf einem ruhigen und schönen Wohnmobilplatz wenige Schritte von der Küste entfernt **(KA-5)**. Eine Abendwanderung an der zerklüfteten Küste beschließt den erlebnisreichen Tag.

Am Strand von Kerhornou wälzt sich der Atlantik in hohen Wellen über den feinen Sand der kleinen Bucht und brandet mächtig gegen die Felsen, die ihm den Weg versperren. Wir haben mit dem Wetter Glück. Die Sonne scheint und wärmt uns. Leider ist an Baden nicht zu denken. Die Brandung, die hohen Wellen und die Strömungen sind zu gefährlich. Wir könnten auf dem geräumigen Parkplatz übernachten **(KA-6)**, aber wenige Kilometer landeinwärts hat der Ort Ploumoguer einen wunderschönen Übernachtungsplatz für Wohnmobile eingerichtet **(KA-7)**. In einer parkähnlichen Grünanlage hat jedes Wohnmobil seinen eigenen Stellplatz. Bänke und Tische laden zum Frühstücken und zur Abendmahlzeit ein. Kurz ist der Weg in den Ort, Geschäfte und Gaststätten sind in der Nähe. Selbstverständlich bietet der Platz auch alle Möglichkeiten zur Ver- und Entsorgung und zum Anschluss an das Stromnetz. Wir finden diesen Übernachtungsplatz einfach toll und bleiben mehrere Tage. Wanderungen und Radtouren an der wilden Küste und am aufgewühlten Atlantik bis zur Pointe de Corsen im Norden und bis zur Pointe de Kermorvan im Süden bleiben ein unvergessenes Erlebnis.

Le Conquet ist ein hübscher Hafen, in dem die Kutter der Hummerfischer mit den bunten Markierungsfähnchen auf den Reusen dümpeln und die Schiffe zu den Inseln Molène und Quessant ablegen. Die beiden schönen Sandstrände mit riesigen Felsformationen ziehen im Sommer viele Touristen an.

Leider verhindern Wohnmobil-Übernachtungsverbote einen längeren Aufenthalt. Wir fahren auf der Touristikstraße entlang der dramatischen Küste mit ihren bizarren Felsformationen weiter nach Süden, zur Pointe de St-Mathieu. Auf bretonisch heißt dieses Landende Penn-ar-Bed, Ende der Welt.

Gleich drei Leuchtürme zeigen mit ihren Strahlen den Weg zum sicheren Hafen. Der 160 Meter hohe Leuchturm ragt aus der Ruine einer im 6. Jahrhundert gegründeten Beniktinerabtei. Von seiner Plattform haben wir ein unvergleichliches Panorama über die Bucht von Brest, über den Atlantik, über die Küste und über die vorgelagerte Inselwelt, die Klippen der Vieux-Moines (alte Mönche), die Chaussee des Pierres-Noires (schwarze Felsen) und die Eilande Béniguit, Molène und Quessant. Ein Denkmal für die auf See gebliebenen Seeleute, die eindrucksvolle Abteiruine mit den Resten des Chores und des Zwingers, eine kleine, geduckte Kirche, die Kapelle Notre-Dame-des-Grâces, eine rustikale Gaststätte und eine Handvoll Häuser stehen an diesem Kap.

Wir bleiben hier und stellen unser rollendes Zuhause auf dem asphaltierten Parkplatz am Leuchtturm ab **(KA-8)**. Der Abendspaziergang führt uns an der felsigen Küste entlang. Überall an der Küste finden wir einen Wanderpfad. Nirgends ist die Sicht durch Bauten behindert, kein privates Grundstück versperrt den Weg. Die Wolken in der Ferne sind düster und verheißen nichts Gutes. Rechtzeitig haben wir unser Heim auf Rädern erreicht. Noch wärmen die Strahlen der Sonne, dann beginnt es von oben zu schütten und vom Atlantik zu stürmen, typisches Wetter der Bretagne, stündliche Wechsel von Sonne auf Regen und Sturm. Trotz des unberechenbaren Wetters kommen viele Wohnmobil-Urlauber immer wieder an die Küsten der Bretagne. Die zerklüftete Felsenküste, die Sandbuchten, die Riffe und Inseln im Meer, die Urgewalten des aufgepeitschten Atlantiks und die tobende Brandung ziehen sie in ihren Bann.

Der Sturm rüttelt an unserem Wohnmobil, trotz seiner 4,5 Tonnen schaukelt es mal schwach, manchmal auch stärker. Wir stellen es in den Wind. Es nützt nichts, die Böen wechseln ständig ihre Richtung. An Schlaf ist nicht zu denken. Wir beschließen, in den nächsten Ort zu fahren. Auf dem großen asphaltierten Parkplatz in Plougonvelin ist der Sturm weniger zu spüren **(KA-9)**. Am nächsten Morgen scheint wieder die Sonne. Der breite Sandstrand lädt uns zum Verweilen, zum Faulenzen ein. Dieser Wohnmobilplatz ist gut für einen Strandaufenthalt geeignet. Der Weg führt uns nun nach Osten an der Küste der Bucht von Brest entlang.

Wohnmobilplatz in la Matyre (RL-11, Seite 120)

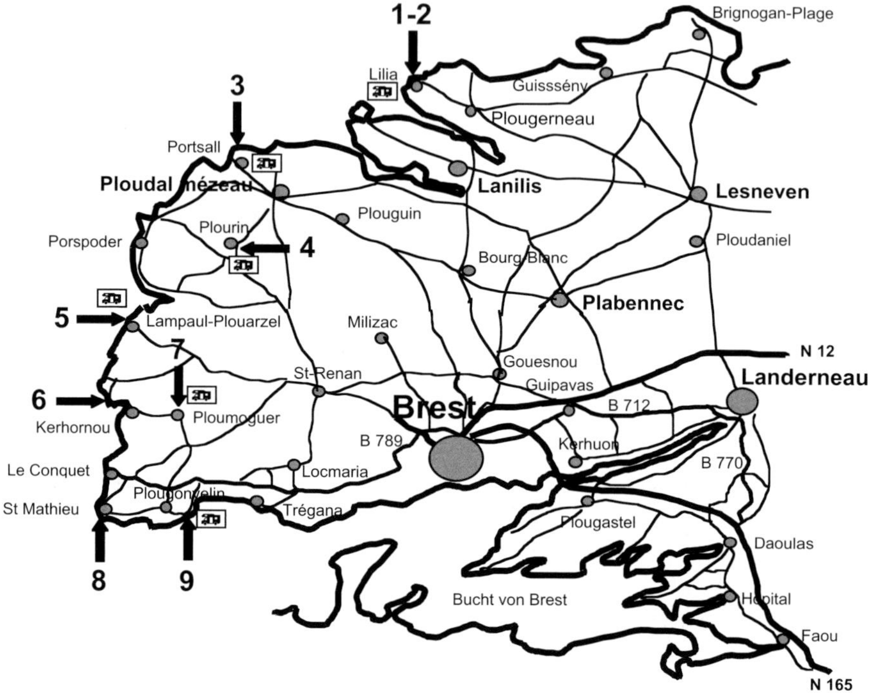

An der Küste der Aber

Tour 8: **An der Küste der Aber**

Nr.	Ort, Bezeichnung	Stell-plätze A	Gast-haus	Häu-ser	WC	Bad See	Womo-platz	Ent-sorg.	Park-dauer B	Park-gebühr C
KA-1	**Plouguerneau, Lilia Ortsrand ***	5	-	+	-	-	+	+	1	0
KA-2	**Plouguerneau, Lilia Strand *****	5	+	+	+	+	+	-	1	P
KA-3	**Ploudalmezeau, Portsall *****	20	-	+	+	+	+	+	3	0
KA-4	**Plourin, Bourg *****	5	-	+	-	-	+	+	1	4
KA-5	**Lampaul-Plouarzel, Womoplatz *****	30	-	+	+	+	+	+	U	0
KA-6	Kerhornou, Strandparkplatz **	10	-	+	-	+	-	-	1	0
KA-7	**Ploumoguer, Wohnmobilplatz *******	20	+	+	+	-	+	+	2	2
KA-8	St-Mathieu, Pointe de St-Mathieu ***	10	+	+	+	-	-	-	1	0
KA-9	**Plougonvelin, Strandparkplatz ****	30	+	+	-	+	+	+	U	0

Legende

**** sehr ruhige und sehr schöne Lage.
*** sehr ruhige und schöne Lage.
** ruhige und gute Lage.
* keine ruhige Lage.
A Stellplätze gestaffelt nach 3, 5, 10, 20, 30, 50 Wohnmobilen. Dabei wird angenommen, dass nur die Hälfte des Platzes zur Verfügung steht und die andere Hälfte durch PKW belegt ist.
B Aufenthaltsdauer in Tagen.
C Übernachtungsgebühr in Euro pro Wohnmobil und 24 Stunden oder Parkgebühr.
P Parkgebühr in der Saison.
T Aufenthaltsdauer einige Tage.
U Aufenthaltsdauer unbegrenzt.
Ausgewiesener Wohnmobilplatz.

Wohnmobilplatz in Lilia (KA-1, Seite 129)

Wohnmobilplatz in Portsall (KA-3, Seite 130)

Plouguerneau, Lilia Ortsrand * KA - 1

Für Wohnmobile ausgewiesener, kleiner asphaltierter Parkplatz am Ortsrand von Lilia in ruhiger Lage.

Von Lesneven Richtung Plouguerneau fahren und kurz vor Plouguerneau Richtung Lilia abzweigen. 600 m nach dem Ortsanfang Plouguerneau links Richtung Lilia fahren (D71). Nach weiteren 3,1 km - 100 m nach dem Ortsanfang Lilia - wird der Parkplatz links erreicht.

! Häuser am Parkplatz.
! Nebenstraße am Parkplatz.
! Ver- und Entsorgung am Parkplatz.
! Stromanschluss möglich.
! Getrennte Müllsammlung am Parkplatz.
! Aufenthaltsdauer 24 Stunden.
! Ganzjährig zugänglich.
! Wanderungen und Radtouren an der Küste und am Aber Vrac'h.
! Fahrt entlang der Aber-Küste.
! Keine Parkgebühr.
! Stellmöglichkeiten für 5 Wohnmobile.
! Ebene Stellflächen.
! Informationen: 02 98 04 71 06.

Bild Seite 128

Plouguerneau, Lilia Strand *** KA - 2

Für Wohnmobile ausgewiesener Parkplatz auf einem festen Wiesengelände am Strand von Lilia in sehr ruhiger Lage und landschaftlich reizvoller Umgebung.

Von Lesneven Richtung Plouguerneau fahren und kurz vor Plouguerneau Richtung Lilia abzweigen. 600 m nach dem Ortsanfang Plouguerneau links Richtung Lilia und durch Lilia fahren (D71). Nach weiteren 4,3 km - 1,3 km nach dem Ortsanfang Lilia - wird der Parkplatz rechts erreicht.

! Gasthaus in der Nähe.
! Häuser am Parkplatz.
! Nebenstraße am Parkplatz.
! Wasserversorgung am Parkplatz.
! WC in der Nähe.
! Müllcontainer am Parkplatz.
! Aufenthaltsdauer 24 Stunden.
! Ganzjährig zugänglich.
! Strand in der Nähe.
! Slipstraße und Hafen am Parkplatz.
! Wanderungen und Radtouren an der Küste und am Aber Vrac'h.
! Fahrt entlang der Aber-Küste.
! Parkgebühr in der Saison.
! Stellmöglichkeiten für 5 Wohnmobile.
! Ebene Stellflächen.

Ploudalmezeau, Portsall ***

KA - 3

Wohnmobilplatz auf einem festen Wiesengelände am Strand von Portsall in sehr ruhiger Lage und landschaftlich reizvoller Umgebung.

Von St-Renan Richtung Ploudalmezeau fahren und am Kreisel bei Ploudalmezeau und im nächsten Kreisel Richtung Portsall fahren (D168). Nach 3,2 km rechts dem Wegweiser Portsall/Aire de camping car (kleines grüne Schild) folgen. Nach 300 m rechts, nach weiteren 900 m wieder rechts und gleich wieder links und nach weiteren 200 m nochmals links dem Wegweiser aire de camping car folgen. Noch 200 m bis zum Wohnmobilplatz.

! Häuser am Parkplatz.
! Schmale Einfahrt.
! Ver- und Entsorgung (Euro-Relais) am Parkplatz.
! Stromanschluss möglich.
! WC und sanitäre Anlagen in der Saison geöffnet.
! Müllcontainer am Parkplatz.
! Aufenthaltsdauer 3 Tage.
! Ganzjährig zugänglich.
! Sandstrand und Dünen am Parkplatz.
! Slipstraße und Hafen am Parkplatz.
! Wanderungen und Radtouren an der Küste und am Aber Benoit.
! Fahrt entlang der Aber-Küste.
! Keine Parkgebühr.
! Stellmöglichkeiten für 20 Wohnmobile.
! Ebene und leicht schräge Stellflächen.
! Parkplatz am Hafen von 19-9.00 Uhr für die Übernachtung gesperrt.
! Informationen: Tel. 02 98 48 63 10.

Bild Seite 128

Plourin, Bourg ***

KA - 4

Für Wohnmobile ausgewiesener Parkplatz auf Wiesengelände am Ortsrand in sehr ruhiger und schöner Lage.

Von St-Renan Richtung Porsponder fahren (D68) und Richtung Plourin (D28) abbiegen. Nach 1,6 km - 200 m nach dem Ortsanfang - rechts abbiegen (kein Hinweisschild). Nach 100 m wird der Ausweichparkplatz im Ort rechts erreicht, nach weiteren 200 m links abbiegen. Noch 100 m bis zum Parkplatz rechts.

! Häuser am Parkplatz.
! Schmale Einfahrt.
! Ver- und Entsorgung (Bodeneinlass) am Parkplatz.
! Stromanschluss möglich.
! Müllbehälter am Parkplatz.
! Aufenthaltsdauer 24 Stunden.
! Ganzjährig zugänglich.
! Wanderungen und Radtouren an der Küste und am Aber Benoit.
! Fahrt entlang der Aber-Küste.
! Parkgebühr: 4 Euro pro Nacht.
! Stellmöglichkeiten für 5 Wohnmobile.
! Ebene Stellflächen.
! Asphaltierter Ausweichparkplatz im Ort.
! Informationen: Tel. 02 98 04 31 57.

Bild Seite 133

Lampaul-Plouarzel, Aire de camping car *** KA - 5

Wohnmobilplatz auf festem Wiesengelände am Ortsrand in sehr ruhiger und schöner Lage.

Von St-Renan Richtung Lampaul-Plouarzel fahren (D5). und 1 km nach dem Ortsanfang Lampaul-Plouarzel halblinks und nach weiteren 700 m rechts dem Wegweiser aire de Camping car (kleines Schild) folgen. Nach 300 m wird der Wohnmobilplatz links erreicht.

! Häuser am Parkplatz.
! Ver- und Entsorgung (Euro-Relais) am Parkplatz.
! Stromanschluss möglich.
! WC am Parkplatz.
! Müllbehälter am Parkplatz.
! Aufenthaltsdauer unbegrenzt.
! Ganzjährig zugänglich.
! Sandstrand in der Nähe.
! Wanderungen und Radtouren an der Küste und am Aber Benoit.
! Fahrt entlang der Aber-Küste.
! Keine Parkgebühr.
! Stellmöglichkeiten für 30 Wohnmobile.
! Ebene und unebene Stellflächen.
! Parkplätze direkt am Strand für die Übernachtung gesperrt.
! Informationen: Tel. 02 98 84 04 74.

Kerhornou, Strandparkplatz ** KA - 6

Befestigter Parkplatz am Strand in sehr ruhiger und schöner Lage.

Von der D789 (Brest-Le Conquet) kurz vor Le Conquet Richtung St-Renan abbiegen (D67). Nach 700 m links Richtung Plouharzel/Ploumoguer fahren (D28). Nach 5 km - 500 m nach dem Ortsanfang Ploumoguer - links Richtung Cross Corsen/Quessant abbiegen. Noch 3,4 km bis zum Parkplatz rechts am Ende der Straße.

! Häuser am Parkplatz.
! Breiter Sandstrand am Parkplatz.
! Etwas einsame Lage.
! Telefon am Parkplatz.
! Besichtigung der Abteiruine, des Denkmals und der Leuchttürme an der Pointe St-Mathieu.
! Wanderungen und Radtouren an der Küste und im Pays de Léon.
! Besichtigung von Brest: Tour Madelaine, Tour Tanguy, Arsenal, Océanopolis.
! Besuch des Marinemuseums und des Musée des Beaux-Arts in Brest.
! Keine Parkgebühr.
! Stellmöglichkeiten für 10 Wohnmobile.
! Ebene und schräge Stellflächen.
! Wohnmobil-Übernachtungsverbote in Le Conquet.

Ploumoguer, Wohnmobilplatz **** KA - 7

Für Wohnmobile reservierter Übernachtungsplatz in einzelnen abgetrennten Parkbuchten in einer Grünanlage in sehr ruhige Lage und landschaftlich reizvoller Umgebung.

Von der D789 (Brest-Le Conquet) kurz vor Le Conquet Richtung St-Renan abbiegen (D67). Nach 700 m links Richtung Plouharzel/Ploumoguer fahren (D28). Nach 5 km - 500 m nach dem Ortsanfang Ploumoguer - halblinks Richtung Plouharzel fahren und dem kleinen Wegweiser Aire de Camping folgen. Noch 200 m bis zum Parkplatz rechts (Zufahrt vor dem Sportplatz).
Bei Anfahrt aus dem Norden von Plouharzel 200 m nach dem Ortsanfang Ploumonguer links zum Parkplatz abbiegen.

! Häuser am Parkplatz.
! Gaststätten und Geschäfte in der Nähe.
! Bänke und Tische an den Stellplätzen.
! Aufenthaltsdauer 48 Stunden.
! 01.04.-31.10 zugänglich.
! Ver- und Entsorgungsstation am Parkplatz.
! Stromversorgung möglich.
! Müllcontainer am Parkplatz.
! WC und Duschen an der benachbarten Sportanlage.
! Besichtigung der Abteiruine, des Denkmals und der Leuchttürme an der Pointe St-Mathieu.
! Wanderungen und Radtouren an der Küste und im Pays de Léon.
! Besichtigung von Brest: Tour Madelaine, Tour Tanguy, Arsenal, Océanopolis.
! Besuch des Marinemuseums und des Musée des Beaux-Arts in Brest.
! Parkgebühr: 2 Euro pro Nacht.
! Stellmöglichkeiten für 20 Wohnmobile.
! Wohnmobil-Übernachtungsverbote in Le Conquet.
! Informationen: Tel. 02 98 89 62 05.

St-Mathieu, Pointe de St-Mathieu *** KA - 8

Asphaltierter Parkplatz an der Pointe de St-Mathieu in sehr ruhiger Lage und landschaftlich reizvoller Umgebung.

Von der D789 (Brest-Le Conquet) Richtung Plougonvelin abbiegen, in Plougonvelin Richtung St-Mathieu fahren und 3,2 km nach dem Ortsende Plougonvelin - 300 m nach dem Ortsanfang St-Mathieu - links zum Parkplatz abbiegen.

! Häuser am Parkplatz.
! Gaststätte am Parkplatz.
! Telefon am Parkplatz.
! WC am Parkplatz.
! Meeresblick und Felsenküste.
! Getrennte Müllentsorgung am Parkplatz.
! Besichtigung der Abteiruine, des Denkmals und der Leuchttürme an der Pointe.
! Wanderungen und Radtouren an der Küste und im Pays de Léon.
! Fahrt auf der Küstenstraße nach Conquet (route touristique).
! Besichtigung von Brest: Tour Madelaine, Tour Tanguy, Arsenal, Océanopolis.
! Besuch des Marinemuseums und des Musée des Beaux-Arts in Brest.
! Keine Parkgebühr.
! Stellmöglichkeiten für 10 Wohnmobile.
! Wohnmobil-Übernachtungsverbote in Le Conquet.

Für Wohnmobile zugelassener, asphaltierter Großparkplatz mit einzelnen Bäumen am Strand in ruhiger Lage.

Von Brest Richtung Le Conquet fahren (D205 und D789) und 6 km vor Le Conquet links Richtung Plougonvelin par le côte abbiegen. Nach 1,4 km - 900 m nach dem Ortsanfang Plougonvelin - wird der Parkplatz rechts erreicht.

! Häuser am Parkplatz.
! Gaststätten und Geschäfte in der Nähe.
! Telefon am Parkplatz.
! Breiter Sandstrand am Parkplatz.
! Ver- und Entsorgung am Parkplatz.
! Stromversorgung möglich.
! Müllbehälter am Parkplatz.
! Aufenthaltsdauer nicht begrenzt.
! Ganzjährig zugänglich.
! Wanderungen und Radtouren im Pays de Léon.
! Besichtigung von Brest: Tour Madelaine, Tour Tanguy, Arsenal, Océanopolis.
! Besuch des Marinemuseums und des Musée des Beaux-Arts in Brest.
! Fahrt zu der Pointe de St-Mathieu.
! Keine Parkgebühr.
! Stellmöglichkeiten für 30 Wohnmobile.
! Wohnmobil-Übernachtungsverbote in Le Conquet.
! Informationen: Tel. 02 98 48 30 18.

Boule in Plourin (KA-4, Seite 130)

Stürme am Atlantik

An den Buchten von Brest und Douarnenez

Tour 9

Auf dem Wege nach Brest entdecken wir in Tregana einen weiteren asphaltierten Parkplatz am Sandstrand, der sich gut für einen erholsamen Tag und eine ruhige Nacht eignet **(BD-1)**. Nicht weit entfernt, in Locmaria-Plouzané, hat die Stadt einen Wohnmobilplatz mit einer Ver- und Entsorgungsstation eingerichtet **(BD-2)**.

Die Hafenstadt Brest war schon zu den Zeiten der Monarchie ein Flottenstützpunkt, wurde im zweiten Weltkrieg als U-Boot-Basis von den Deutschen benutzt und 1944 fast vollständig zerstört. Der Kriegshafen und die Mole sind vom Tour Madeleine, einem Eckturm der Festungsanlage mit dem Marinemuseum, einzusehen. Ein anderes interessantes Museum mit einer Gemäldesammlung ist das Musée Beaux-Arts. Im futuristischen Wissenschaftszentrum Océanopolis am Bootshafen, einer Krabbe nachempfunden, ist eine Ausstellung über Meeresforschung, Satellitennavigation, Fischerei und die Fauna des Atlantiks zu sehen.

In Plougastel-Daoulas, südöstlich von Brest, hat die Stadt in sehr ruhiger und schöner Lage einen Stellplatz für Wohnmobile eingerichtet **(BD-3)**. Nach einer Stadtbesichtigung von Brest hat man auf diesem Platz die richtige Erholung und eine ruhige Nacht.

Wir fahren um die Bucht von Brest herum nach Süden zur Halbinsel Crozon, die wie die Schwanzflosse eines Fisches in den Atlantik hineinragt. In Landévennec finden wir einen sehr schönen Übernachtungsplatz **(BD-4)**. Wir können auf dem Terrassenparkplatz im Grünen oder auf dem Uferparkplatz am Bootshafen übernachten. Gasthäuser, Geschäfte, sogar ein Bäcker sind in unmittelbarer Nähe der beiden Stellplätze. Schließlich entscheiden wir uns für den Platz am Meer, um abends den schönen Blick über die Bucht von Brest genießen zu können.

Am nächsten Morgen steht mit dem Einsetzen der Ebbe ein Fischer vor dem Bug unserer Landyacht, holt Netze und Hummerreusen vom Kai und trägt sie auf sein Boot. Er muss sich eilen, der letzte Fischer von Landévennec, denn das Wasser zieht sich zurück und lässt die Sportboote auf Grund liegen. Kein anderes Fischerboot ist zu sehen, die Hummerfischerei lohnt sich nicht mehr. Über sein verwittertes Gesicht huscht ein Lächeln. Er möchte die Fischerei nicht vermissen, mit Wind und Wellen hat er Freundschaft geschlossen. Nach ihm wird es in Landévennec wohl keinen Fischer mehr geben.

Der Ort hat sich dem Tourismus geöffnet. Sehenswert ist die romanische Benediktinerabtei Saint-Guénolé. Sie wurde schon 485 n. Chr. gegründet und gehört zu den ältesten Klöstern in Frankreich. In der französischen Revolution wurde sie zerstört, die Ruinen sind aber immer noch sehenswert. Im Museum wird ein spannender Abriss der Geschichte der Abtei und der Kunst gezeigt. Im Querschiff der Ruine befindet sich das Grabmal des legendären Königs Gradlon. Die beiden großen Parkplätze an der Abtei sind gut für eine sehr ruhige Übernachtung geeignet **(BD-5)**.

Die drei Landzungen der Halbinsel Crozon werden am Ende durch Felsen und Aussichtspunkte begrenzt, die Pointe de Espagnols im Norden, im Westen die Pointe de Pen-Hir und das Cap de la Chèvre im Süden. Von der Pointe de Espagnols, die sich schützend vor die Reede von Brest legt, haben wir einen phantastischen Blick über die Bucht und Reede von Brest bis zur Pointe de St-Mathieu. Hier landete im 16. Jahrhundert während der französischen Religionskriege ein spanisches Hilfkorps und sperrte den Hafen von Brest. Der große Parkplatz ist für eine Übernachtung gut geeignet, liegt aber in einer einsamen Landschaft **(BD-6)**.

Cameret-sur-Mer ist ein idyllischer Hafen und ein sehenswerter Ort. Von dem Wohnmobilplatz sind wir schnell in den Gassen der Altstadt und schlendern um den Bootshafen **(BD-7)**. Die Festung, von dem genialen Festungsbaumeister Vauban errichtet, die Kapelle Notre-Dame-de-Rocamadour, der Nachbau des Schiffes „Belle Etoile“ und das Marinemuseum in der Nähe des Kaps sind sehenswert.

Der große steinige Parkplatz an der Pointe de Pen-Hir liegt ebenfalls einsam, aber er kann für eine Übernachtung genutzt werden **(BD-8)**. Ungestüm rennt der Atlantik ohne Unterbrechung gegen die Riffe und Felshaufen im Meer und gegen die Felsbarriere des Kaps. Der Wind bläst ständig und wird oft zum Sturm oder Orkan.

Am südlichen Ortsrand von Camaret sehen wir das erste Mal Steinalleen, die Alignements de Lagatjan, 143 Menhire aus Quarzit, die vor 4000 Jahren wahrscheinlich aus religiösen Gründen aufgestellt worden sind.

Crozon ist der Hauptort der Halbinsel. In einer modernen Kirche werden die bekannten Klappenretabels aufbewahrt. Unbekannte Meister schnitzten zu Beginn des 17. Jahrhunderts in 29 Holztafeln die Legende der 10.000 römischen Legionäre, die unmittelbar nach der Bekehrung zum Christentum auf Befehl des Kaisers Hadrian am Berg Ararat gekreuzigt wurden. Die Figuren des Massenmordes sind in Bewegung und voller Ausdruckskraft.

Von Crozon lohnt ein Abstecher zur atlantischen Küste im Südwesten. Das „Chateau de Dinan“ ist ein von der Brandung geformtes Felsentor, durch das das Licht schimmert und besondere Farbspiele hervorbringt. Beeindruckend ist auch die Landschaft am Cap de la Chèvre mit dem Blick über die Bucht von Douarnenez. Die Parkplätze dürfen verständlicherweise wegen des Naturschutzgebietes am Kap nicht für die Übernachtung benutzt werden.

Zwischen dem Kap und Crozon, am Hafen von Morgat, dürfen Wohnmobilisten übernachten **(BD-9)**. In Morgat sind bizarre Felsbildungen und mehrere Grotten zu bewundern. Die kleineren kann man bei Ebbe zu Fuß erkunden, in die große Grotte fährt bei Flut ein Boot bis zu 90 Meter tief in den Felsen.

Wir fahren an der Bucht von Douarnenez entlang. Aus der Ebene ragt der 330 Meter hohe Menez-Hom heraus. Die Straße endet am Gipfel. Weit reicht unser Blick über Land und Meer, bis zur Pointe St-Mathieu, nach Brest, bis zur Pointe du Van im Südwesten und landeinwärts bis zu den Bergen von Locronan. Der Parkplatz auf dem Gipfel kann auch für die Übernachtung im Wohnmobil genutzt werden **(BD-10)**.

Schon vom Gipfel des Menez-Hom haben wir den breiten, weißen Strand von Pentrez-Plage erblickt. Die Parkplätze am Beginn des Strandes und der große Parkplatz am Ende des ersten Strandes **(BC-11** und **BC-12)** sind für die Übernachtung gut geeignet. Der feste Sand ist befahrbar. Über dem flachen Strand brechen sich die riesigen Wellen des Atlantiks schon 100 Meter vor dem Küstensaum. Wellenreiten und Windsurfen sind an diesem Strand attraktive Sportarten. Auf dem flachen, festen Sand sind auch Sandsurfer, Bretter mit kleinen Rädern und Segeln, unterwegs.

Wir übernachten am Plage Ty Anquer **(BD-13)**. Der unbefestigte Platz liegt sehr ruhig an einer kleinen Sandbucht, die von zwei Felsnasen begrenzt wird. Wir wandern auf dem Küstenpfad südwärts und treffen immer wieder auf kleine Sandbuchten, die mit dem Wohnmobil leider nicht zu erreichen sind. Hier, am Ende der Bucht von Douarnenez ist das Meer endlich ruhig, der Atlantik hat sein Toben aufgegeben.

Sehenswert ist auch die Stadt Châteaulin mit der Kirche Saint-Idunet, der Kapelle Notre-Dame, dem Hafen Port-Launay und einer schönen Promenade am Fluss Aulne. Am Supermarkt intermarché kann man sein Ferienhaus auf Rädern entsorgen und darf dort auch übernachten **(BD-14)**.

Stellplatz am Strand von Tregana (BD-1, Seite 139)

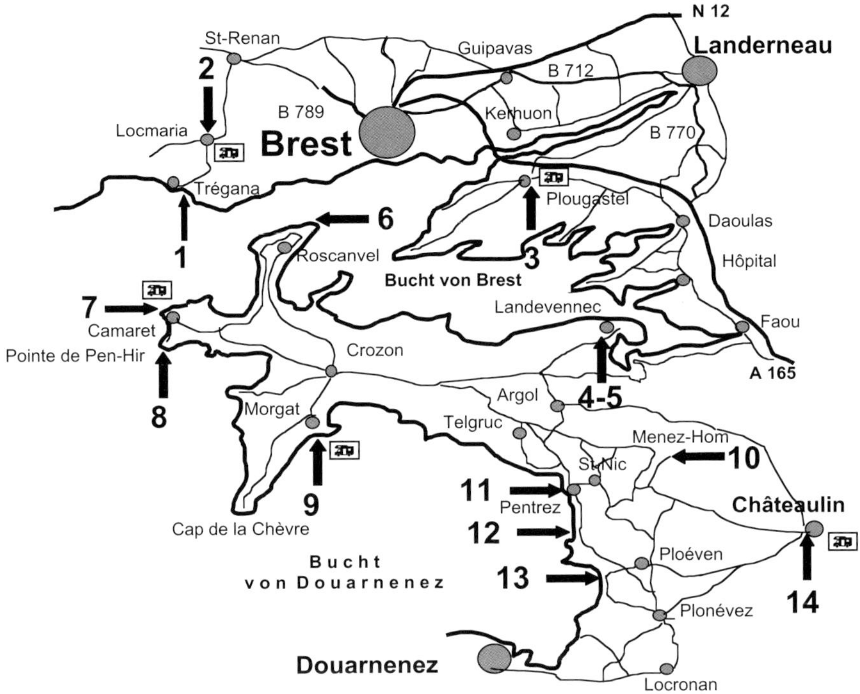

An den Buchten von Brest und Douarnenez

Tour 9: **An den Buchten von Brest und Duarnenez**

Nr.	Ort, Bezeichnung	Stellplätze A	Gasthaus	Häuser	WC	Bad See	Womoplatz	Entsorg.	Parkdauer B	Parkgebühr C
BD-1	Tregana, Strandparkplatz **	10	+	+	-	+	-	-	1	0
BD-2	**Locmaria-Plouzané, Womoplatz ****	5	+	+	-	-	+	+	U	0
BD-3	**Plougastel-Daoulas, Salles sport*****	20	-	+	-	-	+	+	2	0
BD-4	Landévennec, Bootshafen ****	10	+	+	-	-	-	-	1	0
BD-5	Landévennec, Saint-Guénole ***	30	-	-	-	-	-	-	1	0
BD-6	Roscavel, Pointe des Espagnoles **	30	-	-	-	-	-	-	1	0
BD-7	**Camaret, Wohnmobilplatz ****	10	+	+	-	-	+	+	1	0
BD-8	Camaret, Pointe de Pen-Hir ***	30	-	-	-	-	-	-	1	0
BD-9	**Morgat, Port de Plaisance ****	10	+	+	-	-	+	+	1	5
BD-10	Ste-Marie, Menez-Hom ***	10	-	-	-	-	-	-	1	0
BD-11	St-Nic, Pentrez-Plage **	20	+	+	-	+	-	-	1	0
BD-12	St-Nic, Plage Grève **	20	-	+	-	+	-	-	1	0
BD-13	Ploéven, Plage Ty Anquer **	10	-	+	-	+	-	-	1	0
BD-14	**Châteaulin, Intermarché ***	5	+	+	-	-	+	+	U	0

Legende

**** sehr ruhige und sehr schöne Lage.
*** sehr ruhige und schöne Lage.
** ruhige und gute Lage.
* keine ruhige Lage.
A Stellplätze gestaffelt nach 3, 5, 10, 20, 30, 50 Wohnmobilen. Dabei wird angenommen, dass nur die Hälfte des Platzes zur Verfügung steht und die andere Hälfte durch PKW belegt ist.
B Aufenthaltsdauer in Tagen.
C Übernachtungsgebühr in Euro pro Wohnmobil und 24 Stunden oder Parkgebühr.
P Parkgebühr in der Saison.
T Aufenthaltsdauer einige Tage.
U Aufenthaltsdauer unbegrenzt.
Ausgewiesener Wohnmobilplatz.

Tregana, Strandparkplatz ** BD - 1

Asphaltierter Parkplatz unmittelbar am Strand in ruhiger und sehr schöner Lage.

Von der N789 (Brest-Le Conquet) an der Abzweigung nach Locmaria-Plouzané Richtung Plage Tregana nach Süden abbiegen. Nach 2 km - 1,4 km nach dem Ortsanfang Tregana - wird der Parkplatz links erreicht.

! Häuser in der Nähe.
! Gaststätte am Parkplatz.
! Felsküste und kleiner Sandstrand am Parkplatz.
! Müllbehälter am Parkplatz.
! Wanderungen und Radtouren im Pays de Léon.
! Besichtigung von Brest: Tour Madelaine, Tour Tanguy, Arsenal, Océanopolis.
! Besuch des Marinemuseums und des Musée des Beaux-Arts in Brest.
! Fahrt zu der Pointe de St-Mathieu.
! Ausflug zur Aber-Küste.
! Keine Parkgebühr.
! Stellmöglichkeiten für 10 Wohnmobile.
! Ebene und schräge Stellflächen.

Bild Seite 136

Locmaria-Plouzané, Wohnmobilplatz ** BD - 2

Für Wohnmobile reservierter Übernachtungsplatz in befestigten Parkbuchten in ruhiger und schöner Lage.

Von der D789 (Brest-Le Conquet) Richtung Locmaria-Plouzané abbiegen. Nach 1,5 km - 700 m nach dem Ortsanfang Locmaria-Plouzané - rechts dem Hinweisschild Euro-Relais folgen. Noch 100 m bis zum Parkplatz.

! Häuser in der Nähe.
! Gaststätten und Geschäfte in der Nähe.
! Ver- und Entsorgungsstation am Parkplatz.
! Stromanschluss möglich.
! Müllbehälter am Parkplatz.
! Aufenthaltsdauer nicht begrenzt.
! Ganzjährig zugänglich.
! Wanderungen und Radtouren im Pays de Léon.
! Besichtigung von Brest: Tour Madelaine, Tour Tanguy, Arsenal, Océanopolis.
! Besuch des Marinemuseums und des Musée des Beaux-Arts in Brest.
! Fahrt zu der Pointe de St-Mathicu.
! Ausflug zur Aber-Küste.
! Keine Parkgebühr.
! Stellmöglichkeiten für 5 Wohnmobile.
! Informationen: Tel. 02 98 48 40 09.

Plougastel-Daoulas, Salles omnisport *** BD - 3

Zwei für Wohnmobile zugelassene asphaltierte und befestigte Übernachtungsplätze in sehr ruhiger und schöner Lage.

Von der N165 Richtung Plougastel-Daoulas abbiegen und nach 2 km - 600 m nach dem Ortsanfang - im Kreisel geradeaus fahren (Boulevard Acacias). Nach 500 m am Ortsende im Kreisel geradeaus und nach weiteren 400 m am erneuten Ortsanfang links fahren. 200 m weiter im nächsten Kreisel wieder geradeaus fahren (Rue de fontaine blanche). Noch 100 m bis zum Parkplatz rechts.

! Häuser in der Nähe.
! Sportanlage am Parkplatz.
! Ver- und Entsorgung (Bodeneinlass) am Parkplatz.
! Stromanschluss möglich.
! Müllcontainer am Parkplatz.
! Aufenthaltsdauer 48 Stunden.
! 15.05-15.10 zugänglich.
! 10 min Fußweg zur Ortsmitte.
! Wanderungen und Radtouren an der Bucht von Brest.
! Besichtigung von Brest: Tour Madelaine, Tour Tanguy, Arsenal, Océanopolis.
! Besuch des Marinemuseums und des Musée des Beaux-Arts in Brest.
! Keine Parkgebühr.
! Stellmöglichkeiten für 20 Wohnmobile.
! Ebene Stellflächen.
! Informationen: Tel. 02 98 37 57 57.

Landévennec, Bootshafen **** BD - 4

Zwei asphaltierte Parkplätze am Bootshafen und am Ortsrand in sehr ruhiger Lage und landschaftlich reizvoller Umgebung.

Von der D791 (Le Faou-Crozon) Richtung Landévennec abbiegen (D60). Nach 6,2 km - 200 m nach dem Ortsanfang Landévennec - wird der Parkplatz am Ortsrand links erreicht. Zum Parkplatz am Bootshafen zweimal links abbiegen und an der Kirche vorbeifahren. Nach 300 m wird der Parkplatz am Ende der Straße erreicht.

! Häuser am Parkplatz.
! Gasthäuser am Parkplatz.
! Bootshafen am Parkplatz.
! Geschäfte in der Nähe.
! Besichtigung der Abteiruine l' Ancienne Abbaye mit Museum und der Abbaye de Guénole. Öffnungszeiten: Sa, So 14-18.00 Uhr.
! Besuch des Musée de Cidre auf der Anfahrt.
! Wanderungen und Radtouren an der Küste und im Fôret de Landévennec.
! Besichtigung von Brest: Tour Madelaine, Tour Tanguy, Arsenal, Océanopolis.
! Besuch des Marinemuseums und des Musée des Beaux-Arts in Brest.
! Fahrt nach Crozon und zur Pointe de Penhir.
! Keine Parkgebühr.
! Stellmöglichkeiten für 10 Wohnmobile.
! Ebene Stellflächen.

Bild Seite 141

Asphaltierter Parkplatz und Parkplätze auf Wiesengelände an der Abbaye in sehr ruhiger Lage und landschaftlich reizvoller Umgebung.

Von der D791 (Le Faou-Crozon) Richtung Landévennec abbiegen (D60). Nach 6,3 km - 300 m nach dem Ortsanfang Landévennec - rechts Richtung Saint Guénolé abbiegen und nach weiteren 300 m links dem Wegweiser Saint Guénolé folgen. Noch 100 m bis zum asphaltieren Parkplatz und 200 m bis zum Wiesengelände rechts.

! Etwas einsame Lage.
! Besichtigung der Abteiruine l' Ancienne Abbaye mit Museum und der Abbaye de Guénole. Öffnungszeiten: Sa, So 14-18.00 Uhr.
! 8 min Fußweg zur Ortsmitte.
! Besuch des Musée de Cidre auf der Anfahrt.
! Wanderungen und Radtouren an der Küste und im Fôret de Landévennec.
! Besichtigung von Brest: Tour Madelaine, Tour Tanguy, Arsenal, Océanopolis.
! Besuch des Marinemuseums und des Musée des Beaux-Arts in Brest.
! Fahrt nach Crozon und zur Pointe de Penhir.
! Keine Parkgebühr.
! Stellmöglichkeiten für 30 Wohnmobile.
! Ebene und etwas schräge Stellflächen.

Stellplatz in Landevennec (BD-4, Seite 140)

Roscanvel, Pointe des Espagnols ** BD - 6

Grob geschotterter Großparkplatz an der Pointe des Espagnols in ruhiger und schöner Lage.

Von der D887 in Crozon Richtung Roscanvel abbiegen und in Roscanvel Richtung Pointe des Espagnols fahren. 2 km nach dem Ortsende Roscanvel wird der Parkplatz links erreicht.

! Panoramablick von der Pointe des Espagnols über die Bucht von Brest bis zur Pointe de St-Mathieu.
! Einsame Lage.
! Besichtigung der alten Fortanlage.
! Wanderungen und Radtouren an der Küste und im Parc Naturel Regional l' Amorique.
! Besichtigung der Alignements de Lagatjan in Camaret.
! Besichtigung von Crozon: Kirche mit Klappenretabel und 400 geschnitzten Figuren, Altstadt, Grotten beim Port Morgat.
! Fahrt zur Pointe de Pen-Hir, zum Felsentor Chateau Dinan und zum Cap de la Chèvre.
! Keine Parkgebühr.
! Stellmöglichkeiten für 30 Wohnmobile.
! Ebene und etwas schräge Stellflächen.

Camaret-sur-Mer, Wohnmobilplatz ** BD - 7

Für Wohnmobile ausgewiesener Übernachtungsplatz im Ort in ruhiger Lage.

Von der D8 (Crozon-Camaret) Richtung Camaret und 600 m nach dem Ortsanfang im Kreisel geradeaus Richtung centre ville fahren. Nach weiteren 600 m zur Ver- und Entsorgung mit Stellplätzen am Straßenrand rechts fahren. Noch 100 m bis zur Entsorgung. Zum Stellplatz im Ort nicht abbiegen, sondern noch 100 m weiter fahren und danach rechts Richtung centre ville abbiegen. Nach weiteren 400 m rechts und gleich wieder links am Hafen entlang fahren. Nach weiteren 600 m links dem Wohnmobil-Symbol folgen. Noch 100 m bis zum Wohnmobilplatz links.

! Häuser am Parkplatz.
! Gasthäuser am Parkplatz.
! Bootshafen am Parkplatz.
! Geschäfte in der Nähe.
! Ver- und Entsorgung am Parkplatz.
! Stromanschluss möglich.
! 2 min Fußweg zur Ortsmitte und zum Hafen.
! Aufenthaltsdauer 24 Stunden.
! Besichtigung von Camaret: Alignements de Lagatjan (Steinallee), Festung, Chapelle Notre-Dame-de-Rocamadour, Schiff Belle Etoile, Hafen.
! Wanderungen und Radtouren an der Bucht von Brest und am Atlantik.
! Besichtigung von Crozon: Kirche mit Klappenretabel und 400 geschnitzten Figuren, Altstadt, Grotten beim Port Morgat.
! Ausflug zur Pointe des Espagnols.
! Ausflug zur Pointe de Pen-Hir und zum Cap de la Chèvre.
! Keine Parkgebühr.
! Stellmöglichkeiten für 10 Wohnmobile.
! Leicht schräge Stellflächen.
! Informationen: Tel. 02 98 27 94 22.

Bild Seite 145

Camaret-sur-mer, Pointe de Pen-Hir *** BD - 8

Steiniger Parkplatz an der Pointe de Pen-Hir in sehr ruhiger Lage und landschaftlich reizvoller Umgebung.

Von Crozon Richtung Camaret fahren und 1,5 km nach dem Ortsanfang Camaret links Richtung Pointe de Pen-Hir abbiegen. Noch 2 km bis zu den Parkplätzen links und rechts.

! Panoramablick von der Pointe de Pen-Hir.
! Einsame Lage.
! Ver- und Entsorgungsstation in Camaret.
! Besuch des Marinemuseums auf der Anfahrt.
! Besichtigung von Camaret: Alignements de Lagatjan (Steinallee), Festung, Chapelle Notre-Dame-de-Rocamadour, Schiff Belle Etoile, Hafen.
! Wanderungen und Radtouren an der Küste und im Parc Naturel Regional l' Amorique.
! Besichtigung von Crozon: Kirche mit Klappenretabel und 400 geschnitzten Figuren, Altstadt, Grotten beim Port Morgat.
! Fahrt zum Felsentor Chateau Dinan und zum Cap de la Chèvre.
! Ausflug zur Pointe des Espagnols.
! Keine Parkgebühr.
! Stellmöglichkeiten für 30 Wohnmobile.
! Unebene Stellflächen.

Bild Seite 147

Morgat, Port de Plaisance ** BD - 9

Für Wohnmobile zugelassener, asphaltierter Übernachtungsplatz am Sportboothafen von Morgat in ruhiger und schöner Lage.

Von der D887 in Crozon Richtung Morgat abbiegen (D255) und 1,5 km nach dem Ortsanfang Morgat links fahren (kein Hinweisschild). Noch 300 m bis zum Parkplatz am Hafen.

! Gaststätten und Geschäfte in der Nähe.
! Häuser am Parkplatz.
! Blick über die Bucht von Morgat.
! Zuweisung des Stellplatzes durch die Capitanerie.
! Ver- und Entsorgungsstation an der Zufahrt.
! Stromanschluss möglich.
! Aufenthaltsdauer 24 Stunden.
! Ganzjährig zugänglich.
! Wanderungen und Radtouren an der Küste und im Parc Naturel Regional l' Amorique.
! Besichtigung von Crozon: Kirche mit Klappenretabel und 400 geschnitzten Figuren, Altstadt, Grotten beim Port Morgat.
! Fahrt zum Felsentor Chateau Dinan, zur Pointe de Pen-Hir und zum Cap de la Chèvre.
! Besichtigung von Camaret: Alignements de Lagatjan (Steinallee), Festung, Chapelle Notre-Dame-de-Rocamadour, Schiff Belle Etoile, Hafen.
! Parkgebühr: 5 Euro pro Nacht.
! Stellmöglichkeiten für 10 Wohnmobile.
! Übernachtungsverbot am Cap de la Chevre (Naturschutzgebiet).
! Ausweichparkplatz Richtung Cap de la Chevre in ruhiger und schöner Lage. An der Abzweigung zum Hafen rechts fahren. Noch 200 m rechts. 20 Wohnmobile.
! Informationen: Tel. 02 98 27 10 28.

Bild Seite 147

Ste-Marie du Menez-Hom, Menez-Hom *** BD - 10

Zwei asphaltierte und befestigte Parkplätze auf dem Menz-Hom in sehr ruhiger Lage und landschaftlich reizvoller Umgebung.

Bei Anfahrt aus dem Westen von Crozon 1 km nach dem Ortsende Ste-Marie du Menez-Hom von der D887 Richtung Menez-Hom abbiegen. Noch 1,6 km bis zu den Parkplätzen auf dem Hügel Menez-Hom.

! Nachts einsame Lage.
! Blick über die Bucht von Douarnenez.
! Informationstafel am Parkplatz.
! Rundwanderwege und Fernwanderwege am Parkplatz.
! Gleitschirmschule am Parkplatz.
! Ausflug zur Küste.
! Wanderungen und Radtouren an der Küste und im Parc Naturel Regional l' Amorique.
! Besuch des Musée du Porzay (Porzellanmuseum) in St-Nic.
! Besichtigung von Crozon: Kirche mit Klappenretabel und 400 geschnitzten Figuren, Altstadt, Grotten beim Port Morgat.
! Besichtigung von Douarnenez: Museumshafen Port-Rhu, Fischerhütten, Fischereihafen.
! Keine Parkgebühr.
! Stellmöglichkeiten für 10 Wohnmobile.
! Ebene und leicht schräge Stellflächen.

St-Nic, Pentrez-Plage ** BD - 11

Parkbuchten und Straßenparkplätze entlang des langen Strandes auf festem Sand oder Gras in ruhiger Lage und landschaftlich reizvoller Umgebung.

Von der D887 (Crozon-Chateaulin) Richtung Pentrez-Plage/St-Nic abbiegen (D108) und den Wegweisern Pentrez-Plage folgen. 1,5 km nach dem Ortsende St-Nic (D103) - 700 m nach dem Ortsanfang Pentrez - links abbiegen. Noch 100 m bis zu den ersten Parkplätzen rechts.

! Gaststätte in der Nähe.
! Häuser und Geschäfte am Parkplatz.
! Blick über die Bucht von Douarnenez.
! Strandstraße bis 2,5 t, Zufahrt zu den ersten Parkplätzen nicht begrenzt.
! Feiner Sandstrand am Parkplatz.
! Campingplatz in der Nähe.
! Surfen und Wellenreiten.
! Wanderungen und Radtouren an der Küste und im Parc Naturel Regional l' Amorique.
! Besuch des Musée du Porzay (Porzellanmuseum) in St-Nic.
! Besichtigung von Crozon: Kirche mit Klappenretabel und 400 geschnitzten Figuren, Altstadt, Grotten beim Port Morgat.
! Besichtigung von Douarnenez: Museumshafen Port-Rhu, Fischerhütten, Fischereihafen.
! Keine Parkgebühr.
! Stellmöglichkeiten für 20 Wohnmobile.
! Ebene Stellflächen.

Bild Seite 161

Großer fester Sandparkplatz am südlichen Ende des Strandes von Grève in ruhiger und schöner Lage.

Von der D887 (Crozon-Chateaulin) Richtung Pentrez-Plage/St-Nic abbiegen (D108) und den Wegweisern Pentrez-Plage folgen. 1,5 km nach dem Ortsende St-Nic (D103) - 700 m nach dem Ortsanfang Pentrez - links zur Uferstraße abbiegen und auf der Uferstraße weiterfahren. Nach 2,3 km wird der Parkplatz rechts erreicht.

! Häuser am Parkplatz.
! Blick über die Bucht von Douarnenez.
! Strandstraße bis 2,5 t, Zufahrt zu den ersten Parkplätzen nicht begrenzt.
! Feiner Sandstrand am Parkplatz.
! Campingplatz in der Nähe.
! Strandsurfen, Surfen und Wellenreiten.
! Wanderungen und Radtouren an der Küste und im Parc Naturel Regional l' Amorique.
! Besuch des Musée du Porzay (Porzellanmuseum) in St-Nic.
! Besichtigung von Crozon: Kirche mit Klappenretabel und 400 geschnitzten Figuren, Altstadt, Grotten beim Port Morgat.
! Besichtigung von Douarnenez: Museumshafen Port-Rhu, Fischerhütten, Fischereihafen.
! Keine Parkgebühr.
! Stellmöglichkeiten für 20 Wohnmobile.
! Ebene Stellflächen.

Stellplatz in Camaret-sur-mer (BD-7, Seite 142)

Ploéven, Plage Ty Anquer ** BD - 13

Unbefestigter Parkplatz am Strand in sehr ruhiger und schöner Lage.

Von der D63 2 km nördlich von Plounevez-Porzay links Richtung Ste-Anne und gleich wieder rechts abbiegen (kein Hinweisschild). Nach 1 km im Kreisel links Richtung Treguer Plage/Ty Anquer abbiegen. Noch 2 km bis zum Parkplatz links.

! Häuser in der Nähe.
! Einsame Lage.
! Für sehr schwere Wohnmobile nicht geeignet.
! Kleiner Sandstrand am Parkplatz.
! Campingplatz in der Nähe.
! Uferweg am Parkplatz.
! Wanderungen und Radtouren an der Küste und im Parc Naturel Regional l' Amorique.
! Besuch des Musée du Porzay (Porzellanmuseum) in St-Nic.
! Besichtigung von Crozon: Kirche mit Klappenretabel und 400 geschnitzten Figuren, Altstadt, Grotten beim Port Morgat.
! Besichtigung von Douarnenez: Museumshafen Port-Rhu, Fischerhütten, Fischereihafen.
! Keine Parkgebühr.
! Stellmöglichkeiten für 10 Wohnmobile.
! Ebene und unebene Stellflächen.

Châteaulin, Intermarché * BD - 14

Für Wohnmobile zugelassener, privater asphaltierter Übernachtungsplatz im Ort am Supermarkt.

Von der D887 aus Richtung Crozon nach Châteaulin und in Châteaulin Richtung centre ville zur Grande Rue fahren. Dem Wegweiser Lycée St-Louis folgen und zum intermarché abbiegen.

! Gaststätte am Parkplatz.
! Supermarkt und Geschäfte am Parkplatz.
! Häuser am Parkplatz.
! Ver- und Entsorgung am Parkplatz.
! Stromanschluss möglich.
! Aufenthaltsdauer nicht begrenzt.
! Ganzjährig zugänglich.
! Wanderungen und Radtouren im Parc Naturel Regional l' Amorique.
! Ausflug zur Halbinsel von Crozon und zur Küste.
! Besichtigung von Crozon: Kirche mit Klappenretabel und 400 geschnitzten Figuren, Altstadt, Grotten beim Port Morgat.
! Keine Parkgebühr.
! Stellmöglichkeiten für 5 Wohnmobile.
! Informationen: Tel. 02 97 63 07 63.

Stellplatz an der Pointe de Pen-Hir (BD-8, Seite 143)

Stellplatz in Morgat (BD-9, Seite 143)

Der westlichste Punkt Frankreichs

An den Buchten von Douarnenez und Audierne

Tour 10

Wir wollen zum westlichsten Punkt Frankreichs, zur Pointe du Raz. Noch einmal reckt sich die Bretagne weit in den Atlantik hinein.

Doch zunächst besuchen wir im Nordosten der Halbinsel Cornouaille die Hafenstadt Douarnenez. Hier soll die Stadt Ys des legendären Königs Gradlon gelegen haben. Seine Tochter Dahud war bildhübsch und mannstoll. In ihrer Zügellosigkeit ließ sie sich sogar mit dem Teufel ein, der ihr den Stadtschlüssel entlockte, an einem Sturmtag die Schleusentore öffnete und die Stadt dem Untergang weihte. Heute erinnert der Name der französischen Hauptstadt Par-ys an die Stadt Ys.

Wie schon zur Zeit der Römer werden in Douarnenez vor allem Sardinen zu Ölsardinen verarbeitet. In dem Fischereihafen werden auch Makrelen, Plattfische und Thunfische angelandet. In Port-Rhu ist ein Museumshafen an einer ehemaligen Konservenfabrik eingerichtet worden. Die Sammlung umfasst inzwischen über 200 Boote und Schiffe.

Wir fahren im Norden der Halbinsel Richtung Pointe du Van und suchen einen Übernachtungsplatz am Meer. Der Parkplatz an der Pointe du Millier hat leider nur sehr schräge Stellflächen. An der Pointe de Kastel Kos finden wir unseren Platz mit Meeresblick **(DC-1)**. Noch schöner liegt der Stellplatz an der Pointe de Brézellec in einer wildromantischen Küstenlandschaft **(DC-2)**.

Im Ort Cléden-Cap-Sizun wurde in ruhiger Lage ein Platz für Wohnmobile eingerichtet **(DC-3)**. Einen weitläufigen Stellplatz in einiger Entfernung vom Meer kann man an der Pointe du Van zur Übernachtung nutzen **(DC-4)**. Einsam ist das Kap, die Weite und Leere der Landschaft wird nur durch die Kapelle Saint-They unterbrochen.

An der Baie de Trépassés versammeln sich nach der Legende die Seelen der Ertrunkenen, seufzen und warten auf ein Segelboot, das vom Ankou, dem Tod, gesteuert wird, um mit ihnen ins Jenseits zu segeln. Der Parkplatz an dem sichelförmigen Sandstrand der Baie des Trépassés ist klein und in der Saison durch Pkw belegt.

An der Pointe du Raz herrscht Touristenbetrieb. Jeder Franzose möchte den westlichsten Punkt seines Landes einmal besuchen und kennen lernen. Die ausländischen Besucher der Bretagne dürfen ebenfalls dieses bekannte Landende nicht versäumen. 70 Meter hoch ist das langgestreckte schwarze Felsenriff. Davor liegen Felsen, bestückt mit Leuchttürmen, im Wasser. In der Ferne erkennen wir die Ile de Sein, ein für die Schifffahrt gefährliches Hindernis. Am Ende der Chaussée de Sein, einer Verlängerung der Insel aus tückischen Riffen, warnen die Leuchtfeuer und Nebelhörner des Phare d'Ar-Men die Schifffahrt.

Der Parkplatz am Beginn des Weges zur Pointe du Raz ist weitläufig und eignet sich gut für eine Übernachtung **(DC-5)**. Gaststätten, Geschäfte, das Informationsgebäude, eine sanitäre Anlage und Wohnhäuser sind am Stellplatz. Allerdings ist eine Ver- und Entsorgung nicht vorhanden.

Wir fahren wieder zurück nach Osten, diesmal zum Süden der Halbinsel Cornouaille. Audierne ist ein bekannter Hafen der Hummer- und Langustenfischer. Wir haben die Wahl zwischen vielen Restaurants, die alle Hummer, Langusten, Krebse, Scampis und Gambas zu erschwinglichen Preisen anbieten. In Audierne gibt es auch eine großes Vorratsbecken mit allen Arten lebender Krebstiere und eine Zuchtanlage für Hummerlarven. Nach dem Schlemmermahl durchstreifen wir die malerischen Gassen der kleinen Stadt und besuchen die romanische Kirche Notre-Dame-de-Roscudon mit einem 67 Meter hohen Kirchturm und einer außergewöhnlichen gotischen Vorhalle.

In Plouhinec kann man auf dem Gelände eines Wohnmobilhändlers bleiben **(DC-6)**. Wir übernachten an der Küste bei Penhors **(DC-7)**. Weit schweift der Blick über die Bucht von Audierne. Abends winkt der weit entfernte hohe Leuchtturm an der Pointe de Penmarc'h zu uns herüber. Der Küstenweg führt uns immer am felsigen Ufer, unterbrochen von kleinen Sandbuchten, entlang. In der Ferne erkennen wir die Lichter der Fischerboote, die mit der einsetzenden Flut in den Hafen von Audierne zurückkehren.

Einen guten, ruhigen Übernachtungsplatz finden wir auch in dem Ort Plonéour-Lanvern **(DC-8)**. Gaststätten und Geschäfte sind in der Nähe, der Platz bietet viel Raum, für die Ver- und Entsorgung des Wohnmobils ist gesorgt.

Am nächsten Morgen besichtigen wir den ältesten Kalvarienberg der Bretagne, Notre-Dame-de-Tronoen, einsam in einer öden, flachen Landschaft gelegen. Windschief stehen die drei Säulen der Gekreuzigten, vom Zahn der Zeit zerfressen und von Flechten bedeckt sind die Figuren an dem Steinbalken. Der Parkplatz an der Straße ist klein und für eine Übernachtung nur bedingt geeignet.

An der Pointe de la Torche beginnen unendlich lange, einsame Sandstrände. Zum ersten Mal sehen wir hinter den Sandstränden Dünen. Das Baden ist an diesem Strand wegen der starken Unterströmungen verboten. Dagegen finden die Surfer hier wegen der ständigen Winde ein ideales Revier. Nur das Kap besteht aus Felsen. Auf dem höchsten Punkt wurden vor vielen Tausend Jahren Dolmen zur Bestattung errichtet. Der Parkplatz ist für eine Übernachtung gut geeignet **(DC-9)**. Der offizielle Platz am Strand von Pors-Can bietet Meeresblick, eine ruhige Lage, endlosen Strand und eine Ver- und Entsorgungsstation **(DC-10)**.

In dem Ort St-Guénolé sind der Pfarrbezirk mit dem Kalvarienberg und das Prähistorische Museum mit vorgeschichtlichen Funden aus dem westlichen Teil der Bretagne, dem Finistère, sehenswert. An der Pointe de Penmarc'h steht der hohe Leuchtturm Phare d' Eckmühl, benannt nach dem französischen Marschall Davout, der unter Napoleon 1809 die Österreicher bei Eckmühl besiegte und als Lohn den Titel Prinz von Eckmühl erhielt. An der Kirche Saint-Nonna in Penmarc'h beeindrucken die mittelalterlichen Schiffsreliefs am Portal, die ältesten Schiffsdarstellungen im Finistère.

Der Parkplatz am Leuchtturm kann für eine Übernachtung benutzt werden **(DC-11)**. Uns stören die Verkehrsgeräusche der Straße nach Saint-Guénolé. Wir fahren deshalb ein Stück zurück und übernachten am Plage Pors-Can.

Die Stadt Pont l' Abbe bietet einige Sehenswürdigkeiten: Das Schloss-Rathaus mit einem Museum, die Kirche Notre-Dame des Carmes aus dem 14. Jahrhundert mit zwei Fensterrosetten und die Kapelle von Lambour aus dem 13. Jahrhundert. Im Schloss zeigt das bekannte Musée Bigouden im Schlossturm die Geschichte und Kultur des Finistère. Am Ufer der Meeresbucht schlängelt sich ein Treidelpfad entlang, der zu einem schönen Spaziergang durch Wälder und Sümpfe einlädt. An der Avenue de la Gare wurde ein Übernachtungsplatz mit Ver- und Entsorgung eingerichtet **(DC-12)**.

Wir übernachten an den Sportanlagen in Plomelin südlich von Quimper **(DC-13)**. Wir speisen hier gut, schlafen sehr ruhig und kaufen am nächsten Morgen vor der Weiterfahrt alle notwendigen Lebensmittel ein.

Stellplatz an der Pointe de Brézellec (DC-2, Seite 153)

An der Bucht von Audierne

Tour 9: **An den Buchten von Douarnenez und Audierne**

Nr.	Ort, Bezeichnung	Stell-plätze A	Gast-haus	Häu-ser	WC	Bad See	Womo-platz	Ent-sorg.	Park-dauer B	Park-gebühr C
DC-1	Beuzec-Cap-Sizun, Kastel Kos ***	10	-	-	-	-	-	-	1	0
DC-2	Cléden-Cap-Sizun, Brézellec ****	10	-	+	-	-	-	-	1	0
DC-3	**Cléden-Cap-Sizun, Place 19mars****	20	-	+	-	-	+	+	1	0
DC-4	Cléden-Cap-Sizun, Pointe du Van **	20	-	+	-	-	-	-	1	0
DC-5	**Plogoff, Pointe du Raz *****	50	+	+	+	-	+	-	T	10
DC-6	**Plouhinec, Ca-la Evasion ***	5	+	+	-	-	+	+	U	0
DC-7	Penhors, Strand ***	10	+	+	-	+	-	-	1	0
DC-8	**Plonéour-Lanvern, Place Ronarc'h ****	20	+	+	+	-	+	+	1	0
DC-9	St-Guénolé, Pointe de la Torche ***	20	+	+	+	+	-	-	1	0
DC-10	**St-Guénolé, Plage Pors-Can *****	5	-	+	+	+	+	+	1	0
DC-11	**Penmarc'h, Phare d' Eckmühl ***	10	+	+	-	-	+	-	1	0
DC-12	**Pont l' Abbe, Avenue de la Gare ***	10	+	+	-	-	+	+	1	0
DC-13	**Plomelin, Sportanlagen *****	5	+	+	-	-	+	+	1	0

Legende

**** sehr ruhige und sehr schöne Lage.
*** sehr ruhige und schöne Lage.
** ruhige und gute Lage.
* keine ruhige Lage.
A Stellplätze gestaffelt nach 3, 5, 10, 20, 30, 50 Wohnmobilen. Dabei wird angenommen, dass nur die Hälfte des Platzes zur Verfügung steht und die andere Hälfte durch PKW belegt ist.
B Aufenthaltsdauer in Tagen.
C Übernachtungsgebühr in Euro pro Wohnmobil und 24 Stunden oder Parkgebühr.
P Parkgebühr in der Saison.
T Aufenthaltsdauer einige Tage.
U Aufenthaltsdauer unbegrenzt.
Ausgewiesener Wohnmobilplatz.

Beuzec-Cap-Sizun, Pointe de Kastel Kos *** DC - 1

Asphaltierter Parkplatz an der Pointe de Kastel Kos in sehr ruhiger und sehr schöner Lage.

Von Douarnenez Richtung Pointe du Raz fahren (D765) und am westlichen Ortsende von Confort Richtung Pointe du Van/Cap Sizun abbiegen (D307). Nach 3 km links Richtung Beuzec-Cap-Sizun fahren (D7). Nach 5 km - 700 m nach dem Ortsanfang Beuzec-Cap-Sizun - rechts dem Wegweiser Pointe de Kastel Kos folgen (D507). Noch 900 m bis zum Parkplatz.

! Einsame Lage.
! Blick auf die Bucht von Douarnenez bis zum Cap de la Chèvre.
! Küstenwanderweg am Parkplatz.
! Wanderungen und Radtouren an der Küste.
! Besichtigung von Douarnenez: Museumshafen Port-Rhu, Fischerhütten, Fischereihafen.
! Besichtigung von Audierne: Hafen der Hummerfischer, Zuchtanlage für Hummerlarven, Notre-Dame-de-Roscudon, Altstadt.
! Fahrt zur Pointe du Van.
! Fahrt zur Pointe du Raz.
! Keine Parkgebühr.
! Stellmöglichkeiten für 10 Wohnmobile.
! Ebene und schräge Stellflächen.
! Parkplatz an der Pointe du Millier nur mit schrägen Stellflächen.

Cléden-Cap-Sizun, Pointe de Brézellec **** DC - 2

Asphaltierter Parkplatz an der Pointe de Brézellec in sehr ruhiger und landschaftlich sehr reizvoller Umgebung.

Von Beuzec-Cap-Sizun Richtung Pointe du Van fahren (D7). 10,2 km nach dem Ortsende Beuzec-Cap-Sizun rechts dem Wegweiser Pointe de Brézellec folgen.
Von der Pointe du Van Richtung Breuzec-Cap-Sizun fahren und nach 3 km dem Wegweiser Pointe de Brézellec links folgen.

! Häuser in der Nähe.
! Einsame Lage.
! Blick auf die Bucht von Douarnenez und auf die Felsenküste.
! Küstenwanderweg am Parkplatz.
! Wanderungen und Radtouren an der Küste.
! Fahrt zur Pointe du Van.
! Fahrt zur Pointe du Raz.
! Besichtigung von Douarnenez: Museumshafen Port-Rhu, Fischerhütten, Fischereihafen.
! Besichtigung von Audierne: Hafen der Hummerfischer, Zuchtanlage für Hummerlarven, Notre-Dame-de-Roscudon, Altstadt.
! Keine Parkgebühr.
! Stellmöglichkeiten für 10 Wohnmobile.
! Ebene und leicht schräge Stellflächen.

Bild Seite 150

Cléden-Cap-Sizun, Place du 19 mars ** DC - 3

Asphaltierter Parkplatz im Ort in ruhiger und schöner Lage.

Von der D784 östlich von Plogoff Richtung Cléden-Cap-Sizun abbiegen. Nach 2 km links Richtung Cléden-Cap-Sizun fahren (D43). Nach 500 m - 200 m nach dem Ortsanfang - links Richtung Pointe du Van abbiegen. Noch 200 m bis zum Parkplatz rechts.
Bei Anfahrt aus dem Westen 300 m nach dem Ortsanfang zum Parkplatz abbiegen.

! Häuser am Parkplatz.
! Ver- und Entsorgung am Parkplatz. Gebühr 2 Euro.
! Stromanschluss möglich.
! Getrennte Müllentsorgung am Parkplatz.
! Ganzjährig zugänglich.
! 5 min Fußweg zur Ortsmitte.
! Wanderungen und Radtouren an der Küste.
! Fahrt zur Pointe de Brézellec.
! Fahrt zur Pointe du Van.
! Fahrt zur Pointe du Raz.
! Besichtigung von Douarnenez: Museumshafen Port-Rhu, Fischerhütten, Fischereihafen.
! Besichtigung von Audierne: Hafen der Hummerfischer, Zuchtanlage für Hummerlarven, Notre-Dame-de-Roscudon, Altstadt.
! Keine Parkgebühr.
! Stellmöglichkeiten für 20 Wohnmobile.
! Leicht schräge Stellflächen.
! Informationen: Tel. 02 98 70 61 45.

Bild Seite 155

Cléden-Cap-Sizun, Pointe du Van ** DC - 4

Befestigter Großparkplatz an der Pointe du Van in sehr ruhiger Lage.

Von Beuzec-Cap-Sizun Richtung Pointe du Van fahren (D7). 13,2 km nach dem Ortsende Beuzec-Cap-Sizun wird rechts der Parkplatz erreicht.
Von der D784 kurz von der Pointe du Raz rechts Richtung Pointe du Van abbiegen und nach 2,7 km links Richtung Pointe du Van fahren. Noch 500 m bis zum Parkplatz rechts.

! Häuser und Kirche in der Nähe.
! Einsame Lage.
! Küstenwanderweg am Parkplatz.
! Wanderungen und Radtouren an der Küste.
! Fahrt zur Pointe du Raz.
! Fahrt zur Pointe de Brézellec.
! Besichtigung von Douarnenez: Museumshafen Port-Rhu, Fischerhütten, Fischereihafen.
! Besichtigung von Audierne: Hafen der Hummerfischer, Zuchtanlage für Hummerlarven, Notre-Dame-de-Roscudon, Altstadt.
! Keine Parkgebühr.
! Stellmöglichkeiten für 20 Wohnmobile.
! Ebene und leicht unebene Stellflächen.

Wohnmobilplatz in Cléden-Cap-Sizun (DC-3, Seite 154)

Plogoff, Pointe du Raz *** DC - 5

Asphaltierter Großparkplatz und Parkplätze auf Wiesengelände an der Pointe du Raz in sehr ruhiger Lage und landschaftlich reizvoller Umgebung.

Von Audierne Richtung Pointe du Raz fahren (D784). 3 km nach dem Ortsende Plogoff wird der Parkplatz erreicht.

! Gaststätten und Geschäfte am Parkplatz.
! Häuser am Parkplatz.
! WC am Parkplatz.
! Ganzjährig zugänglich.
! Wohnmobile immer anzutreffen.
! Informationsgebäude und Museum am Parkplatz.
! 30 min Fußweg zur Pointe du Raz. Kostenloser Pendelbus zur Pointe du Raz.
! Küstenwanderweg am Parkplatz.
! Wanderungen und Radtouren an der Küste.
! Fahrt zur Pointe du Van und zur Baie de Trépassés.
! Besichtigung von Douarnenez: Museumshafen Port-Rhu, Fischerhütten, Fischereihafen.
! Besichtigung von Audierne: Hafen der Hummerfischer, Zuchtanlage für Hummerlarven, Notre-Dame-de-Roscudon, Altstadt.
! Parkgebühr 10 Euro für 24 Stunden.
! Stellmöglichkeiten für 50 Wohnmobile.
! Kleiner Parkplatz an der Baie de Trépassés.

Plouhinec, Ca-la Bretagne Evasion * DC - 6

Asphaltierter, privater Parkplatz bei einem Wohnmobilhändler.

Von Audierne Richtung Plouhinec fahren (D784). 4,2 km nach dem Ortsanfang Plouhinec links zum Wohnmobilhändler abbiegen.
Von Penmarc'h Richtung Audierne fahren und 600 m nach dem Ortsanfang Plouhinec rechts zum Wohnmobilhändler abbiegen.

! Gaststätten und Geschäfte in der Nähe.
! Häuser am Parkplatz.
! Ver- und Entsorgung am Parkplatz.
! Stromanschluss möglich.
! Aufenthaltsdauer nicht begrenzt.
! Ganzjährig zugänglich.
! Wanderungen und Radtouren an der Küste.
! Fahrt zum Pointe du Raz.
! Fahrt zum Pointe du Van.
! Besichtigung von Audierne: Hafen der Hummerfischer, Zuchtanlage für Hummerlarven, Notre-Dame-de-Roscudon, Altstadt.
! Keine Parkgebühr.
! Stellmöglichkeiten für 5 Wohnmobile.
! Ebene Stellflächen.
! Informationen: Tel. 02 98 70 81 00.

Penhors, Strand *** DC - 7

Befestigter Parkplatz am Strand in sehr ruhiger Lage und landschaftlich reizvoller Umgebung.

Von der D3 (Pont-l'Abbe - Plozévet) in der Ortsmitte von Pouldreuzic Richtung Penhors/La Plage abbiegen. Noch 3,7 km - 700 m nach dem Ortsanfang Penhors - bis zum Parkplatz rechts.

! Gaststätte und Hotel am Parkplatz.
! Häuser am Parkplatz.
! Getrennte Müllentsorgung.
! Kies- und Sandstrand am Parkplatz.
! Strandweg 3 km am Parkplatz.
! Wanderungen und Radtouren an der Küste.
! Besichtigung von Audierne: Hafen der Hummerfischer, Zuchtanlage für Hummerlarven, Notre-Dame-de-Roscudon, Altstadt.
! Fahrt zur Pointe du Raz.
! Ver- und Entsorgung bei einem Wohnmobil-Händler in Plouhinec 600 m nach dem östlichen Ortsanfang.
! Keine Parkgebühr.
! Stellmöglichkeiten für 10 Wohnmobile.
! Ebene und etwas schräge Stellflächen.

Plonéour-Lanvern, Place Ronarc'h ** DC - 8

Für Wohnmobile ausgewiesener , asphaltierter Parkplatz im Ort in ruhiger Lage.

Von der N785 (Pont-l'Abbe - Penmarc'h) in Ploemeur Richtung Plonéour-Lanvern abbiegen (D57). 1,1 km nach dem Ortsanfang Plonéour-Lanvern links dem Wegweiser „Alle Richtungen“ folgen. Nach 100 m rechts Richtung Quimper abbiegen. Noch 200 m bis zum Parkplatz rechts. Bei Anfahrt aus dem Norden1 km nach dem Ortsanfang links Richtung Quimper abbiegen. Noch 200 m bis zum Parkplatz rechts.

! Gaststätte am Parkplatz.
! Häuser am Parkplatz.
! WC am Parkplatz.
! Ver- und Entsorgung am Parkplatz (Euro-Relais).
! Stromanschluss möglich.
! Getrennte Müllsammlung am Parkplatz.
! Ganzjährig zugänglich.
! 3 min Fussweg zur Ortsmitte.
! Wanderungen und Radtouren an der Küste.
! Besichtigung von Audierne: Hafen der Hummerfischer, Zuchtanlage für Hummerlarven, Notre-Dame-de-Roscudon, Altstadt.
! Fahrt zum Pointe du Raz.
! Keine Parkgebühr.
! Stellmöglichkeiten für 20 Wohnmobile.
! Ebene Stellflächen.
! Informationen: Tel. 02 98 82 66 00.

St-Guénolé, Pointe de la Torche *** DC - 9

Unbefestigter Parkplatz am Strand in sehr ruhiger Lage und landschaftlich reizvoller Umgebung.

Von der D785 (Pont-l'Abbe - Penmarc'h) in Plomeur Richtung Pointe de la Torche abbiegen. Noch 3 km bis zum Parkplatz links.

! Cafe-Creperie am Parkplatz.
! Häuser am Parkplatz.
! WC am Parkplatz.
! Sehr lange, einsame Sandstrände mit Dünengürtel am Parkplatz.
! Baden verboten. Gefährliche Strömung.
! Revier für Surfer.
! Dolmen an der Pointe de la Torche.
! Besichtigung von St-Guénolé: Kalvarienberg, Pfarrbezirksmauer, Prähistorisches Museum.
! Besichtigung des Pfarrbezirks Notre-Dame-de-Tronoen.
! Wanderungen und Radtouren an der Küste.
! Keine Parkgebühr.
! Stellmöglichkeiten für 20 Wohnmobile.
! Kleiner Ausweichparkplatz 1 km Richtung Penmarc'h.
! Kleiner Ausweichparkplatz an der Kirche Notre-Dame-de-Tronoen.

St-Guénolé, Plage Pors-Can ***

DC - 10

Befestigter Wohnmobilplatz am Strand in sehr ruhiger Lage und landschaftlich reizvoller Umgebung.

Von der N785 (Pont-l'Abbe - Penmarc'h) in St-Guénolé Richtung Pointe de la Torche abbiegen. 4,3 km nach dem Ortsende wird der Parkplatz links am Strand erreicht.
Bei Anfahrt von Pointe de la Torche dem Wegweiser Station Services Camping Car folgen. Nach 1,5 km rechts Richtung St-Guénolé fahren. Nach 700 m rechts Richtung Plage Pors-Can abbiegen. Noch 500 m bis zum Parkplatz rechts.

! Häuser am Parkplatz.
! Blick auf den Atlantik.
! Ver- und Entsorgung (Euro-Relais) am Parkplatz.
! Stromanschluss möglich.
! WC und Stranduschen am Parkplatz.
! Ganzjährig zugänglich.
! Aufenthaltsdauer 24 Stunden.
! Spielplatz am Parkplatz.
! Sehr lange, feine Sandstrände mit Dünengürtel am Parkplatz.
! Küstenwanderweg am Parkplatz. Wanderungen und Radtouren an der Küste.
! Prähistorisches Museum am Parkplatz.
! Revier für Surfer am Pointe de la Torche.
! Dolmen an der Pointe de la Torche.
! Besichtigung von St-Guénolé: Kalvarienberg, Pfarrbezirksmauer, Prähistorisches Museum.
! Besichtigung des Pfarrbezirks Notre-Dame-de-Tronoen.
! Keine Parkgebühr.
! Stellmöglichkeiten für 5 Wohnmobile.
! Leicht schräge Stellflächen.
! Ausweichparkplatz: 500 m Richtung St-Guénolé links. 10 Wohnmobile.
! Ausweichparkplatz: Marktplatz Julius Ferry von 19-9.00 Uhr. 20 Wohnmobile. 1,4 km Richtung St-Guénolé.
! Informationen: Tel. 02 98 58 56 77.

Bilder Seite 159 und 161

Penmarc'h, Phare d' Eckmühl *

Für Wohnmobil zugelassener, befestigter Parkplatz am Leuchturm.

Von Pont-l'Abbe Richtung Penmarc'h fahren (D785). Am Ende der D785 - 700 m nach dem Ortsanfang St-Pierre - wird der Parkplatz links erreicht.

! Gaststätten und Geschäfte in der Nähe.
! Häuser am Parkplatz.
! Lärmbelästigung durch Verkehrsgeräusche.
! Ganzjährig zugänglich.
! Aufenthaltsdauer 24 Stunden.
! Besichtigung von Penmarc'h: Saint-Nonna mit Hochreliefs von mittelalterlichen Schiffen, Leuchtturm.
! Besichtigung von St-Guénolé: Kalvarienberg, Pfarrbezirksmauer, Prähistorisches Museum.
! Besichtigung des Dolmen an der Pointe de la Torche.
! Besichtigung des Pfarrbezirks Notre-Dame-de-Tronoen.
! Wanderungen und Radtouren an der Küste.
! Keine Parkgebühr.
! Stellmöglichkeiten für 10 Wohnmobile.
! Ebene Stellflächen.
! Informationen: Tel. 02 98 58 56 77.

Wohnmobilplatz am Plage Pors-Can in St-Guénolé (DC-10, Seite 158)

Pont l'Abbe, Avenue de la Gare *

DC - 12

Für Wohnmobile zugelassener, asphaltierter Parkplatz im Ort.

Von Quimper oder Penmarc'h (N785) Richtung Pont l' Abbe fahren und Richtung centre ville abbiegen. Im Pont l' Abbe dem Wegweiser Gare folgen.

! Gaststätten und Geschäfte in der Nähe.
! Häuser am Parkplatz.
! Lärmbelästigung durch Verkehrsgeräusche.
! Ver- und Entsorgung am Parkplatz.
! Stromversorgung möglich.
! Aufenthaltsdauer 24 Stunden.
! Ganzjährig zugänglich.
! Besichtigung von Pont l' Abbe: Schloss-Rathaus, Notre-Dame des Carmes, Kapelle von Lambour.
! Besichtigung von Penmarc'h: Saint-Nonna mit Hochreliefs von mittelalterlichen Schiffen, Leuchtturm.
! Besichtigung von St-Guénolé: Kalvarienberg, Pfarrbezirksmauer, Prähistorisches Museum.
! Besichtigung des Dolmen an der Pointe de la Torche.
! Besichtigung des Pfarrbezirks Notre-Dame-de-Tronoen.
! Wanderungen und Radtouren an der Küste.
! Keine Parkgebühr.
! Stellmöglichkeiten für 10 Wohnmobile.
! Ebene Stellflächen.
! Informationen: Tel. 02 98 66 09 09.

Stellplatz am Strand Petrez bei St-Nic
(BD-11, Seite 144)

Wohnmobilplatz am Strand Pors-Can in St-Guénolé
(DC-10, Seite 158)

Plomelin, Sportanlagen ***

DC - 13

Für Wohnmobile ausgewiesener, durch Bäume und Grünstreifen aufgelockerter, asphaltierter Parkplatz im Ort in sehr ruhiger und schöner Lage.

Bei Anfahrt von Quimper von der N785 (Quimper-Pont l' Abbe) Richtung Plomelin abbiegen und nach 3,3 km - 700 m nach dem Ortsanfang Plomelin - links dem Wegweiser complex sportive folgen. Nach 200 m um die Kirche, nach 100 m rechts und nach weiteren 100 m links fahren. Noch 100 m bis zum Parkplatz rechts.
Bei Anfahrt von Pont l' Abbe von der N785 (Quimper-Pont l' Abbe) Richtung Plomelin abbiegen. Nach 1,6 km - 700 m nach dem Ortsanfang - um die Kirche, nach 100 m rechts und nach weiteren 100 m links fahren. Noch 100 m bis zum Parkplatz salle omnisport rechts.

! Gaststätten in der Nähe.
! Supermarkt und Bäcker in der Nähe.
! Häuser am Parkplatz.
! Ver- und Entsorgung (Euro-Relais) am Parkplatz. Gebühr 2 Euro.
! Stromversorgung möglich.
! Aufenthaltsdauer 24 Stunden. Ganzjährig zugänglich.
! Besichtigung von Pont l' Abbe: Schloss-Rathaus, Notre-Dame des Carmes, Kapelle von Lambour.
! Besichtigung von Penmarc'h: Saint-Nonna mit Reliefs mittelalterlicher Schiffen, Leuchtturm.
! Besichtigung von St-Guénolé: Kalvarienberg, Pfarrbezirksmauer, Prähistorisches Museum.
! Besichtigung des Dolmen an der Pointe de la Torche.
! Besichtigung des Pfarrbezirks Notre-Dame-de-Tronoen.
! Wanderungen und Radtouren an der Küste.
! Keine Parkgebühr.
! Stellmöglichkeiten für 5 Wohnmobile.
! Ebene und etwas schräge Stellflächen.
! Informationen: Tel. 02 98 94 25 57.

Wohnmobilplatz in Plomelin (DC-13)

Der sanfte Süden

Von Concarneau nach Lorient

Tour 11

Wir haben in dem Hafenort Ste-Marine an der Pointe de Combrit übernachtet **(CL-1)**. Der Platz liegt unmittelbar am Meer in einer sehr ruhigen und schönen Lage. Der breite Sandstrand ist zu Fuß in sieben Minuten zu erreichen. Die Strandparkplätze sind leider abgeschrankt und für Wohnmobile nicht zugänglich.

Der mondäne Nachbarort Bénodet besitzt ein Kasino, ein Kongressgebäude und viele vornehme Villen. Im Hafen dümpeln die großen Yachten der Hochseesegler. Die Hochbrücke über den Fluss Odet bietet eine wunderbare Aussicht über die Landschaft und das Meer.

In dem kleinen Ort Cap Coz wird der asphaltierte Parkplatz am Sportboothafen unser Standquartier für einen Nachmittag am Strand und für die Nacht **(CL-2)**. Ein Restaurant, eine Parkanlage mit Teichen und der breite Sandstrand sind ganz in der Nähe.

Concarneau ist eine kleinere Ausgabe von St-Malo, eine ville close, eine befestigte Altstadt auf einer Insel, die bei Flut ganz vom Meer umspült wird. Bei Ebbe konnte der Feind zur Insel waten. Dicke Mauern, die massiven Türme Tour du Moulin à Poudre und Porte au Vin und Zugbrücken schützen deshalb die Altstadt. Im Mittelalter war Concarneau eine mächtige Bastion für die Herzöge der Bretagne und später für den König von Frankreich.

Die Stadt ist vom Massentourismus noch verschont, gemütlich können wir durch die Altstadt bummeln, ohne von den Massen geschoben zu werden. In der Bucht, draußen vor den Mauern, sind die Thunfischkutter mit den hochgestellten Angelruten zu sehen. Gegenüber der Altstadt wird die Meeresernte in einer langen Halle mit viel Geschrei und lebhaften Gesten versteigert. Concarneau ist nach Boulogne und Lorient der drittgrößte Fischereihafen Frankreichs. Ein Fischereimuseum im ehemaligen Arsenal zeigt den Sardinen- und Thunfischfang und die Verarbeitung der Fische in Konserven. Am Museumskai liegen alte Fangschiffe und vermitteln uns einen Eindruck von der harten Arbeit auf See. Im 19. Jahrhundert war Concarneau eine Metropole der Fischkonservenindustrie. 30 Fabriken verarbeiteten damals Sardinen und Thunfische zu Konserven.

Concarneau ist eine wohnmobilfreundliche Stadt. Vom Übernachtungsplatz mit einer Ver- und Entsorgungsstation sind wir in 10 Minuten in der Altstadt und erreichen in wenigen Minuten Geschäfte und Gaststätten **(CL-3)**.

In Tregunc kann man in der Ortsmitte übernachten, einkaufen und die Sehenswürdigkeiten des Ortes besichtigen **(CL-4)**. Unmittelbar an einer Sandbucht, begrenzt von Felsen mit einzelnen vorgelagerten Felsbrocken und Klippen, liegen die für Wohnmobile eingerichteten Übernachtungsplätze bei Tregunc **(CL-5** und **CL-6)**. Auf dem Küstenwanderweg erleben wir die abwechslungsreiche Felsküste, die immer wieder von kleinen Sandbuchten abgelöst wird.

Weiter im Südosten nach der Pointe de Trevignon wird die Küstenlandschaft eben und es beginnen die langen Sandstrände. Der sanfte Süden der Bretagne lässt grüßen. Leider ist die Übernachtung im Wohnmobil an diesen schönen Stränden nicht gestattet. Verbotsschilder an der Pointe de Trevignon, an der Pointe de Mousterlin und in Big Meil vertreiben den Wohnmobilurlauber.

Dafür sind die Orte weiter südlich besonders wohnmobilfreundlich. Am Stadion in Névez wollen wir auf dem großen, ruhig und schön gelegenen Stellplatz übernachten **(CL-7)**. Doch dann fahren wir zur Küste, um zu baden. Der Parkplatz am Strand von Port Manec'h liegt so schön und ruhig, dass wir lieber hier bleiben wollen **(CL-8)**. Ein Spaziergang führt uns zum Hafen. Zum dritten Mal wechseln wir nun unseren Übernachtungsplatz. Denn am Hafen haben wir einen phantastischen Blick von unserem Ferienhaus auf Rädern über die Mündung des Flusses Aven und über die zerklüftete Felsenküste **(CL-9)**.

Wir fahren nach Pont-Aven, die Stadt der Maler in der Bretagne. Paul Gauguin hat zwischen 1886 und 1889 in dieser idyllischen Landschaft einige seiner berühmten farbenfrohen Werke geschaffen, die den Impressionismus ablösten. Noch heute werden Künstler von dieser Vergangenheit angezogen und zum Malen in Pont-Aven angeregt. Wir bewundern im Museum die Reproduktionen der bekannten Künstler und Maler aus Pont-Aven, Paul Gauguin, Emile Bernard, Paul Serusier, Julia Guilliou. In der Chapelle de Trémalo hängt das hölzerne Kreuz, das Vorbild für Gauguins berühmtes Gemälde „Christ jaune". In den Galerien stellen heute die Künstler der Schule von Pont-Aven aus, eine Fundgrube für jeden künstlerisch interessierten Urlauber. Im Ort wurde ein Übernachtungsplatz für Wohnmobiltouristen mit Ver- und Entsorgungseinrichtungen angelegt **(CL-10)**.

Sehenswert ist auch die Stadt Qimperlé. Ein Schmuckstück romanischer Baukunst ist die alte Abteikirche Sainte-Croix, eine Nachahmung der Grabeskirche zu Jerusalem. Von der Kirche erreicht man die Altstadt mit den alten Häusern der Rue de Brémond-d' Ars und den Holzhäusern der Rue Dom-Maurice. In der oberen Stadt (Ville-Haute) zieht die romanische Kirche Notre-Dame de l' Assomption et Saint-Michel mit dem wuchtigen Turm alle Blicke auf sich.

Am nächsten Morgen fahren wir auf der Küstenstraße immer am Meer entlang. In Guidel-Plage steht das Wohnmobil fast unmittelbar am Atlantik **(CL-11)**. Noch anziehender ist die große Parkfläche am Strand bei Fort Bloque **(CL-12)**. Strand und Meer liegen uns zu Füßen. Die Straße ist weit entfernt. Der von der Gemeinde eingerichtete Wohnmobilplatz liegt dagegen unmittelbar an der Straße im Ort **(CL-13)**.

Vor der Zerstörung in den letzten Tagen des zweiten Weltkrieges lag der Hauch des Südens über dem Hafen Lorient, nach dem warmen orientalischen Süden l'Orient benannt. Die Ostindische Kompanie, der Fernosthandel wurde in diesem Hafen im 17. Jahrhundert angesiedelt. Das Musée de la Compagnie des Indes in der Zitadelle von Port-Louis erinnert an diese große Zeit des Handels und des Reichtums. Sehenswert sind auch der Aussichtsturm Tour de la Découverte, zwei Pulvermühlen, das Maison de la Mer am Hafenkanal und die Auktionen im zweitgrößten französischen Fischereihafen. Der deutsche U-Boot-Bunker widerstand mit seiner 7,5 Meter dicken Betondecke den stärksten Bomben der Alliierten. Er beherbergt nun die französische U-Boot-Flotte des Atlantiks.

Wohnmobilplatz in Névez
(CL-7, Seite 172)

Wohnmobilplatz in Pont Aven
(CL-10, Seite 175)

Von Lorient erreicht man mit der Fähre die vorgelagerte Insel Ile de Groix, die mit schönen feinsandigen Stränden und flacher Heidelandschaft im Süden und Osten und wilden Felsküsten im Norden und Westen Urlauber anzieht.

Östlich von Lorient beginnt eine durch Meer und Land verschlungene abwechslungsreiche Landschaft. Tief greifen die vielen Fjorde und Buchten des Atlantiks in das Land. Zweimal am Tag liegen diese Meeresarme trocken, zweimal am Tag dringt das Wasser bei Flut in alle Winkel. Wir müssen weit um diese Wasserflächen herum fahren, um unseren Übernachtungsplatz am Strand von Gâvres zu erreichen **(CL-14)**. Der lange Sandstreifen und Dünengürtel südöstlich von Gâvres ist leider nicht zugänglich. Wir bleiben an dem breiten feinsandigen Strand von Gâvres und faulenzen im sanften Süden der Bretagne.

Wohnmobilplatz am Hafen von Port Manec'h (CL-8, Seite 172)

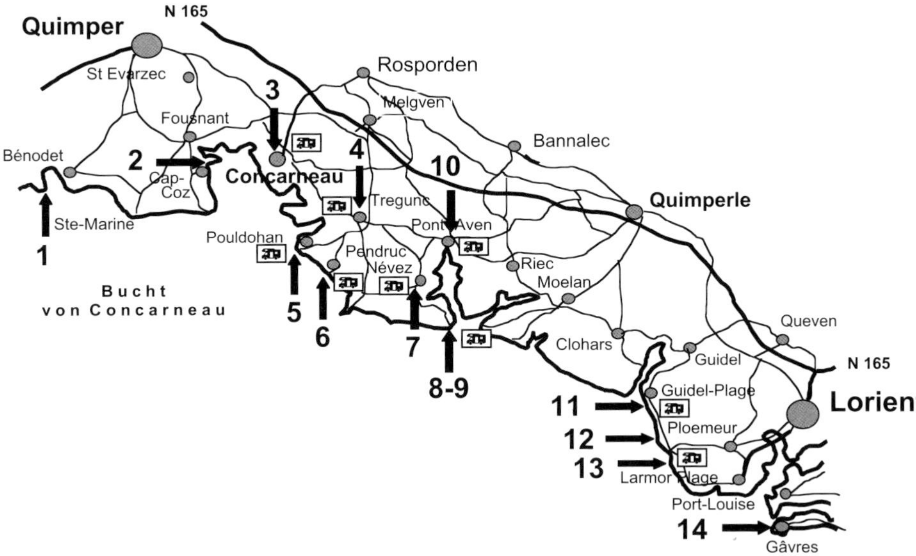

Von Concarneau nach Lorient

Tour 11: **Von Concarneau nach Lorient**

Nr.	Ort, Bezeichnung	Stell-plätze A	Gast-haus	Häu-ser	WC	Bad See	Womo-platz	Ent-sorg.	Park-dauer B	Park-gebühr C
CL-1	Ste-Marine, Pointe de Combrit ***	20	-	+	-	+	-	-	1	0
CL-2	Cap Coz, Bootshafen **	10	+	+	-	+	-	-	1	0
CL-3	**Concarneau, Wohnmobilplatz ***	30	+	+	-	-	+	+	U	0
CL-4	**Tregunc, Ortsmitte ****	10	+	+	+	-	+	+	1	0
CL-5	**Tregunc, Plage Pouldohan ****	5	-	+	-	+	+	-	1	0
CL-6	**Tregunc, Plage de Pendruc *****	5	-	+	+	+	+	-	1	0
CL-7	**Névez, Stadion *****	50	-	+	-	-	+	+	1	0
CL-8	**Port Manec'h, Port *****	5	+	+	-	+	+	-	1	0
CL-9	Port Manec'h, Strand ***	5	+	+	-	+	+	-	1	0
CL-10	**Pont Aven, Bel Air ****	30	+	+	-	-	+	+	1	0
CL-11	**Guidel-Plage, Strand ****	5	-	+	-	+	+	+	1	0
CL-12	Ploemeur, Fort Bloque ***	30	-	+	-	+	-	-	1	0
CL-13	**Ploemeur, Le Courégat ***	5	+	+	-	+	+	+	1	0
CL-14	Gâvres, Hafen **	5	+	+	-	+	-	-	1	0

Legende

**** sehr ruhige und sehr schöne Lage.
*** sehr ruhige und schöne Lage.
** ruhige und gute Lage.
* keine ruhige Lage.
A Stellplätze gestaffelt nach 3, 5, 10, 20, 30, 50 Wohnmobilen. Dabei wird angenommen, dass nur die Hälfte des Platzes zur Verfügung steht und die andere Hälfte durch PKW belegt ist.
B Aufenthaltsdauer in Tagen.
C Übernachtungsgebühr in Euro pro Wohnmobil und 24 Stunden oder Parkgebühr.
P Parkgebühr in der Saison.
T Aufenthaltsdauer einige Tage.
U Aufenthaltsdauer unbegrenzt.
Ausgewiesener Wohnmobilplatz.

Ste-Marine, Pointe de Combrit *** CL - 1

Befestigter und Grasparkplatz an der Pointe de Combrit in sehr ruhiger Lage und landschaftlich reizvoller Umgebung.

Von der D44 (Pont l' Abbe - Bénodet) Richtung Ste-Marine/Port abbiegen. Nach 1 km wird der Ortsparkplatz und nach 2,5 km der Parkplatz am Ende der Straße rechts erreicht.

! Häuser in der Nähe.
! Blick auf die Bucht von Concarneau.
! Altes Fort in der Nähe.
! Sandstrand in der Nähe. 7 min Fußweg.
! Besichtigung von Bénodet: Phare de la Pyramide, Kasino, Kongress, Nehrung und Haff La Mer Blanche.
! Besichtigung von Pont l' Abbe: Schlossturm, Altstadt, Hochbrücke über den Odet, Musée Bigouden.
! Besichtigung von Penmarc'h: Saint-Nonna mit Hochreliefs, Leuchtturm.
! Besichtigung von St-Guénolé: Kalvarienberg, Pfarrbezirksmauer, Prähistorisches Museum.
! Wanderungen und Radtouren an der Küste.
! Keine Parkgebühr.
! Stellmöglichkeiten für 20 Wohnmobile.
! Ebene und etwas schräge Stellflächen.
! Ausweichparkplatz im Ort. Für Wohnanhänger verboten.
! Parkplätze am Plage Kermor abgeschrankt.
! Übernachtungsverbot an der Pointe de Mousterlin von 22-8.00 Uhr.

Bild Seite 174

Cap Coz, Bootshafen ** CL - 2

Asphaltierter Parkplatz am Bootshafen in ruhiger und schöner Lage.

Von der D44 (Pont l' Abbe - Fouesnant) in Fouesnant Richtung Big Meil abbiegen (D45). 1,1 km nach dem Ortsende Fouesnant im Kreisel links Richtung Cap Coz fahren und nach weiteren 1,2 km links abbiegen (kein Hinweisschild). Noch 100 m bis zum Parkplatz links.

! Gaststätte am Parkplatz.
! Häuser am Parkplatz.
! Bootshafen am Parkplatz.
! Park und Teichanlage am Parkplatz.
! Sandstrand in 100 m Entfernung.
! Besichtigung von Bénodet: Phare de la Pyramide, Kasino, Kongress, Nehrung und Haff La Mer Blanche.
! Besichtigung von Pont ' Abbe: Schlossturm, Altstadt, Hochbrücke über den Odet, Musée Bigouden.
! Wanderungen und Radtouren an der Küste.
! Keine Parkgebühr.
! Stellmöglichkeiten für 10 Wohnmobile.
! Ebene Stellflächen.
! Parkplätze am Plage Kermor abgeschrankt.
! Übernachtungsverbot an der Pointe de Mousterlin von 22-8.00 Uhr.
! Übernachtungsverbote an den Stränden in Big Meil von 20-8.00 Uhr

Concarneau, Wohnmobilplatz * CL - 3

Für Wohnmobile ausgewiesener, asphaltierter Großparkplatz in der Nähe der Innenstadt.

Von der D783 (Quimper-Tregunc) nördlich von Concarneau Richtung Centre abbiegen und dem Wohnmobil-Symbol folgen. Nach 1,2 km rechts abbiegen. Noch 100 m bis zum Parkplatz links.

! Gaststätte, Geschäfte und Tankstelle in der Nähe.
! Häuser am Parkplatz.
! Ver- und Entsorgungsstation am Parkplatz. Stromanschluss möglich.
! Aufenthaltsdauer nicht begrenzt.
! Ganzjährig zugänglich.
! 5 min Fußweg zur Altstadt.
! Besichtigung von Concarneau: Altstadt (ville close), Stadtmauer mit Wehrgängen, Vorwerk und Türmen, Tour du Moulin à Poudre, Porte au Vin.
! Besuch des Musée de la Peche (Fischereimuseum mit Aquarien).
! Besuch des Fête des Filets Bleus (Fest der blauen Netze) am vorletzten Sonntag im August.
! Besichtigung von Pont-Aven: Mühlen, Chapelle de Trémalo, Gauguin-Museum.
! Besichtigung von Bénodet: Phare de la Pyramide, Kasino, Kongress, Nehrung La Mer Blanche.
! Wanderungen und Radtouren an der Küste.
! Keine Parkgebühr.
! Stellmöglichkeiten für 30 Wohnmobile.
! Ebene Stellflächen.
! Übernachtungsverbot an der Pointe de Mousterlin von 22-8.00 Uhr.
! Übernachtungsverbote an den Stränden in Big Meil von 20-8.00 Uhr.
! Informationen: Tel. 02 98 50 38 63.

Tregunc, Ortsmitte ** CL - 4

Für Wohnmobile ausgewiesener, asphaltierter Großparkplatz mit einzelnen Bäumen in der Ortsmitte in ruhiger Lage.

Bei Anfahrt von Concarneau (D783) 500 m nach dem Ortsanfang Tregunc im Kreisel geradeaus Richtung centre ville fahren. Nach 400 m vor der Kirche rechts abbiegen. Nach weiteren 100 m links fahren. Noch 100 m bis zum Parkplatz rechts.
Bei Anfahrt von Pont Aven (D783) 500 m nach dem Ortsanfang hinter der Kirche links abbiegen. Nach weiteren 100 m links fahren. Noch 100 m bis zum Parkplatz rechts.

! Gaststätten und Geschäfte am Parkplatz.
! Häuser am Parkplatz.
! Ver- und Entsorgungsstation (Euro-Relais) am Parkplatz.
! Stromanschluss möglich.
! WC am Parkplatz.
! Aufenthaltsdauer 24 Stunden.
! Ganzjährig zugänglich.
! Besichtigung von Concarneau: Altstadt (ville close), Stadtmauer mit Wehrgängen, Vorwerk und Türmen, Tour du Moulin à Poudre, Porte au Vin.
! Besichtigung von Pont-Aven: Mühlen, Chapelle de Trémalo, Gauguin-Museum.
! Wanderungen und Radtouren an der Küste.
! Keine Parkgebühr.
! Stellmöglichkeiten für 10 Wohnmobile. 5 reservierte Stellflächen.
! Ebene und leicht schräge Stellflächen.
! Übernachtungsverbot an der Pointe de Mousterlin von 22-8.00 Uhr.
! Übernachtungsverbote an den Stränden in Big Meil von 20-8.00 Uhr.
! Informationen: Tel. 02 98 50 95 95.

Tregunc, Plage Pouldohan **

CL - 5

Für Wohnmobile reservierte Übernachtungsplätze auf Rasenflächen in der Nähe des Strandes in sehr ruhiger Lage.

Von der D783 (Concarneau - Pont-Aven) in Tregunc 600 m nach dem östlichen oder 1 km nach dem westlichen Ortsanfang Tregunc im Kreisel Richtung Lambell/Plage Pouldohan abbiegen und dem Wegweiser Plage Pouldohan folgen. Nach 3 km wird der Parkplatz am Ende der Straße links erreicht.

! Häuser und Telefon am Parkplatz.
! Sandstrand und Felsenküste am Parkplatz.
! Aufenthaltsdauer 1 Nacht.
! Segelschule in der Nähe.
! Ver- und Entsorgungsstation in Tregunc und Concarneau.
! Besichtigung von Concarneau: Altstadt (ville close), Stadtmauer mit Wehrgängen, Vorwerk und Türmen, Tour du Moulin à Poudre, Porte au Vin.
! Besuch des Musée de la Peche (Fischereimuseum mit Aquarien) in Concarneau.
! Besichtigung von Pont-Aven: Mühlen, Chapelle de Trémalo, Gauguin-Museum.
! Küstenwanderweg. Radtouren an der Küste.
! Keine Parkgebühr.
! Stellmöglichkeiten für 5 Wohnmobile.
! Ebene Stellflächen.
! Übernachtungsverbot an der Pointe de Trevignon von 22-9.00 Uhr.
! Übernachtungsverbot an der Pointe de Mousterlin von 22-8.00 Uhr.
! Übernachtungsverbote an den Stränden in Big Meil von 20-8.00 Uhr.

Tregunc, Plage de Pendruc ***

CL - 6

Für Wohnmobile reservierte, in Parkbuchten angelegte Übernachtungsplätze in sehr ruhiger Lage und landschaftlich reizvoller Umgebung.

Von der D783 (Concarneau - Pont-Aven) in Tregunc 600 m nach dem östlichen oder 1 km nach dem westlichen Ortsanfang Tregunc im Kreisel Richtung Lambell/Plage de Pendruc abbiegen und dem Wegweiser Plage de Pendruc folgen. Nach 1,4 km links und gleich wieder rechts Richtung Pendruc fahren. Noch 2,2 km bis zum Parkplatz rechts.
Bei Anfahrt von Concarneau (D783) 2 km westlich von Tregunc Richtung Lambell/Plage de Pendruc abbiegen und nach 1,5 km rechts Richtung Pendruc fahren. Noch 2,2 km bis zum Parkplatz rechts.

! Häuser am Parkplatz.
! Sandstrand und Felsenküste am Parkplatz. Hundeverbot am Strand.
! Aufenthaltsdauer 1 Nacht.
! WC am Parkplatz. Ver- und Entsorgungsstation in Tregunc und Concarneau.
! Küstenwanderweg am Parkplatz. Wanderungen und Radtouren.
! Besichtigung von Concarneau: Altstadt (ville close), Stadtmauer mit Wehrgängen, Vorwerk und Türmen, Tour du Moulin à Poudre, Porte au Vin.
! Besuch des Musée de la Peche (Fischereimuseum mit Aquarien) in Concarneau.
! Besichtigung von Pont-Aven: Mühlen, Chapelle de Trémalo, Gauguin-Museum.
! Keine Parkgebühr.
! Stellmöglichkeiten für 5 Wohnmobile.
! Ebene Stellflächen.
! Übernachtungsverbot an der Pointe de Trevignon von 22-9.00 Uhr.
! Übernachtungsverbot an der Pointe de Mousterlin von 22-8.00 Uhr.
! Übernachtungsverbote an den Stränden in Big Meil von 20-8.00 Uhr.

Bild Seite 175

Névez, Stade ***   CL - 7

Für Wohnmobile ausgewiesener, asphaltierter und geschotterter Großparkplatz in sehr ruhiger und schöner Lage.

Von der D783 (Tregunc - Pont Aven) im Kreisel Richtung Névez abbiegen (D77). Nach 3,9 km - 400 m nach dem Ortsanfang Névez im Kreisel geradeaus Richtung Port Manec'h fahren. Nach 1 km links dem Wegweiser centre ville/autre direction folgen und nach 200 m rechts Richtung Port du Kerdruc/Port Manec'h fahren. Noch 200 m bis zum Parkplatz rechts.

! Häuser am Parkplatz.
! Ver- und Entsorgungsstation (Euro-Relais) am Parkplatz.
! Stromanschluss möglich.
! Aufenthaltsdauer 24 Stunden.
! Ganzjährig zugänglich.
! 10 min Fussweg zur Ortsmitte.
! Besichtigung von Concarneau: Altstadt (ville close), Stadtmauer mit Wehrgängen, Vorwerk und Türmen, Tour du Moulin à Poudre, Porte au Vin.
! Besichtigung von Pont-Aven: Mühlen, Chapelle de Trémalo, Gauguin-Museum.
! Wanderungen und Radtouren an der Küste und am Fluss Aven.
! Keine Parkgebühr.
! Stellmöglichkeiten für 50 Wohnmobile. 7 reservierte Stellflächen.
! Ebene Stellflächen.
! Übernachtungsverbot an der Pointe de Trevignon von 22-9.00 Uhr.
! Informationen: Tel. 02 98 06 61 95.

Bild Seite 165

Port Manec'h, Port ****   CL - 8

Für Wohnmobile ausgewiesene, asphaltierte Parkflächen auf dem Parkplatz am Hafen in sehr ruhiger Lage und landschaftlich reizvoller Umgebung.

Von Névez Richtung Port Manec'h fahren. 4,8 km nach dem Ortsende Névez - 700 m nach dem Ortsanfang Port Manec'h wird der Parkplatz am Ende der Straße rechts erreicht.

! Gaststätte am Parkplatz.
! Häuser am Parkplatz.
! Blick auf den Hafen und die Mündung des Aven.
! Ver- und Entsorgungsstation (Euro-Relais) in Nevez.
! Aufenthaltsdauer 24 Stunden.
! Ganzjährig zugänglich.
! Angeln am Fluss.
! Sandstrand in der Nähe.
! Besichtigung von Concarneau: Altstadt (ville close), Stadtmauer mit Wehrgängen, Vorwerk und Türmen, Tour du Moulin à Poudre, Porte au Vin.
! Besichtigung von Pont-Aven: Mühlen, Chapelle de Trémalo, Gauguin-Museum.
! Wanderungen und Radtouren an der Küste und am Fluss Aven.
! Keine Parkgebühr.
! Stellmöglichkeiten für 5 Wohnmobile. 3 reservierte Stellflächen.
! Ebene Stellflächen.
! Übernachtungsverbot an der Pointe de Trevignon von 22-9.00 Uhr.
! Ausweichparkplatz in Névez.

Bilder Seite 166 und 173

Wohnmobilplatz am Hafen von Port Manec'h
(CL-8, Seite 172)

Wohnmobilplatz in Guidel-Plage
(CL-11, Seite 176)

Stellplatz an der Pointe de Combrit (CL-1, Seite 169)

Port Manec'h, Strand *** CL - 9

Parkplatz auf Grasgelände am Strand in sehr ruhiger Lage und landschaftlich reizvoller Umgebung.

Von Névez Richtung Port Manec'h fahren und 3,5 km nach dem Ortsende Névez links dem Wegweiser Parkplatz Bus folgen. Noch 2 km bis zum Parkplatz rechts kurz vor dem Ende der Straße.

! Gaststätte in der Nähe.
! Häuser am Parkplatz.
! Feiner Sandstrand am Parkplatz.
! Ver- und Entsorgungsstation (Euro-Relais) in Nevez.
! Aufenthaltsdauer 24 Stunden.
! Ganzjährig zugänglich.
! Angeln am Fluss.
! Besichtigung von Concarneau: Altstadt (ville close), Stadtmauer mit Wehrgängen, Vorwerk und Türmen, Tour du Moulin à Poudre, Porte au Vin.
! Besichtigung von Pont-Aven: Mühlen, Chapelle de Trémalo, Gauguin-Museum.
! Wanderungen und Radtouren an der Küste und am Fluss Aven.
! Keine Parkgebühr.
! Stellmöglichkeiten für 5 Wohnmobile.
! Ebene Stellflächen.
! Übernachtungsverbot an der Pointe de Trevignon von 22-9.00 Uhr.
! Ausweichparkplatz in Névez.

Pont Aven, Bel Air **

Für Wohnmobile ausgewiesener, asphaltierter Parkplatz mit einzelnen Bäumen in ruhiger und schöner Lage.

Von der Schnellstraße N165 Richtung Pont Aven abbiegen (D4). Nach 5,5 km - 700 m nach dem Ortsanfang - rechts Richtung centre ville/Concarneau fahren und nach 300 m geradeaus dem Wegweiser Parkplatz bel air folgen. Noch weitere 300 m bis zum Parkplatz rechts.
Bei Anfahrt von Concarneau (D783) 200 m nach dem Ortsanfang rechts dem Wegweiser Parkplatz bel air folgen. Noch weitere 300 m bis zum Parkplatz links.

! Gaststätten und Geschäfte am Parkplatz.
! Häuser am Parkplatz.
! Ver- und Entsorgungsstation (Bodeneinlass) am Parkplatz.
! Müllbehälter am Parkplatz.
! Aufenthaltsdauer 24 Stunden.
! Ganzjährig zugänglich.
! 5 min Fussweg zur Ortsmitte.
! Besichtigung von Pont-Aven: Mühlen, Chapelle de Trémalo, Gauguin-Museum.
! Besichtigung von Concarneau: Altstadt (ville close), Stadtmauer mit Wehrgängen, Vorwerk und Türmen, Tour du Moulin à Poudre, Porte au Vin.
! Wanderungen und Radtouren an der Küste und am Fluss Aven.
! Keine Parkgebühr.
! Stellmöglichkeiten für 30 Wohnmobile.
! Leicht schräge Stellflächen. Ruhige Stellplätze im hinteren Teil des Parkplatzes.
! Übernachtungsverbot an der Pointe de Trevignon von 22-9.00 Uhr.
! Informationen: Tel. 02 98 06 00 35.

Bild Seite 165

Wohnmobilplatz Plage de Pendruc (CL-6, Seite 171)

Guidel-Plage, Strand ** CL - 11

Geschotterter Parkplatz am Strand in ruhiger Lage und landschaftlich reizvoller Umgebung.

Von der Schellstraße N165 (Ausfahrt 45) Richtung Guidel abbiegen (D306). Nach 1,7 km rechts Richtung Guidel und durch Guidel fahren. Nach weiteren 5 km - 800 m nach dem Ortsanfang Guidel-Plage - links auf die Küstenstraße D152 fahren. Nach 600 m zum Parkplatz rechts abbiegen. Noch 100 m.

! Geschäfte und Häuser am Parkplatz.
! Sandstrand am Parkplatz.
! Spielplatz und Segelschule am Parkplatz.
! Ver- und Entsorgung (Bodeneinlass) am Parkplatz.
! Aufenthaltsdauer 24 Stunden.
! Ganzjährig zugänglich.
! Besichtigung von Lorient: Maison de la Mer, Tour de la Découverte, Fischereihafen Keroman, Pulvermühlen,deutscher U-Boot-Bunker, Zitadelle von Port-Louis.
! Besichtigung von Pont-Aven: Mühlen, Chapelle de Trémalo, Gauguin-Museum.
! Besichtigung von Quimperle: Saint-Croix, gotische Kirche in Kernascléden, Venus von Quiberon.
! Wanderungen und Radtouren an der Küste.
! Keine Parkgebühr.
! Stellmöglichkeiten für 5 Wohnmobile.
! Ebene Stellflächen.
! Ausweichparkplatz Ortsende Guidel-Plage rechts. Gechottert und schräge Stellflächen. Weitere Strandplätze an der Straße Richtung Larmor Plage.
! Ausweichparkplatz in Guidel-Plage. 700 m nach dem Ortsanfang rechts.
! Informationen: Tel. 02 97 02 96 96.

Bild Seite 173

Wohnmobilplatz in Guidel-Plage (CL-11)

Wohnmobilplatz in Sulniac
(LR-8, Seite 190)

Wohnmobilplatz in Locqueltas
(LR-9, Seite 190)

Befestigter Parkplatz am Bootshafen in sehr ruhiger Lage und landschaftlich reizvoller Umgebung.

Von Guidel-Plage auf der Küstenstraße D152 Larmor-Plage/Ploumeur fahren und 5 km nach dem Ortsende Guidel-Plage - 700 m nach dem Ortsende Fort Bloque - rechts zum Parkplatz abbiegen. Bei Anfahrt von Ploemeur zur Küstenstraße D152 fahren und 1,3 km nach dem Ortsende Le Courégan links zum Parkplatz abbiegen.

! Häuser in der Nähe.
! Sandstrand am Parkplatz.
! Müllbehälter am Parkplatz.
! Aufenthaltsdauer 24 Stunden.
! Ganzjährig zugänglich.
! Besichtigung von Lorient: Maison de la Mer, Tour de la Découverte, Fischereihafen Keroman, Pulvermühlen,deutscher U-Boot-Bunker, Zitadelle von Port-Louis.
! Besichtigung von Quimperle: Saint-Croix, gotische Kirche in Kernascléden, Venus von Quiberon.
! Besichtigung von Pont-Aven: Mühlen, Chapelle de Trémalo, Gauguin-Museum.
! Wanderungen und Radtouren an der Küste.
! Keine Parkgebühr.
! Stellmöglichkeiten für 30 Wohnmobile.
! Ebene Stellflächen.

Stellplatz am Strand von Gâvres (CL-14, Seite 179)

Ploemeur, Le Courégant * CL - 13

Für Wohnmobile ausgewiesener, asphaltierter Parkplatz am Ortsrand.

Auf der Küstenstraße D152 Richtung Ploemeur/Le Courégant fahren und 300 m nach dem Ortsanfang Le Courégant zum Parkplatz rechts abbiegen.
Anfahrt von Ploemeur nur auf einer schmalen Straße möglich.

! Gaststätte am Parkplatz.
! Häuser am Parkplatz.
! Feiner Sandstrand am Parkplatz.
! Ver- und Entsorgung (Euro-Relais) am Parkplatz.
! Stromanschuss möglich.
! Müllbehälter und getrennte Müllentsorgung am Parkplatz.
! Verkehrsgeräusche durch die Uferstraße.
! Aufenthaltsdauer 24 Stunden.
! Ganzjährig zugänglich.
! Besichtigung von Lorient: Maison de la Mer, Tour de la Découverte, Fischereihafen Keroman, Pulvermühlen,deutscher U-Boot-Bunker, Zitadelle von Port-Louis.
! Besichtigung von Quimperle: Saint-Croix, gotische Kirche in Kernascléden, Venus von Quiberon.
! Besichtigung von Pont-Aven: Mühlen, Chapelle de Trémalo, Gauguin-Museum.
! Wanderungen und Radtouren an der Küste.
! Keine Parkgebühr.
! Stellmöglichkeiten für 5 Wohnmobile.
! Ebene Stellflächen.
! Informationen: Tel. 02 97 86 40 40.

Gâvres, Hafen ** CL - 14

Asphaltierter Parkplatz zwischen Strand und Hafen in ruhiger Lage.

Von der D781 (Port Louis - Carnac) in Plouhinec Richtung Gâvres abbiegen (D158) und nach 500 m rechts Richtung Gâvres fahren. Nach insgesamt 7,7 km - 100 m nach dem Ortsanfang Gâvres - wird links der Parkplatz erreicht.

! Häuser in der Nähe.
! Feiner Sandstrand, Dünen und Nehrung am Parkplatz.
! Militärgelände in der Nähe.
! Stromanschuss möglich.
! Müllbehälter am Parkplatz.
! Ganzjährig zugänglich.
! Besichtigung von Lorient: Maison de la Mer, Tour de la Découverte, Fischereihafen Keroman, Pulvermühlen,deutscher U-Boot-Bunker, Zitadelle von Port-Louis.
! Besichtigung von Quimperle: Saint-Croix, gotische Kirche in Kernascléden, Venus von Quiberon.
! Wanderungen und Radtouren an der Küste.
! Fahrt nach Carnac und zur Halbinsel Quiberon.
! Keine Parkgebühr.
! Stellmöglichkeiten für 20 Wohnmobile.
! Ebene Stellflächen.

Das ruhige Land

Auf dem Weg nach Rennes

Tour 12

Von der dramatischen Küste fahren wir ins ruhige Hinterland der Bretagne, um das Land und seine Hauptstadt Rennes kennenzulernen. Die Stufen der Bretagne nennt man das leicht wellige, fruchtbare Hinterland. Überall begegnen uns Felder, Weiden, kleine Dörfer und einzelne Gehöfte, die Landwirtschaft hat die Wälder zurückgetrieben. Industrie ist fast nur am Rande der größeren Städte zu finden.

Auf dieser Tour erleben wir immer wieder von den Gemeinden eingerichtete, schön und ruhig gelegene Übernachtungsplätze. Auf dem festen Wiesengelände des sehr großen Wohnmobilplatzes bei Languidic haben wir ruhig übernachtet **(LR-1)**. Von hier aus kann man auch gut zu den Stadtbesichtigungen von Lorient, Quimperle und Auray starten.

In Baud kann man in der Nähe des Zentrums übernachten, seine Vorräte in der Stadt ergänzen und durch die Gassen des alten Stadtkerns schlendern **(LR-2)**. Auch eine Ver- und Entsorgungsanlage steht zur Verfügung.

Auf der Schnellstraße N24 fahren wir Richtung Rennes und biegen zu der sehenswerten Stadt Josselin ab. Fast im Zentrum hat die Stadt den Wohnmobiltouristen einen ruhigen Übernachtungsplatz zur Verfügung gestellt **(LR-3)**. Wir besichtigen das Schloss, die Basilika St-Martin, die Altstadt, besuchen das Puppenmuseum und schlendern am Fluss l' Oust entlang.

Über Ploermel führt unsere Route nach Rennes, Verwaltungsmetropole, Industriestadt, Kulturmittelpunkt, Forschungszentrum und attraktive Altstadt. Der alte Stadtkern (Vieux Rennes) bietet alte Gassen, die Cathedrale St-Pierre, die Kirche St-Sauveur und den Place Ste-Anne, alles Bauten vor dem großen Brand von 945. Im Osten schließen sich die Bauwerke aus der klassizistischen Epoche an.

Der Place des Lices war der Ort der Ritterturniere im Mittelalter und ist heute das Marktzentrum für die Bauern der Umgebung. In der Rue St-Michel stützen sich windschiefe Häuser gegenseitig, die Fachwerkkulisse ist heute die Schlendermeile der jungen Leute und ein attraktives Vergnügungsviertel mit viel menschlicher Wärme.

Die Cathédrale St-Pierre wurde über einer keltischen Kultstätte und einem römischen Tempel errichtet. An der Fassade thriumphiert das Symbol der französischen Könige als Zeichen der Unterwerfung der bretonischen Herzöge. Der Eingang des Gotteshauses wird von den Heiligen Michael und Sebastian bewacht. Von der benachbarten Kirche St-Sauveur wandern wir zum klassizistischen Rathaus (Hotel de Ville). Gegenüber steht das Theater, ein Halbrundbau als Gegenbau zum eingezogenen Rathaus. Der Palais de Justice aus der klassizistischen Zeit beherbergte einst das Parlament der Bretagne.

Sehr bedeutende Sammlungen sind im Musée de Bretagne zu besichtigen. Die Exponate reichen von der Vorgeschichte über römische Funde bis zu den handwerklichen Kunstwerken des Mittelalters. Im Kunstmuseum Musée des Baux-Arts sehen wir Werke von Rubens, der Florentiner Meister, von Picasso und der Impressionisten. In der ehemaligen Fischhalle La Criée finden heute wechselnde Kunstausstellungen und Antiqitätenmärkte statt.

Ein Ausflug führt uns westwärts zum Fôret de Paimpont, dem Zauberwald des legendären König Artus mit seiner Tafelrunde edler Ritter, des Zauberers Merlin, Sohn des Teufels und einer Nonne, der guten Fee Viviane und der bösen Fee Morgane. Ziele einer Wanderung sind Merlins Grab, Schloss Comper, der Zauberwald und das Tal ohne Wiederkehr. König Artus soll sich in einem keltischen Paradies bis zu einem Tag in ferner Zukunft aufhalten, an dem er den Bretonen und Briten ihre Freiheit und ihr Königreich zurückgeben wird.

Wir fahren zurück zur Küste zur Bucht von Morbihan. In Malestroit wurde am Supermarkt eine Ver- und Entsorgung eingerichtet **(LR-4)**. Zum Übernachten eignet sich dieser Platz wegen des starken Verkehrs kaum. In Sérent übernachtet man im Ort ruhiger **(LR-5)**. Der Platz ist für große Fahrzeuge aber recht klein und hat wenig Raum zum Rangieren.

Wir schlafen auf dem sehr ruhig und schön gelegenen Wohnmobilplatz hinter der Weingenossenschaft in St-Guyomard und setzen unsere Fahrt nach Vannes am nächsten Morgen ausgeruht fort **(LR-6)**. Auch im benachbarten Ort Elven übernachtet man gut unter Bäumen an der Touristinformation **(LR-7)**.

Der schönste Übernachtungsplatz auf der Fahrt nach Vannes liegt in Sulniac am Salle des Fêtes **(LR-8)**. Der Platz ist durch dichte Grünstreifen und blühende Büsche in einzelne Abschnitte eingeteilt, ein kleiner Garten für Naturfreunde, ein Ort zum Wohlfühlen und Erholen.

Auch in Locqueltas auf dem Aire de Repos und in Brec'h an der Rue du Pont Douar steht das Ferienhaus auf Rädern in der Natur **(LR-9** und **LR-10)**. Beide Plätze eignen sich hervorragend für Ausflüge und Besichtigungstouren nach Vannes und Auray. In Brec'h haben sehr große Wohnmobile allerdings Rangier- und Stellschwierigkeiten. Wir bleiben in Sulniac, um am nächsten Tag die alte Stadt Vannes zu besichtigen.

Wohnmobilplatz in Josselin (LR-3, Seite 186)

Wohnmobilplatz in Sérent (LR-5, Seite 187)

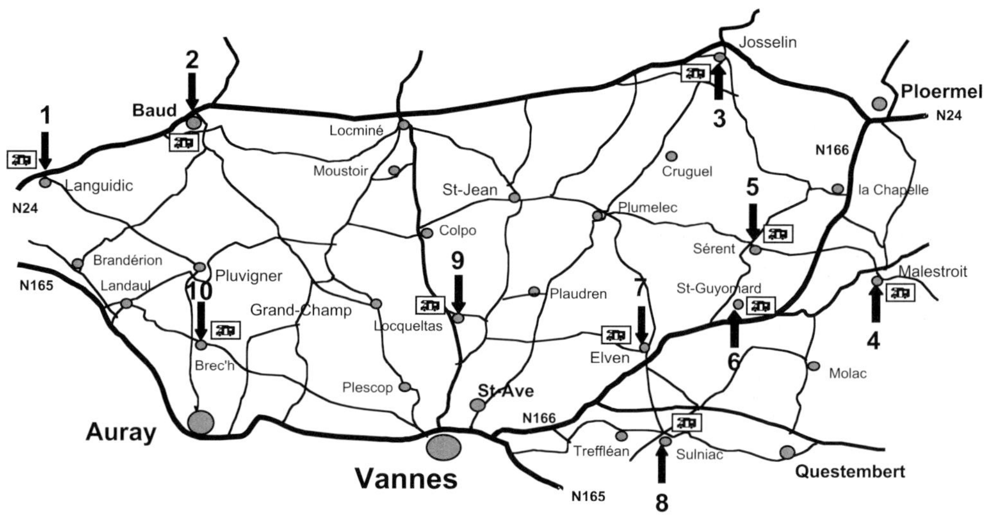

Auf dem Weg nach Rennes

Tour 12: **Auf dem Weg nach Rennes**

Nr.	Ort, Bezeichnung	Stell-plätze A	Gast-haus	Häu-ser	WC	Bad See	Womo-platz	Ent-sorg.	Park-dauer B	Park-gebühr C
LR-1	**Languidic, Lanveur *****	50	-	+	-	-	+	+	1	0
LR-2	**Baud, Pont Augan ****	5	+	+	-	-	+	+	1	0
LR-3	**Josselin, Château ****	10	+	+	+	-	+	+	1	0
LR-4	**Malestroit, Intermarché ***	3	+	+	-	-	+	+	1	0
LR-5	**Sérent, Municipal ****	5	+	+	-	-	+	+	1	0
LR-6	**St-Guyomard, Assosiation *****	5	-	+	-	-	+	+	1	0
LR-7	**Elven, Tourist-Information ****	5	-	+	+	-	+	+	1	6
LR-8	**Sulniac, Salle des Fêtes ******	20	-	+	-	-	+	+	U	0
LR-9	**Locqueltas, Aire de Repos *****	5	-	+	+	-	+	+	1	0
LR-10	**Brec'h, Rue du Pont Douar ****	5	-	+	-	-	+	+	2	0

Legende

****	sehr ruhige und sehr schöne Lage.
***	sehr ruhige und schöne Lage.
**	ruhige und gute Lage.
*	keine ruhige Lage.
A	Stellplätze gestaffelt nach 3, 5, 10, 20, 30, 50 Wohnmobilen. Dabei wird angenommen, dass nur die Hälfte des Platzes zur Verfügung steht und die andere Hälfte durch PKW belegt ist.
B	Aufenthaltsdauer in Tagen.
C	Übernachtungsgebühr in Euro pro Wohnmobil und 24 Stunden oder Parkgebühr.
P	Parkgebühr in der Saison.
T	Aufenthaltsdauer einige Tage.
U	Aufenthaltsdauer unbegrenzt.
	Ausgewiesener Wohnmobilplatz.

Languidic, Lanveur ***

Für Wohnmobile ausgewiesenes, von hohen Bäumen umgebenes, festes Wiesengelände in sehr ruhiger und schöner Lage.

Von der Schnellstraße N24 (Rennes-Lorient) an der Ausfahrt Languidic Richtung Languidic abfahren (D102). Nach 300 m im Kreisel links und nach weiteren 500 m links Richtung Aire de Camping Car abbiegen. Nach 100 m auf den befestigten Weg rechts abbiegen. Noch 100 m bis zum Parkplatz links.

! Häuser am Parkplatz.
! Ver- und Entsorgung (Bodeneinlass) am Parkplatz.
! Müllcontainer am Parkplatz.
! Aufenthaltsdauer 24 Stunden.
! Ganzjährig zugänglich.
! Wanderungen und Radtouren im Gebiet Landes de Lanvaux.
! Besichtigung von Lorient:. Maison de la Mer, Tour de la Découverte, Fischereihafen Keroman, Pulvermühlen,deutscher U-Boot-Bunker, Zitadelle von Port-Louis.
! Besichtigung von Quimperle: Saint-Croix, gotische Kirche in Kernascléden, Venus von Quiberon.
! Fahrt nach Rennes.
! Keine Parkgebühr.
! Stellmöglichkeiten für 50 Wohnmobile.
! Ebene und leicht schräge Stellflächen.
! Informationen: Tel. 02 97 65 19 14.

Wohnmobilplatz in Languidic (LR-1)

Baud, Pont Augan ** LR - 2

Für Wohnmobile zugelassener asphaltierter Parkplatz in ruhiger Lage.

Von der Schnellstraße N24 (Rennes-Lorient) an der Ausfahrt Baud Richtung Baud fahren. Im Ort Richtung centre ville fahren und den Wegweisern Rue de Pont Augan und centre social et de la poste folgen. 300 m vom Stadtzentrum entfernt wird der Parkplatz erreicht.

! Gaststätten in der Nähe.
! Häuser am Parkplatz.
! Ver- und Entsorgung am Parkplatz.
! Müllcontainer am Parkplatz.
! Aufenthaltsdauer 24 Stunden.
! Ganzjährig zugänglich.
! 5 min Fussweg zur Ortsmitte.
! Wanderungen und Radtouren im Gebiet Landes de Lanvaux.
! Besichtigung von Josselin: Schloss, Basilique St-Martin, Altstadt, Puppenmuseum.
! Fahrt nach Rennes.
! Besuch der Museen Musée de Bretagne und Musée des Baux-Arts in Rennes.
! Fahrt nach Lorient.
! Keine Parkgebühr.
! Stellmöglichkeiten für 5 Wohnmobile.
! Ebene und leicht schräge Stellflächen.
! Informationen: Tel. 02 97 51 02 29.

Josselin, Château ** LR - 3

Für Wohnmobile ausgewiesener, von hohen Bäumen und Büschen umgebener, asphaltierter Parkplatz in ruhiger und schöner Lage.

Von der Schnellstraße N24 (Rennes-Lorient) an der Ausfahrt Josselin-Ost Richtung centre ville fahren (D129) und nach 200 m rechts Richtung Josselin abbiegen (D724). Nach weiteren 1,1 km - 1 km nach dem Ortsanfang - rechts dem Parkplatzschild Château und dem Wohnmobilsymbol folgen. Noch 200 m bis zum Parkplatz.

! Gaststätten in der Nähe.
! Häuser am Parkplatz.
! Ver- und Entsorgung (Bodeneinlass) am Parkplatz.
! WC am Parkplatz.
! Müllcontainer am Parkplatz.
! Aufenthaltsdauer 24 Stunden.
! Ganzjährig zugänglich.
! Informationstafel, Spielplatz und Parkanlage am Parkplatz.
! 5 min Fussweg zur Ortsmitte. Keine Zufahrt über 3,5 t zur Ortsmitte.
! Wanderungen und Radtouren im Gebiet Landes de Lanvaux.
! Besichtigung von Josselin: Schloss, Basilique St-Martin, Altstadt, Puppenmuseum.
! Besichtigung von Rennes: Place des Lices, Cathédrale Saint-Pierre, Hôtel de Ville, Théâtre, Palais de Justice, Palais St-Georges, Altstadt.
! Besuch der Museen Musée de Bretagne und Musée des Baux-Arts in Rennes.
! Fahrt nach Lorient.
! Keine Parkgebühr.
! Stellmöglichkeiten für 10 Wohnmobile.
! Ebene und leicht schräge Stellflächen.
! Informationen: Tel. 02 97 22 24 17.

Bild Seite 182

Malestroit, intermarché *

LR - 4

Für Wohnmobile ausgewiesener, asphaltierter privater Parkplatz im Ort.

Von der Schnellstraße N166 (Vannes-Ploermel) abbiegen (D10). Nach 5,2 km - 600 m nach dem Ortsanfang - rechts dem Wegweiser toute direction folgen. Nach 200 m links Richtung Ploermel/municipal fahren. Noch 400 m bis zum Parkplatz rechts (Avenue de la Gare).

! Gaststätten am Parkplatz.
! Häuser am Parkplatz.
! Tagsüber durch Pkw belegt.
! Ver- und Entsorgung am Parkplatz.
! Stromversorgung möglich.
! Müllcontainer am Parkplatz.
! Aufenthaltsdauer 24 Stunden.
! Ganzjährig zugänglich.
! Wanderungen und Radtouren im Gebiet Landes de Lanvaux.
! Besichtigung von Rennes: Place des Lices, Cathédrale Saint-Pierre, Hôtel de Ville, Théâtre, Palais de Justice, Palais St-Georges, Altstadt. Musée de Bretagne, Musée des Baux-Arts.
! Besichtigung von Vannes: Cathédrale St-Pierre, Porte Prison, Château Gaillard mit archäologischem Museum, Vannes et sa femme (Groteske Köpfe), Markthalle La Cohue mit Musée de Vannes.
! Keine Parkgebühr.
! Stellmöglichkeiten für 3 Wohnmobile.
! Ebene Stellflächen.
! Informationen: Tel. 02 97 75 10 39.

Sérent, municipal **

LR - 5

Für Wohnmobile ausgewiesener, asphaltierter Parkplatz im Ort in ruhiger Lage.

Bei Anfahrt aus dem Süden (D766) am Ortsanfang Sérent halblinks dem Wohnmobil-Symbol folgen und durch die Ortsmitte fahren. Nach 1,1 km wird der Parkplatz links erreicht.
Bei Anfahrt aus dem Osten (D10) im Ort Richtung centre ville abbiegen. Nach 100 m wird der Parkplatz rechts erreicht.

! Gaststätten in der Nähe.
! Häuser am Parkplatz.
! Ver- und Entsorgung (Bodeneinlass) am Parkplatz.
! Stromversorgung möglich.
! Müllcontainer am Parkplatz.
! Aufenthaltsdauer 24 Stunden.
! Ganzjährig zugänglich.
! Für große Wohnmobile nicht geeignet.
! 5 min Fussweg zur Ortsmitte.
! Wanderungen und Radtouren im Gebiet Landes de Lanvaux.
! Besichtigung von Rennes: Place des Lices, Cathédrale Saint-Pierre, Hôtel de Ville, Théâtre, Palais de Justice, Palais St-Georges, Altstadt, Musée de Bretagne, Musée des Baux-Arts.
! Besichtigung von Vannes: Cathédrale St-Pierre, Porte Prison, Château Gaillard mit archäologischem Museum, Vannes et sa femme (Groteske Köpfe), Markthalle La Cohue mit Musée de Vannes.
! Keine Parkgebühr.
! Stellmöglichkeiten für 5 Wohnmobile.
! Ebene Stellflächen.

Bild Seite 182

St-Guyomard, Maison de Association ***   LR - 6

Für Wohnmobile ausgewiesener, asphaltierter Parkplatz im Ort in sehr ruhiger Lage und landschaftlich reizvoller Umgebung.

Von der Schnellstraße N166 (Vannes-Ploermel) an der Ausfahrt St-Guyomard Richtung St-Guyomard abbiegen (D766). Nach 3,8 km rechts Richtung St-Guyomard fahren (D112). Nach weiteren 500 m - 400 m nach dem Ortsanfang - links zum Parkplatz Maison des Association abbiegen.
Von der Schnellstraße N166 (Vannes-Ploermel) an der Ausfahrt Bohal abbiegen und Richtung St-Guyomard fahren. Nach 3,5 km - 200 m nach dem Ortsanfang rechts dem Wohnmobil-Symbol folgen und zum Parkplatz abbiegen.

! Häuser am Parkplatz.
! Ver- und Entsorgung (Bodeneinlass) am Parkplatz.
! Müllbehälter am Parkplatz.
! Aufenthaltsdauer 24 Stunden.
! Ganzjährig zugänglich.
! Wanderungen und Radtouren im Gebiet Landes de Lanvaux.
! Besichtigung von Rennes: Place des Lices, Cathédrale Saint-Pierre, Hôtel de Ville, Théâtre, Palais de Justice, Palais St-Georges, Altstadt, Musée de Bretagne Musée des Baux-Arts.
! Besichtigung von Vannes: Cathédrale St-Pierre, Porte Prison, Château Gaillard mit archäologischem Museum, Vannes et sa femme (Groteske Köpfe), Markthalle La Cohue mit Musée de Vannes.
! Keine Parkgebühr.
! Stellmöglichkeiten für 5 Wohnmobile.
! Ebene Stellflächen.
! Informationen: Tel. 02 97 75 10 39.

Bild Seite 189

Elven, Tourist-Information **   LR - 7

Für Wohnmobile ausgewiesener, asphaltierter Parkplatz und Parkplätze auf Grasgelände unter hohen Bäumen im Ort in ruhiger und schöner Lage.

Von der Schnellstraße N166 (Vannes-Ploermel) an der Ausfahrt Elven Richtung Elven abbiegen (D183). Nach 400 m - 300 m nach dem Ortsanfang - rechts Richtung centre ville fahren und nach weiteren 500 m links und nach weiteren 400 m rechts Richtung Ploermel abbiegen. Noch 700 m bis zum Parkplatz an der Information links.

! Häuser am Parkplatz.
! Bänke und Tische, Tourist-Information und Spielplatz am Parkplatz.
! Ver- und Entsorgung (Seiteneinlass nur für Kassetten) am Parkplatz.
! Stromanschluss möglich.
! WC und Duschen am Parkplatz.
! Müllbehälter am Parkplatz.
! Aufenthaltsdauer 24 Stunden.
! 01.06.-39.09. zugänglich.
! Wanderungen und Radtouren im Gebiet Landes de Lanvaux.
! Besichtigung von Rennes: Place des Lices, Cathédrale Saint-Pierre, Hôtel de Ville, Théâtre, Palais de Justice, Palais St-Georges, Altstadt, Musée de Bretagne Musée des Baux-Arts.
! Besichtigung von Vannes: Cathédrale St-Pierre, Porte Prison, Château Gaillard mit archäologischem Museum, Vannes et sa femme (Groteske Köpfe), Markthalle La Cohue mit Musée de Vannes.
! Parkgebühr: 3 Euro pro Nacht und Person.
! Stellmöglichkeiten für 5 Wohnmobile.
! Ebene und leicht unebene Stellflächen.
! Informationen: Tel. 02 97 53 33 07.

Bild Seite 189

Wohnmobilplatz in St-Guyomard (LR-6, Seite 188)

Wohnmobilplatz in Elven (LR-7, Seite 188)

Sulniac, Salle des Fêtes **** LR - 8

Für Wohnmobile ausgewiesener, geschotterter, durch Grünstreifen in Abschnitte unterteilter Parkplatz in sehr ruhiger Lage und landschaftlich reizvoller Umgebung.

Von der Schnellstraße N166 (Vannes-Ploermel) an der Ausfahrt Questembert Richtung Treffléan/Questembert abbiegen (D775). Nach 4,1 km rechts und nach weiteren 1,3 km halblinks Richtung Sulniac fahren (D183). Nach 200 m im Kreisel - 100 m nach dem Ortsanfang - halblinks dem Wegweiser Questembert/salle des Fêtes folgen. Nach weiteren 200 m rechts dem Wegweiser salle des Fêtes folgen. Noch 100 m bis zum Parkplatz rechts.

! Häuser am Parkplatz.
! Bänke und Tische am Parkplatz.
! Ver- und Entsorgung (Bodeneinlass) am Parkplatz.
! Müllbehälter am Parkplatz.
! Aufenthaltsdauer nicht begrenzt.
! Ganzjährig zugänglich.
! Spielplatz am Parkplatz.
! Wanderungen und Radtouren im Gebiet Landes de Lanvaux.
! Besichtigung von Rennes: Place des Lices, Cathédrale Saint-Pierre, Hôtel de Ville, Théâtre, Palais de Justice, Palais St-Georges, Altstadt, Musée de Bretagne Musée des Baux-Arts.
! Besichtigung von Vannes: Cathédrale St-Pierre, Porte Prison, Château Gaillard mit archäologischem Museum, Vannes et sa femme (Groteske Köpfe), Markthalle La Cohue mit Musée de Vannes.
! Keine Parkgebühr.
! Stellmöglichkeiten für 20 Wohnmobile.
! Ebene Stellflächen.
! Informationen: Tel. 02 97 53 23 02.

Bild Seite 177

Locqueltas, Aire de Repos *** LR - 9

Für Wohnmobile ausgewiesener Parkplatz auf festem Grasgelände mit einzelnen Bäumen in sehr ruhiger Lage und landschaftlich reizvoller Umgebung.

Von der D767 (Vannes-Pontivy) Richtung Locqueltas abbiegen (D767A). Nach 900 m - 100 m nach dem Ortsanfang - links zum Parkplatz camping car (Rue de la Fontaine) abbiegen.

! Häuser am Parkplatz.
! Bänke und Tische, Spielplatz und Grillstelle am Parkplatz.
! Ver- und Entsorgung (Bodeneinlass für Kassetten) am Parkplatz.
! Stromanschlüsse am Parkplatz.
! Getrennte Müllentsorgung am Parkplatz.
! WC am Parkplatz.
! Aufenthaltsdauer 24 Stunden.
! Ganzjährig zugänglich.
! Wanderungen und Radtouren im Gebiet Landes de Lanvaux.
! Besichtigung von Rennes: Place des Lices, Cathédrale Saint-Pierre, Hôtel de Ville, Théâtre, Palais de Justice, Palais St-Georges, Altstadt, Musée de Bretagne Musée des Baux-Arts.
! Besichtigung von Vannes: Cathédrale St-Pierre, Porte Prison, Château Gaillard mit archäologischem Museum, Vannes et sa femme (Groteske Köpfe), Markthalle La Cohue mit Musée de Vannes.
! Keine Parkgebühr.
! Stellmöglichkeiten für 5 Wohnmobile.
! Ebene Stellflächen.
! Informationen: Tel. 02 97 66 60 15.

Bild Seite 177

Für Wohnmobile ausgewiesener Parkplatz auf festem Grasgelände in einer gepflegten Grünanlage in ruhiger Lage und landschaftlich reizvoller Umgebung.

Von der D768 (Vannes-Pontivy) Richtung Brec'h/Auray abbiegen und nach 300 m im Kreisel geradeaus Richtung Brec'h/Pluvigner fahren. Nach weiteren 3,9 km rechts dem Wegweiser Brec'h/Wohnmobil-Symbol folgen (C2/3,5 t). Nach weiteren 600 m - 100 m nach dem Ortsanfang Brec'h - wird der Parkplatz links erreicht (Rue du Pont Douar).

! Häuser am Parkplatz.
! Bänke und Tische, Teich und Informationstafel am Parkplatz.
! Ver- und Entsorgung (Bodeneinlass) am Parkplatz. Müllbehälter am Parkplatz.
! Aufenthaltsdauer 48 Stunden.
! Ganzjährig zugänglich.
! Nebenstraße am Parkplatz.
! Wanderungen und Radtouren im Gebiet Landes de Lanvaux.
! Besichtigung von Auray: Hafenviertel Saint-Goustan, Häuser aus dem 15. Jahrhundert, Terrassenpromenade.
! Besichtigung von Vannes: Cathédrale St-Pierre, Porte Prison, Château Gaillard mit archäologischem Museum, Vannes et sa femme (Groteske Köpfe), Markthalle La Cohue.
! Ausflug zum Golf von Morbihan.
! Keine Parkgebühr.
! Stellmöglichkeiten für 5 Wohnmobile. Für sehr große Wohnmobile nicht geeignet.
! Etwas schräge Stellflächen.
! Informationen: Tel. 02 97 57 79 36.

Wohnmobilplatz in Brec'h (LR-10)

Zeugen der Vergangenheit

An der Bucht von Morbihan

Tour 13

Wir beginnen unsere Tour mit einer Stadtbesichtigung von Auray. Die schönen Fachwerkhäuser in den engen, winkeligen Gassen der Altstadt St-Goustan, die Kathedrale St-Gildas und die Wallfahrtskirche Ste-Anne-d' Auray sind beachtenswerte Bauten. Am Place du Golhères erreichen wir einen ruhigen Übernachtungsplatz **(BM-1)**.

Um den Golfe du Morbihan hat ein unbekanntes Volk, Vorfahren der Gallier und Kelten, in der Steinzeit vor 6000 Jahren die weltweit größte Ansammlung von Steinalleen, Steinkreisen, Menhiren und Steingräbern geschaffen, steinerne Zeugen der Vergangenheit. In den Steingräbern (Dolmen) und Hügelgräbern (Tumulus) wurden die Schöpfer dieser Kultur bestattet. Die kilometerlangen Steinalleen (Alignements) und die Steinkreise (Cromlech) dienten wahrscheinlich dem Sonnen- und Mondkult. Die einzeln stehenden Felsen (Menhire) kann man als Markierung für Wasserquellen und Grabstätten oder als Seezeichen für die Schiffe deuten.

Den ersten rätselhaft in Reihen aufgestellten Felsen begegnen wir in Erdeven. Beeindruckend sind die hohen Megalithe der Alignements von Kerzerho und der gewaltige Dolmen de Crozuno. 1129 riesige Felsen wurden von dem unbekannten Volk auf zwei Kilometern Länge in zehn Reihen aufgestellt. In diesem Gebiet sind weitere Zeugen der Vergangenheit zu sehen, die Menhire Vieux-Moulin, die Dolmen Mané-Croch, Mané-Kerioned, de Rondossec und de Kériaval, die Alignements de St-Barbe und ein Tumulus.

Am Strand von Kerouriec finden Besitzer kleinerer Wohnmobile in dem natürlichen Dünengelände ideale Stellplätze, um zu surfen, zu schwimmen oder zu angeln **(BM-2)**. Wir haben den Sonnentag zum Faulenzen am Strand ausgenutzt und übernachteten am La Grande Plage auf der Landzunge zur Halbinsel Quiberon, die sich wie ein Kai vor die Bucht von Morbihan schiebt **(BM-3)**. Nur ein schmaler Sand- und Dünengürtel verbindet Qiberon mit dem Festland, ein Gelände ohne Siedlungen und Ferienhäuser, ideal zum Surfen, Segeln, Baden und Angeln. Ablagerungen des Atlantiks haben vor Jahrtausenden die Insel wieder mit dem Festland verbunden. Auf der anderen Seite der Landzunge erstreckt sich kilometerlang der Strand Sables Blancs **(BM-4)**. Auf der schmalsten Stelle, gerade breit genug für die Straße, bewacht ein mittelalterliches Fort die Halbinsel. An der Côte Sauvage im Westen, einer felsigen Küste mit Grotten, Klippen und kleinen Sandbuchten ist das Baden wegen der starken Brandung des Atlantiks nicht erlaubt. Von Port-Maria, dem Hafen der Stadt Quiberon im äußersten Süden der Halbinsel legen die Fähren zur Belle-Ile und die Boote zu den kleinen Inseln Houat Hoedic ab.

Bei Carnac besichtigen wir drei große Steinalleen, die 1099 Menhire in elf Reihen über 1167 Meter von Ménec, die 982 Felsen in zehn Reihen von Kermario und die 540 Menhire mit einem Steinkreis von 39 Felsen in dreizehn Reihen von Kerlescan. Die steinernen Zeugen um den Golfe du Morbihan wurden in einer langen Kulturepoche, in der Zeit zwischen 6000 und 2000 vor Chr. geschaffen. Die riesigen

Steinalleen von Carnac dienten nicht nur dem Sonnen- und Mondkult, sie waren auch Versammlungsstätten für die verschiedenen Stämme und Sippen des Volkes.

Zum Kulturkreis von Carnac gehören auch die Grabhügel, von Erde bedeckte Grabkammern aus Felsen. Unter dem berühmten, 125 Meter langen und 15 Meter hohen Tumulus St-Michel verbergen sich unter der aufgehäuften Erde zwei Dolmen und mehrere kleinere Steingräber, die durch Gänge miteinander verbunden sind. Die Christen haben später auf dem Hügel eine Kapelle und einen Kalvarienberg errichtet. Von dem Grabhügel bietet sich ein weiter Blick über die Stätten der Steinzeit. In den prähistorischen Museen in Carnac und Vannes sind die Funde aus dem Gebiet um Carnac zu besichtigen. Das neu erbaute Archeoskope bietet den Besuchern eine visuelle Darstellung der Zeit vor 6000 Jahren.

In der Ortsmitte wurde ein ruhiger Übernachtungsplatz eingerichtet **(BM-5 🚐)**. Die Parkplätze am Archeoskope und bei der Information an den Alignements de Kermario eignen sich gut für eine Übernachtung **(BM-6** und **BM-7)**. Besonders der zweite Platz bietet einen erholsamen Aufenthalt in der Natur und eine ruhige Nacht. Leider liegen die Parkplätze am Strand von Carnac an der verkehrsreichen Straße, die Parkplätze am Hafen sind abgeschrankt. Im Nachbarort La Trinité ist das Übernachten im Wohnmobil nicht erlaubt.

Wir übernachten in Locmariaquer auf einem ruhig und schön gelegenen Wohnmobil-Übernachtungsplatz in der Nähe des Strandes **(BM-8 🚐)**. Eine Ver- und Entsorgungsstation ist nicht weit entfernt. In der Nähe des Ortes stand der gewaltigste Menhir der Welt, 21 Meter hoch und 350 Tonnen schwer, genannt „Men-er-Hroek“, Stein der Fee. Inzwischen ist er abgesackt und in vier Teile zerborsten. Daneben ist der Dolmen „Table du Marchand“, inzwischen vom Grün überwuchert, errichtet worden. Ein Gang führt in mehrere Grabkammern mit Steinreliefs über Getreide, Stiere und Schiffssegel.

Beeindruckend ist der gewaltige Tumulus von Gavrinis auf einer Insel am Eingang des Golfe du Morbihan, locker aus Feldsteinen mit einem Umfang von 100 Metern aufgeschüttet und mit einer Galerie von geheimnisvollen Steinreliefs ausgestattet. Auf der Nachbarinsel wurde ein doppelter Steinkreis in der Form einer Acht errichtet, dessen Menhire heute zum größten Teil unter Wasser stehen. Vom Ort Lamor-Baden kann man mit dem Boot zu diesen Inseln übersetzen.

Vannes im Nordosten der Bucht ist ein wichtiger Hafen. Sehenswürdigkeiten sind das überdachte Lavoir (mittelalterlicher Waschplatz am Fluss), die alten Markthallen, die Stadtbefestigung, die Porte Prison und die Kathedrale. Von Auray und Vannes starten Ausflugsschiffe durch den Golfe du Morbihan. In Vannes kann man im Ort auf dem Parkplatz Le Fourchêne übernachten **(BM-9 🚐)**.

Wir fahren um die Bucht herum bis nach Arzon an der westlichen Spitze der Halbinsel Rhuys. Kurz vor Arzon besichtigen wir den Tumulus de Tumiac, auf dem Cäsar gestanden haben soll, als seine geruderten Galleeren den entscheidenden Seesieg über die durch eine Flaute gelähmten Segelschiffe der gallischen Veneter errangen.

Der Ort Arzon hat einen asphaltierten Wohnmobil-Übernachtungsplatz am Ortsrand eingerichtet **(BM-10 🚐)**. Leider ist die Einfahrt durch versetzte Steinbrocken so verkleinert worden, dass größere Wohnmobile den Platz nicht anfahren können. Wir übernachten deshalb auf dem sehr ruhig und schön gelegenen Übernachtungsplatz am Strand im Nachbarort St-Gildas **(BM-11 🚐)**. Nur Wohnmobile dürfen diesen Platz benutzen. Wir beschließen einen Ruhetag einzulegen, in der Sonne im Sand zu faulenzen und im Meer zu schwimmen.

Unsere Wochenreise an der Bucht von Morbihan mit den steinernen Zeugen der Vergangenheit endet am berühmten mittelalterlichen Château de Suscino, einst Sitz der Herzöge der Bretagne. Eindrucksvoll sind die mächtigen Mauern, Türme und Bastionen des Schlosses. Der Parkplatz am Schloss darf für die Übernachtung nicht genutzt werden, aber der große natürliche Strandparkplatz, ein paar hundert Meter von dem Gebäude entfernt, liegt so schön und ruhig am breiten feinkiesigen Strand, dass wir hier übernachten und noch einen weiteren Tag am Strand genießen **(BM-12)**.

Wohnmobilplatz in Auray (BM-1, Seite 197)

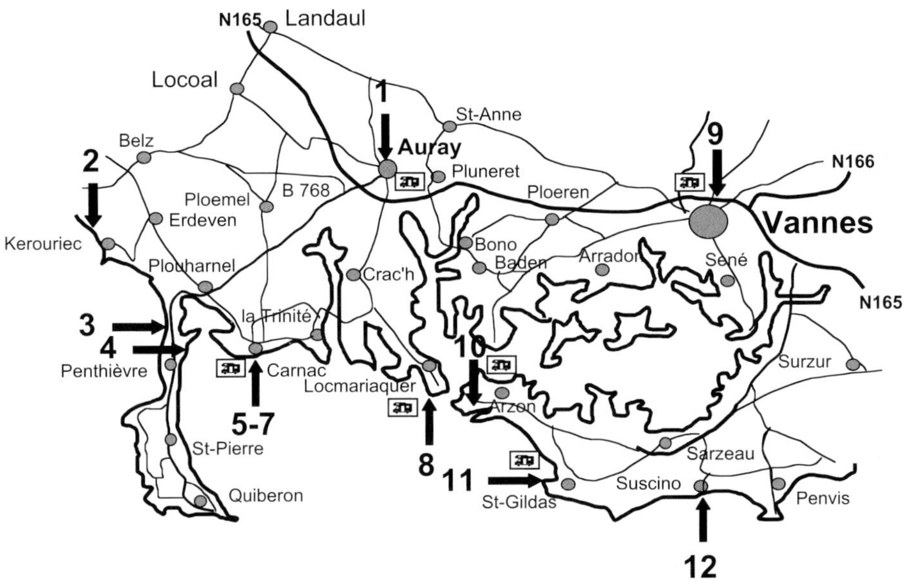

An der Bucht von Morbihan

Tour 13: **An der Bucht von Morbihan**

Nr.	Ort, Bezeichnung	Stellplätze A	Gasthaus	Häuser	WC	Bad See	Womoplatz	Entsorg.	Parkdauer B	Parkgebühr C
BM-1	**Auray, Centre Culturel Athena** **	5	+	+	-	-	+	+	2	0
BM-2	Erdeven, Plage de Kerouriec **	10	-	-	-	+	-	-	1	0
BM-3	Plouharnel, Le Grande Plage ***	10	-	-	-	+	-	-	1	0
BM-4	Plouharnel, Plage des Sables Blancs **	5	-	-	-	+	-	-	1	0
BM-5	**Carnac, Square Illertissen** **	20	+	+	-	-	+	+	1	0
BM-6	Carnac, Archeoskope **	30	-	+	+	-	-	-	1	0
BM-7	Carnac, Alignements de Kermario ***	20	-	+	+	-	-	-	1	0
BM-8	**Locmariaquer, Wohnmobilplatz** ***	10	-	+	-	+	+	+	1	0
BM-9	**Vannes, Le Fourchêne** **	10	+	+	-	-	+	+	1	0
BM-10	**Arzon, Wohnmobilplatz** **	10	-	+	-	-	+	+	U	0
BM-11	**St-Gildas-de-Rhuys, Womoplatz** ***	10	-	+	-	+	+	-	2	0
BM-12	Sarzeau, Plage Suscinio ***	20	-	+	-	+	-	-	1	0

Legende

****	sehr ruhige und sehr schöne Lage.
***	sehr ruhige und schöne Lage.
**	ruhige und gute Lage.
*	keine ruhige Lage.
A	Stellplätze gestaffelt nach 3, 5, 10, 20, 30, 50 Wohnmobilen. Dabei wird angenommen, dass nur die Hälfte des Platzes zur Verfügung steht und die andere Hälfte durch PKW belegt ist.
B	Aufenthaltsdauer in Tagen.
C	Übernachtungsgebühr in Euro pro Wohnmobil und 24 Stunden oder Parkgebühr.
P	Parkgebühr in der Saison.
T	Aufenthaltsdauer einige Tage.
U	Aufenthaltsdauer unbegrenzt.
	Ausgewiesener Wohnmobilplatz.

Auray, Centre Culturel Athena ** BM - 1

Asphaltierte und geschotterte Parkplätze mit einzelnen Bäumen und einem Grüngürtel am Rand in ruhiger Lage.

Von der Schnellstraße N165 Richtung Auray abbiegen und nach 1,3 km - 300 m nach dem Ortsanfang Auray - im Kreisel rechts Richtung centre ville fahren. Nach 100 m rechts Richtung centre culturel Athena abbiegen. Noch 100 m bis zum Parkplatz (Place du Golhères).

! Gaststätten in der Nähe.
! Häuser am Parkplatz.
! Ver- und Entsorgung am Parkplatz.
! Aufenthaltsdauer 48 Stunden.
! Ganzjährig zugänglich.
! Schwimmbad in der Nähe.
! Besichtigung von Auray: Altstadt St-Goustan, Fachwerkhäuser, Kathedrale St-Gildas, Wallfahrtskirche Ste-Anne-d' Auray.
! Besichtigung der Alignements (Steinallen) de Ménec, Alignements de Kermario, Alignements de Kerlescan, Tumulus St-Michel in Carnac.
! Besichtigung von Lorient: Maison de la Mer, Tour de la Découverte, Fischereihafen Keroman, Pulvermühlen, deutscher U-Boot-Bunker, Zitadelle von Port-Louis.
! Besichtigung von Vannes: Cathédrale St-Pierre, Porte Prison, Château Gaillard mit archäologischem Museum, Vannes et sa femme (Groteske Köpfe), Markthalle La Cohue mit Musée de Vannes.
! Keine Parkgebühr.
! Stellmöglichkeiten für 5 Wohnmobile.
! Ebene Stellflächen.
! Informationen: Tel. 02 97 24 01 23.

Bild Seite 194

Erdeven, Plage de Kerouriec ** BM - 2

Parkmöglichkeiten auf sandigem Untergrund des Dünengeländes am Strand in ruhiger Lage und landschaftlich reizvoller Umgebung.

Von der D781 (Port-Louis - Carnac) in Erdeven Richtung Kerhillio Plages abbiegen und nach 2,8 km rechts Richtung Plage de Kerouriec abbiegen. Noch 200 m bis zu den ersten Parkmöglichkeiten auf dem Dünengelände.

! Etwas einsam.
! Breiter Sandstrand und Dünen.
! Nur für kleine Wohnmobile zu empfehlen.
! Rundwanderweg 8 km. Radtouren an der Küste.
! Besichtigung der Alignements (Steinalleen) von Kerzerho und des Dolmen de Cruzuno bei Erdeven.
! Besichtigung von Lorient: Maison de la Mer, Tour de la Découverte, Fischereihafen Keroman, Pulvermühlen, deutscher U-Boot-Bunker, Zitadelle von Port-Louis.
! Besichtigung der Alignements de Ménec, Alignements de Kermario, Alignements de Kerlescan, Tumulus St-Michel in Carnac.
! Fahrt zur Halbinsel Quiberon.
! Keine Parkgebühr.
! Stellmöglichkeiten für 10 Wohnmobile.
! Parkplätze am Strand Kerhillio abgeschrankt.

Plouharnel, La Grande Plage *** BM - 3

Parkplatz auf befestigtem Sandgrund in ruhiger Lage und landschaftlich sehr reizvoller Umgebung.

In Plouharnel Richtung Quiberon fahren (D768) und 3,1 km nach dem Ortsende Plouharnel rechts dem Wegweiser La Grande Plage folgen. Noch 200 m bis zum Parkplatz.

! Etwas einsam gelegen.
! Breiter, sehr langer Sandstrand und Dünen am Parkplatz. Unbewachter Strand.
! Parkplatz in der Saison tagsüber durch Pkw belegt.
! Müllbehälter am Parkplatz.
! Wanderungen und Radtouren an der Küste.
! Besichtigung der Alignements de Ménec, Alignements de Kermario, Alignements de Kerlescan, Tumulus St-Michel in Carnac.
! Besichtigung der Alignements (Steinalleen) von Kerzerho und des Dolmen de Cruzuno bei Erdeven.
! Besichtigung von Lorient: Maison de la Mer, Tour de la Découverte, Fischereihafen Keroman, Pulvermühlen, deutscher U-Boot-Bunker, Zitadelle von Port-Louis.
! Fahrt über die Halbinsel Quiberon.
! Keine Parkgebühr.
! Stellmöglichkeiten für 10 Wohnmobile.
! Übernachtungsverbot an der Côte Sauvage.

Plouharnel, Plage des Sables Blancs ** BM - 4

Parkplätze auf unbefestigtem Sandgrund in ruhiger Lage und landschaftlich reizvoller Umgebung.

In Plouharnel Richtung Quiberon fahren (D768) und 4,1 km nach dem Ortsende Plouharnel links dem Wegweiser Plage des Sables Blancs folgen. Noch 500 m bis zum Parkplatz.
Bei Anfahrt von Quiberon 500 m nach dem Ortsende Penthièvre rechts dem Wegweiser Plage des Sables Blancs folgen. Noch 500 m bis zum Parkplatz.

! Einsam gelegener Platz.
! Breiter, sehr langer Sandstrand am Parkplatz. Unbewachter Strand.
! Für größere und schwere Wohnmobile nicht zu empfehlen.
! Wanderungen und Radtouren an der Küste.
! Besichtigung der Alignements (Steinallen) de Ménec, Alignements de Kermario, Alignements de Kerlescan, Tumulus St-Michel in Carnac.
! Besichtigung der Alignements de Kerzerho und des Dolmen de Cruzuno bei Erdeven.
! Besichtigung von Lorient: Maison de la Mer, Tour de la Découverte, Fischereihafen Keroman, Pulvermühlen, deutscher U-Boot-Bunker, Zitadelle von Port-Louis.
! Fahrt über die Halbinsel Quiberon.
! Keine Parkgebühr.
! Stellmöglichkeiten für 5 Wohnmobile.
! Übernachtungsverbot an der Côte Sauvage.

Carnac, Square Illertissen **

Für Wohnmobile ausgewiesene, asphaltierte Parkplätze im Ort in ruhiger Lage.

Bei Anfahrt aus dem Osten von der D781 - 200 m nach dem Ortsschild Carnac - rechts Richtung Plouharnel abbiegen. Nach weitere 200 m links Richtung Plouharnel/Lorient fahren. Nach weiteren 500 m links und nach 200 m rechts dem Wegweiser Gendamerie folgen. Nach 100 m im Kreisel links Richtung centre ville fahren. Noch 200 m bis zum Parkplatz.
Bei Anfahrt aus dem Westen von der D781 - 400 m nach dem Ortsanfang - im Kreisel geradeaus Richtung centre ville fahren. Noch 100 m bis zum Parkplatz.

! Gaststätten in der Nähe.
! Geschäfte in der Nähe.
! Häuser am Parkplatz.
! Polizeistation in der Nähe.
! Ver- und Entsorgung (Euro-Relais) am Parkplatz.
! Stromanschluss möglich.
! Ganzjährig zugänglich.
! Aufenthaltsdauer 24 Stunden.
! Besuch des Archeoskope (Technische Schau über die Zeit von Carnac vor 6000 Jahren).
! Besichtigung der Alignements (Steinallen) de Ménec, Alignements de Kermario, Alignements de Kerlescan, Tumulus St-Michel.
! Besuch des Musée Préhistorique.
! Besichtigung der Alignements de Kerzerho und des Dolmen de Cruzuno bei Erdeven.
! Fahrt zur Halbinsel Quiberon.
! Besichtigung von Lorient: Maison de la Mer, Tour de la Découverte, Fischereihafen Keroman, Pulvermühlen, deutscher U-Boot-Bunker, Zitadelle von Port-Louis.
! Besichtigung von Vannes: Cathédrale St-Pierre, Porte Prison, Château Gaillard mit archäologischem Museum, Vannes et sa femme, Markthalle La Cohue mit Musée de Vannes.
! Keine Parkgebühr.
! Stellmöglichkeiten für 20 Wohnmobile.
! Ebene und etwas schräge Stellflächen.
! Parkplätze am Hafen von Carnac abgeschrankt. Am Strand verkehrsreiche Straße.
! Übernachtungsverbote auf den Parkplätzen in La Trinité.
! Informationen: Tel. 02 97 52 79 73.

Asphaltierte und befestigte Großparkplätze am Archeoskope und an den Alignements de Menec in ruhiger Lage.

Von der D781 - 500 m nach dem östlichen Ortsschild Carnac - im Kreisel Richtung Alignements abbiegen (D157). Noch 500 m - 100 m nach dem Ortsende Carnac - bis zum Parkplatz rechts.

! Häuser in der Nähe.
! WC am Parkplatz.
! Besuch des Archeoskope (Technische Schau über die Zeit von Carnac vor 6000 Jahren).
! Besichtigung der Alignements (Steinallen) de Ménec, Alignements de Kermario, Alignements de Kerlescan, Tumulus St-Michel.
! Besuch des Musée Préhistorique.
! Besichtigung der Alignements de Kerzerho und des Dolmen de Cruzuno bei Erdeven.
! Fahrt zur Halbinsel Quiberon.
! Besichtigung von Lorient: Maison de la Mer, Tour de la Découverte, Fischereihafen Keroman, Pulvermühlen, deutscher U-Boot-Bunker, Zitadelle von Port-Louis.
! Besichtigung von Vannes: Cathédrale St-Pierre, Porte Prison, Château Gaillard mit archäologischem Museum, Vannes et sa femme (Groteske Köpfe), Markthalle La Cohue mit Musée de Vannes.
! Keine Parkgebühr.
! Stellmöglichkeiten für 30 Wohnmobile.
! Ebene Stellflächen.
! Parkplätze am Hafen von Carnac abgeschrankt.
! Parkplätze am Strand von Carnac liegen an der verkehrsreichen Straße.
! Übernachtungsverbote auf den Parkplätzen in La Trinité.

Wohnmobilplatz am Strand von Locmariaquer (BM-8, Seite 201)

Carnac, Alignements de Kermario *** BM - 7

Befestigter, durch Bäume in Abschnitte eingeteilter Großparkplatz an der Steinallee von Kermario in sehr ruhiger und schöner Lage.

Von der D781 - 500 m nach dem östlichen Ortsschild Carnac - im Kreisel Richtung Alignements abbiegen (D157). Nach 1,3 km links und gleich wieder rechts dem Wegweiser Accueill Alignements folgen. Noch 600 m bis zur Zufahrt des Pkw-Parkplatzes rechts. Noch 100 m bis zum Parkplatz.

! Häuser und Reiterhof am Parkplatz.
! WC am Parkplatz.
! Der erste Parkplatz an der Information wird um 22.00 Uhr geschlossen.
! Besuch des Archeoskope (Technische Schau über die Zeit von Carnac vor 6000 Jahren).
! Besichtigung der Alignements (Steinallen) de Ménec, Alignements de Kermario, Alignements de Kerlescan, Tumulus St-Michel.
! Besichtigung der Alignements de Kerzerho und des Dolmen de Cruzuno bei Erdeven.
! Fahrt zur Halbinsel Quiberon.
! Besichtigung von Lorient: Maison de la Mer, Tour de la Découverte, Fischereihafen Keroman, Pulvermühlen, deutscher U-Boot-Bunker, Zitadelle von Port-Louis.
! Besichtigung von Vannes: Cathédrale St-Pierre, Porte Prison, Château Gaillard mit archäologischem Museum, Vannes et sa femme, Markthalle La Cohue mit Musée de Vannes.
! Keine Parkgebühr.
! Stellmöglichkeiten für 20 Wohnmobile.
! Ebene und leicht unebene Stellflächen.
! Parkplätze am Hafen von Carnac abgeschrankt.
! Parkplätze am Strand von Carnac liegen an der verkehrsreichen Straße.
! Übernachtungsverbote auf den Parkplätzen in La Trinité.

Locmariaquer, Wohnmobilplatz *** BM - 8

Für Wohnmobile zugelassener Übernachtungsplatz am Strand in sehr ruhiger Lage und landschaftlich reizvoller Umgebung.

Von der D781 im Kreisel Richtung Locmariaquer fahren. Nach 3,3 km am Ortsanfang Locmariaquer halbrechts dem Wegweiser Site de Megalithes folgen. Nach weiteren 1,2 km im Kreisel rechts Richtung Pointe de Kerpenhir fahren. Noch 1,1 km bis zum Parkplatz rechts.

! Häuser in der Nähe.
! Breiter Sandstrand am Parkplatz.
! Müllcontainer am Parkplatz.
! Aufenthaltsdauer eine Nacht.
! Ganzjährig zugänglich.
! Wohnmobile meistens anzutreffen.
! Ver- und Entsorgungsstation vor dem Campingplatz Municipal La Falais. 500 m Richtung Pointe de Kerpenhir und dann 100 m links.
! Küstenwanderweg am Parkplatz. Wandern und Radtouren an der Küste.
! Besichtigung der Alignements (Steinallen) de Ménec, Alignements de Kermario, Alignements de Kerlescan, Tumulus St-Michel in Carnac.
! Besichtigung der Alignements de Kerzerho und des Dolmen de Cruzuno bei Erdeven.
! Fahrt zur Halbinsel Quiberon.
! Keine Parkgebühr.
! Stellmöglichkeiten für 10 Wohnmobile.
! Alle anderen Parkplätze in Locmariaquer für Wohnmobile gesperrt.
! Übernachtungsverbote auf den Parkplätzen in La Trinité.
! Informationen: Tel. 02 97 66 60 15.

Bild Seite 200

Für Wohnmobile ausgewiesene, asphaltierte Parkplätze im Ort.

Von der Schnellstraße N165 Richtung Vannes und in Vannes Richtung centre ville fahren. Dem Wohnmobil-Symbol und dem Wegweiser Centre Commercial Continent folgen.

! Gaststätten und Geschäfte in der Nähe.
! Häuser am Parkplatz.
! Ver- und Entsorgung am Parkplatz.
! Stromanschluss möglich.
! Ganzjährig zugänglich.
! Aufenthaltsdauer 24 Stunden.
! Besichtigung von Vannes: Cathédrale St-Pierre, Porte Prison, Château Gaillard mit archäologischem Museum, Vannes et sa femme, Markthalle La Cohue mit Musée de Vannes.
! Besuch des Archeoskope (Technische Schau über die Zeit von Carnac vor 6000 Jahren).
! Besichtigung der Alignements (Steinallen) de Ménec, Alignements de Kermario, Alignements de Kerlescan, Tumulus St-Michel in Carnac.
! Fahrt zur Halbinsel Quiberon.
! Keine Parkgebühr.
! Stellmöglichkeiten für 10 Wohnmobile.
! Ebene Stellflächen.
! Informationen: Tel. 02 97 63 07 63.

Strand bei St-Guildas (BM-11, Seite 204)

Für Wohnmobile reservierter, asphaltierter Übernachtungsplatz am Ortsrand in ruhiger Lage.

Von Sarzeau Richtung Arzon fahren (D780) und 800 m vor dem Ortsanfang Arzon im Kreisel Richtung Kermor fahren und dem Wohnmobil-Hinweisschild links folgen. Nach 200 m wird rechts der Parkplatz erreicht.

! Häuser am Parkplatz.
! Sehr schmale Einfahrt. Für große Wohnmobile nicht geeignet.
! Aufenthaltsdauer nicht begrenzt.
! Ganzjährig zugänglich.
! Ver- und Entsorgungsstation am Campingplatz Municipal du Tindio. Richtung Kerners fahren.
! Besichtigung des Château Suscinio bei Sarzeau.
! Besichtigung von Vannes: Cathédrale St-Pierre, Porte Prison, Château Gaillard mit archäologischem Museum, Vannes et sa femme (Groteske Köpfe), Markthalle La Cohue mit Musée de Vannes.
! Keine Parkgebühr.
! Stellmöglichkeiten für 10 Wohnmobile.
! Ebene Stellflächen.

Das Schloss Suscino (BM-12, Seite 205)

St-Gildas-de-Rhuys, Wohnmobilplatz *** BM - 11

Nur für Wohnmobile reservierte Übernachtungsplätze auf einem durch Büsche und Bäume aufgelockerten Wiesengelände am Strand in sehr ruhiger und schöner Lage.

Bei Anfahrt von Sarzeau südlich von Sarzeau Richtung St-Gildas abbiegen (D198), in St-Gildas Richtung Arzon fahren und 100 m nach dem Ortsende St-Gildas links Richtung Plage de Govelins abbiegen. Nach 200 m links Richtung Pointe du Grand Mont fahren. Noch 200 m bis zum Parkplatz rechts.
Bei Anfahrt von Arzon von der D780 Richtung St-Gildas abbiegen (D198) und nach 1,8 km rechts Richtung Plage de Govelins fahren. Nach 200 m links Richtung Pointe du Grand Mont fahren. Noch 200 m bis zum Parkplatz rechts.

! Häuser am Parkplatz.
! Bänke und Tische am Parkplatz.
! Müllcontainer am Parkplatz.
! Ver- und Entsorgungsstation am Campingplatz Municipal du Tindio in Arzon.
! Aufenthaltsdauer 48 Stunden.
! Ganzjährig zugänglich.
! Breiter, feinsandiger Strand am Parkplatz.
! 15 min Fussweg zur Ortsmitte.
! Besichtigung des Château Suscinio bei Sarzeau.
! Besichtigung von Vannes: Cathédrale St-Pierre, Porte Prison, Château Gaillard mit archäologischem Museum, Vannes et sa femme (Groteske Köpfe), Markthalle La Cohue mit Musée de Vannes.
! Ausflug nach Carnac.
! Keine Parkgebühr.
! Stellmöglichkeiten für 10 Wohnmobile.
! Ebene und leicht unebene Stellflächen.

Bilder Seite 202 und 225

Parkgelände auf festem Sandgrund am Strand in sehr ruhiger Lage und landschaftlich reizvoller Umgebung.

Von der D780 (Vannes-Sarzeau) Richtung Château des Suscinio abbiegen (D198) und nach 2,3 km dem Wegweiser Château rechts folgen. Noch 300 m bis zum Parkplatz am Schloss rechts. Zum Strand nach weiteren 300 m links dem Wegweiser La Plage folgen und nach 100 m rechts fahren (kein Hinweis). Noch 300 m bis zum Parkplatz rechts.

! Häuser in der Nähe.
! Breiter, feiner Kiesstrand am Parkplatz. Unbewachter Strand.
! Einsame Lage.
! Müllcontainer am Parkplatz.
! Ganzjährig zugänglich.
! Besichtigung des Château Suscinio.
! Besichtigung von Vannes: Cathédrale St-Pierre, Porte Prison, Château Gaillard mit archäologischem Museum, Vannes et sa femme (Groteske Köpfe), Markthalle La Cohue mit Musée de Vannes.
! Keine Parkgebühr.
! Stellmöglichkeiten für 20 Wohnmobile.
! Ebene und leicht unebene Stellflächen.
! Übernachtungsverbote an der Pointe de Penvins von 20-8.00 Uhr.

Bild Seite 203

Der Strand von Suscino (BM-12)

Weißes und schwarzes Gold

Von Vannes nach St-Nazaire

Tour 14

Schwarz ist das Moor im Naturpark Brière neben den weißen Salzgärten der Marais Salants, zwei ungewöhnliche Landschaften in der Bretagne von besonderem Reiz, die wir zum Abschluss unserer Bretagne-Rundfahrt kennenlernen wollen. In Damgan an der bretonischen Küste wurde am Strand ein Wohnmobil-Übernachtungsplatz mit einer Ver- und Entsorgungsstation eingerichtet **(VN-1)**. Die Verkehrsgeräusche der Straße zwischen Strand und Platz stören uns. Deshalb übernachten wir am Plage Tréhervé **(VN-2)**. Der Küstenwanderweg führt nach beiden Seiten durch eine abwechslungsreiche Küstenlandschaft mit Felsen, Riffen und kleinen Sandbuchten, die bei Flut zum Baden einladen.

Sehenswert in der Stadt Vannes sind der halbrunde Platz Gambetta, die Promenade de la Gerenne, der überdachte mittelalterliche Waschplatz am Fluss, die Stadtmauer, die Porte Prison, die alten Markthallen und die Kathedrale. Im archäologischen Museum werden die vorgeschichtlichen Funde vom Golfe du Morbihan gezeigt. Am Hafen ist das Ozeanografische und Tropische Aqarium zu besichtigen.

Auf dem Weg zu den Salzgärten besteht auch die Möglichkeit am großen Centre Nautique in Billiers **(VN-3)**, am Bootshafen von Port d' Arzal **(VN-4)** oder auf dem Wohnmobilplatz in Pénestin **(VN-5)** zu übernachten.

Zum Ferienort hat sich Quimiac entwickelt. Im alten Nachbarort Mesquer am Bootshafen Kercabellec besteht ebenfalls eine Möglichkeit zum Übernachten **(VN-6)**. Wir bleiben auf dem Wohnmobilplatz am Strand zwischen Quimiac und Piriac-sur-Mer **(VN-7)**. Einen weiteren Übernachtungsplatz gibt es im Vorort Lerat **(VN-8)**. Den kleinen Hafenort Piriac haben im 19. Jahrhundert die Dichter Alohonse Daudet, Emile Zola und Gustave Flaubert besucht und als Badeort bekannt gemacht. Heute locken die Bistros und Lokale am Hafen mit besonderen Angeboten, Muscheln essen so viel man kann. Von der Pointe de Castelli kann man die Sandstrände der Küste im Süden bis zu den Ferienorten la Turballe und le Croisic überblicken. Leider sind die Parkplätze an diesen schönen Sandstränden abgeschrankt oder die Übernachtung im Wohnmobil wird durch Verbotsschilder untersagt. Nur am Stadion in la Turballe darf man sein Wohnmobil über Nacht abstellen **(VN-9)**.

Die Straßen nach Le Baule und Guérande verlaufen auf schmalen Dämmen durch die Salzgärten der Marais Salants. Das Land ist durchsetzt von Gräben und aufgeteilt in rechteckige Becken. Einige Bassins sind inzwischen verlandet, andere durch spargelartige, grüne Pflanzen, die Queller, fast zugewuchert, nur selten blinkt noch das weiße Gold des Mittelalters, das Salz, als weiße Fläche oder als weiße Pyramide aus der nassen Landschaft hervor. Schon zu den Zeiten der Römer wurde hier das kostbare Salz, Gewürz und Konservierungsmittel, auch Sold, Zahlungsmittel und Währung, in der damals noch wenig verlandeten Bucht gewonnen. Heute lassen die Salzbauern das Salzwasser über die Kanäle eindringen, im Bassin austrocknen und ernten das Salz vom schmalen Lehmrand aus durch vorsichtiges Abschöpfen und Zusammenschieben der Salzkruste mit einem an einer langen Stange befestigten Brett und häufeln es zu Pyramiden mit einfachen Holzwerkzeugen an den Rundungen der Lehmstege. Die Zeit ist stehen geblieben, keine modernen Geräte oder Maschinen werden zur Salzgewinnung eingesetzt. Sel de Guérande ist das Markenzeichen für dieses handgewonnene, würzige, an Spurenelementen reiche Meersalz der Bretagne, eine Salzblume mit Veilchengeschmack, das Erzeugnis für Feinschmecker und Gourmets.

Guérande im Hinterland der Marais war im Mittelalter mit dem Meer verbunden und besaß eine Handelsflotte von mehreren hundert Schiffen für den Export des Salzes. Eingeführt wurde der Wein aus dem Bordelais. Heute ist Guérande eine Touristenattraktion. Die Bauten des Mittelalters in einer kreisrunden Stadtbefestigung sind fast vollständig erhalten. Vier Tore führen aus allen Himmelsrichtungen in die Mauern der Stadt. Die Doppeltürme des Osttores und der Gouverneurspalast sind sehr eindrucksvoll. Am Schnittpunkt der vier Torstraßen, in der Stadtmitte, steht die romanisch-gotische Stiftskirche Saint-Aubin.

Hinter dem schillernden weißen Salzland beginnt das dunkle, schwarze Moorland der Brière, nach der Camargue das größte Sumpfgebiet Frankreichs. Seit dem 13. Jahrhundert wurde in dieser schon lange verlandeten und versumpften Bucht des Atlantiks Torf, das schwarze Gold des Mittelalters, gestochen. Moor und Torf haben die restlichen Wasserflächen, die Gräben und Kanäle schwarz gefärbt. Von den Straßen, die um die Brière herumführen, ist von dieser Urlandschaft nichts zu sehen. Wanderungen und Radtouren am Rand der Brière, vor allem aber Bootsfahrten erschließen dem Touristen die herbe Schönheit des Nationalparks. Reiher, Schilfbussarde, Knäkenten, Bekassinen leben in diesem Paradies, im Frühjahr und Herbst bevölkern Millionen Zugvögel das Revier.

In St-Lymphard wurde ein kommunaler Stellplatz eingerichtet **(VN-10)**. Leider verläuft die Hauptstraße unmittelbar hinter dem Platz. Am Bootshafen Port de la Fendue kann man das rollende Ferienhaus besser abstellen, eine Bootsfahrt unternehmen und die Nacht auf dem sehr ruhig und schön gelegenen Parkplatz verbringen **(VN-11)**.

Wir stellen unser Ferienhaus auf Rädern auf dem noch schöneren Stellplatz in Breca ab **(VN-12)**. Wir steigen in ein breites und flaches schwarzes Boot, den Blin, und gleiten langsam, von leisen Elektromotoren angetrieben, durch die Kanäle. Abends nehmen wir noch einmal ein kleines schmales schwarzes Boot ohne Ruder und Riemen, den Chaland, und staken selbst zwischen Schilf und Röhricht durch die einsame Wildnis der Brière. Schwarz vom Moorgrund ist das Wasser, kein Lüftchen rührt sich, nur der Ruf eines Vogels durchdringt die Stille. Einmalig ist die Empfindung und das Erlebnis in der Dämmerung des scheidenden Tages. Es ist der Tag des Abschieds von der Bretagne.

Wer möchte, kann auch in Guérande sein Fahrzeug abstellen **(VN-13)**. Uns ist es dort zu laut. Wir fahren lieber zur Küste. In le Croisic und in le Poliguen wurden Wohnmobilplätze eingerichtet **(VN-14** und **VN-15)**. Besonders eindrucksvoll ist die Fahrt entlang der Côte Sauvage. Die wilde Felsküste, bizarre Felsen im stürmischen Meer und die wütende Brandung fesseln unsere Sinne.

Der Stellplatz an der Île du Fedrun im Osten des Parks **(VN-16)** und die sehenswerte Stadt St-Nazaire liegen schon in der Region Loire-Atlantique, die aber noch zur Bretagne zählt. Eine Stadtbesichtigung von St-Nazaire schließt unsere Wochenreise ab. Von der Terrasse panoramique auf der gepanzerten Schleuse des ehemaligen U-Boot-Bunkers aus dem zweiten Weltkrieg haben wir den schönsten Blick auf die grazile, dreieinhalb Kilometer lange und 61 Meter hohe Hängebrücke über die breite Mündung der Loire, die längste Brücke Frankreichs. Der Blick fällt auf das französische Museums-U-Boot Espadon, das als erstes unter dem Polareis hindurchtauchte. In der Nähe des Hafen erleben wir noch einmal die vieltausendjährige Geschichte der Bretagne, ein Dolmen, ausgerichtet auf die Sonnenwende im Winter.

Strand von Damgan-Kervoyal (VN-1, Seite 211)

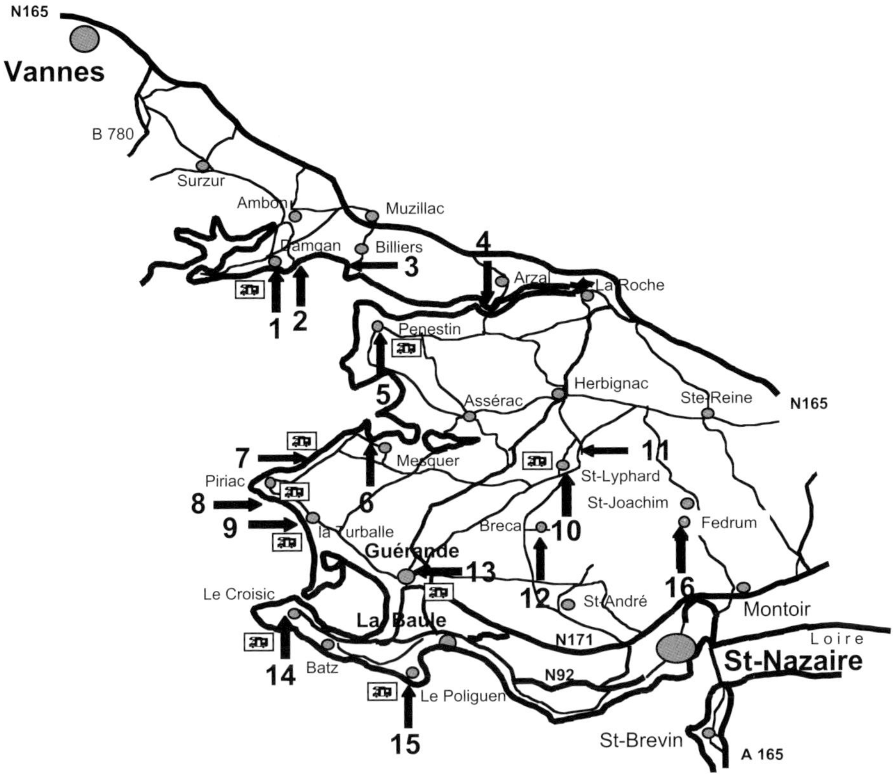

Von Vannes nach St-Nazaire

Tour 14: **Von Vannes nach St-Nazaire**

Nr.	Ort, Bezeichnung	Stellplätze A	Gasthaus	Häuser	WC	Bad See	Womoplatz	Entsorg.	Parkdauer B	Parkgebühr C
VN-1	**Damgan, Wohnmobilplatz ***	20	-	+	-	+	+	+	2	4
VN-2	Ambon, Plage Tréhervé ***	20	-	+	-	+	-	-	1	0
VN-3	Billiers, Centre Nautique **	5	+	+	-	+	-	-	1	0
VN-4	Arzal, Port d' Arzal **	10	-	+	-	-	-	-	1	0
VN-5	**Pénestin, Wohnmobilplatz ***	10	+	+	+	-	+	+	1	0
VN-6	Mesquer, Port Kercabellec *	20	-	+	-	-	-	-	1	0
VN-7	**Piriac-sur-Mer, Lieu-dit-Brambel ****	20	-	+	+	-	+	+	2	4
VN-8	**Piriac-sur-Mer, Lerat ****	10	+	+	-	+	+	+	2	4
VN-9	**La Turballe, Stade municipal ****	5	+	+	-	-	+	+	1	0
VN-10	**St-Lyphard, Les Brières du Bourg ***	5	-	+	-	-	+	+	1	0
VN-11	St-Lyphard, Port de la Pierre Fendue ***	5	-	+	-	-	-	-	1	0
VN-12	Breca, Bootshafen ****	20	+	+	+	-	-	-	1	0
VN-13	**Guérande, Bel Air ***	3	+	+	-	-	+	+	1	0
VN-14	**Le Croisic, Rue de Courlis ****	10	+	+	-	-	+	+	1	0
VN-15	**Le Poliguen, Rue Philippe ****	30	+	+	-	-	+	+	1	0
VN-16	St-Joachim, Île de Fedrun **	20	-	+	-	-	-	-	1	0

Legende

****	sehr ruhige und sehr schöne Lage.
***	sehr ruhige und schöne Lage.
**	ruhige und gute Lage.
*	keine ruhige Lage.
A	Stellplätze gestaffelt nach 3, 5, 10, 20, 30, 50 Wohnmobilen. Dabei wird angenommen, dass nur die Hälfte des Platzes zur Verfügung steht und die andere Hälfte durch PKW belegt ist.
B	Aufenthaltsdauer in Tagen.
C	Übernachtungsgebühr in Euro pro Wohnmobil und 24 Stunden oder Parkgebühr.
P	Parkgebühr in der Saison.
T	Aufenthaltsdauer einige Tage.
U	Aufenthaltsdauer unbegrenzt.
	Ausgewiesener Wohnmobilplatz.

Damgan-Kervoyal, Wohnmobilplatz * VN - 1

Für Wohnmobile reservierter, gekiester Übernachtungsplatz am Strand.

Von der D140 oder der D153 Richtung Damgan fahren und im Kreisel am Ortsanfang Damgan dem Wohnmobil-Symbol folgen und Richtung Kervoyal fahren. Nach 800 m links Richtung Kervoyal abbiegen. Noch 800 m bis zum Parkplatz links.

! Häuser in der Nähe.
! Breiter, feiner Kiesstrand am Parkplatz. Unbewachter Strand.
! Straße zwischen Parkplatz und Strand.
! Ver- und Entsorgungsstation am Parkplatz.
! Müllcontainer am Parkplatz.
! Aufenthaltsdauer 48 Stunden.
! Ganzjährig zugänglich.
! Besichtigung des Château Suscinio.
! Besichtigung von Vannes: Cathédrale St-Pierre, Porte Prison, Château Gaillard mit archäologischem Museum, Vannes et sa femme (Groteske Köpfe), Markthalle La Cohue mit Musée de Vannes.
! Parkgebühr: 4 Euro für 24 Stunden.
! Stellmöglichkeiten für 20 Wohnmobile.
! Ebene und etwas unebene Stellflächen.
! Parkplätze in Damgan abgeschrankt.
! Informationen: Tel. 02 97 48 12 71.

Bild Seite 208

Ambon, Plage Tréhervé *** VN - 2

Gekiester Parkplatz am Strand in sehr ruhiger Lage und landschaftlich reizvoller Umgebung.

Von der D20 in Ambon 600 m nach dem östlichen Ortsschild Ambon Richtung Tréhervé Plage rechts abbiegen. Nach 500 m rechts dem Wegweiser Tréhervé Plage folgen. Noch 3 km bis zum Parkplatz links am Ende der Straße.
Von der N165 an der Ausfahrt Muzillac abfahren und Richtung Damgan fahren. Nach 700 m im Kreisel Richtung Damgan abbiegen (D20). Nach weiteren 3,2 km dem Wegweiser Tréhervé Plage links folgen.

! Häuser am Parkplatz.
! Felsenküste und kleine Sandbuchten am Parkplatz.
! Müllcontainer am Parkplatz.
! Küstenwanderweg am Parkplatz.
! Campingplatz in der Nähe.
! Besichtigung des Château Suscinio.
! Besichtigung von Vannes: Cathédrale St-Pierre, Porte Prison, Château Gaillard mit archäologischem Museum, Vannes et sa femme (Groteske Köpfe), Markthalle La Cohue mit Musée de Vannes.
! Keine Parkgebühr.
! Stellmöglichkeiten für 20 Wohnmobile.
! Ebene und leicht schräge Stellflächen.
! Auf den Parkplätzen an den Stränden Cromenac'h und Betahon Übernachtungsverbote für Wohnmobile.
! Parkplätze in Damgan abgeschrankt.

Stellplatz am Port d'Arzal (VN-4, Seite 213)

Billiers, Centre Nautique ** VN - 3

Befestigter Parkplatz am Centre Nautique in ruhiger Lage.

Von Muzillac Richtung Billiers (D5) und durch Billiers fahren. 1,1 km nach dem Ortsende Billiers rechts fahren. Noch 100 m bis zum Parkplatz rechts.

! Häuser am Parkplatz.
! Gaststätte am Parkplatz.
! Telefon am Parkplatz.
! Kleiner Sandstrand am Parkplatz.
! Wanderungen und Radtouren an der Küste.
! Besichtigung des Château Suscinio.
! Besichtigung von Vannes: Cathédrale St-Pierre, Porte Prison, Château Gaillard mit archäologischem Museum, Vannes et sa femme (Groteske Köpfe), Markthalle La Cohue mit Musée de Vannes.
! Keine Parkgebühr.
! Stellmöglichkeiten für 5 Wohnmobile.
! Ebene und leicht schräge Stellflächen.
! Camping-Caravaning an den Strandparkplätzen verboten.
! Auf den Parkplätzen an den Stränden Cromenac'h und Betahon Übernachtungsverbote für Wohnmobile.

Arzal, Port d'Arzal ** VN - 4

Von Bäumen umgebener, asphaltierter Parkplatz am Port d'Arzal in ruhiger und schöner Lage.

Von der N165 Richtung Arzal abfahren (D139). Nach 5 km wird der Parkplatz vor der Brücke links erreicht.

! Häuser am Parkplatz.
! Großer Bootshafen am Parkplatz.
! Getrennte Müllentsorgung am Parkplatz.
! Wanderungen und Radtouren am Fluss Vilaine.
! Fahrt nach Piriac-sur-Mer und Guérande.
! Fahrt durch die Marais Salants.
! Fahrt zum Parc Naturel de Brière.
! Keine Parkgebühr.
! Stellmöglichkeiten für 10 Wohnmobile.
! Ebene Stellflächen.

Pénestin, Wohnmobilplatz * VN - 5

Für Wohnmobile zugelassener, befestigter Übernachtungsplatz an der Information in Pénestin.

Bei Anfahrt von Westen (D34) 400 m nach dem Ortsanfang Pénestin rechts zum Parkplatz abbiegen.
Bei Anfahrt aus dem Süden (D201) 900 m nach dem Ortsanfang Pénestin links zum Parkplatz abbiegen.

! Häuser und Information am Parkplatz.
! Gaststätten und Geschäfte in der Nähe.
! WC am Parkplatz.
! Ver- und Entsorgungsstation am Parkplatz.
! Aufenthaltsdauer 24 Stunden.
! Ganzjährig zugänglich.
! Telefon am Parkplatz.
! Wanderungen und Radtouren an der Küste.
! Zum Strandparkplatz Richtung Assérac fahren (D201) und nach 600 m rechts abbiegen. Noch 700 m. Tagsüber durch Pkw belegt.
! Fahrt nach Piriac-sur-Mer und Guérande.
! Keine Parkgebühr.
! Stellmöglichkeiten für 10 Wohnmobile.
! Ebene Stellflächen.

Mesquer, Port Kercabellec * VN - 6

Befestigter Parkplatz am Port Kercabellec.

Von der D52 Richtung Mesquer fahren und 500 m nach dem Ortsanfang Mesquer dem Wegweiser Port Kercabellec folgen. Nach insgesamt 1,6 km wird der Parkplatz rechts erreicht.

! Häuser, Café und Bäcker am Parkplatz.
! Getrennte Müllentsorgung am Parkplatz.
! Verkehrsgeräusche durch Nebenstraße.
! Wanderungen und Radtouren an der Küste.
! Besichtigung von Piriac-sur-Mer: Pointe de Castelli, Altstadt, Hafenbistros.
! Besichtigung von Guérande: Kreisrunde Stadtbefestigung mit Türmen und Toren, Stiftskirche, St-Saint-Aubin, Gouverneurspalast.
! Fahrt durch die Marais Salants.
! Fahrt zum Parc Naturel de Briere.
! Keine Parkgebühr.
! Stellmöglichkeiten für 20 Wohnmobile.
! Ebene Stellflächen.

Piriac-sur-Mer, Lieu-dit- Brambel ** VN - 7

Für Wohnmobile zugelassener, befestigter Übernachtungsplatz an der Küstenstraße.

Bei Anfahrt aus dem Süden Richtung Mesquer/Qimiac fahren (D452) und 2,3 km nach dem Ortsende Piriac rechts zum Parkplatz abbiegen.
Bei Anfahrt aus dem Norden von Quimiac Richtung Piriac fahren (D452) und 1,2 km nach dem Ortsende von Quimiac links zum Parkplatz abbiegen.

! Häuser am Parkplatz.
! WC am Parkplatz.
! Ver- und Entsorgungsstation am Parkplatz.
! Bänke und Tische am Parkplatz. Telefon am Parkplatz.
! Getrennte Müllentsorgung am Parkplatz.
! Verkehrsgeräusche durch Nebenstraße.
! Aufenthaltsdauer 48 Stunden.
! Ganzjährig zugänglich.
! Sandstrand und Parkplatz 1 km Richtung Piriac.
! Wanderungen und Radtouren an der Küste.
! Fahrt auf der Küstenstraße.
! Besichtigung von Piriac-sur-Mer: Pointe de Castelli, Altstadt, Hafenbistros.
! Besichtigung von Guérande: Kreisrunde Stadtbefestigung mit Türmen und Toren, Stiftskirche St-Saint-Aubin, Gouverneurspalast.
! Fahrt durch die Marais Salants und zum Parc Naturel de Briere.
! Parkgebühr: 4 Euro pro Nacht.
! Stellmöglichkeiten für 20 Wohnmobile.
! Ebene Stellflächen.
! Parkplätze in La Turballe abgeschrankt oder Wohnmobil-Übernachtungsverbote.
! Informationen: Tel. 02 40 23 50 19.

Piriac-sur-Mer, Lerat ** VN - 8

Für Wohnmobile zugelassener, befestigter Übernachtungsplatz im Ortsteil Lerat in ruhiger Lage.

Von Piriac-sur-Mer Richtung la Turballe fahren (D99). 2 km nach Piriac in Lerat dem Wohnmobil-Symbol folgen.

! Gaststätte in der Nähe.
! Häuser am Parkplatz.
! Ver- und Entsorgungsstation am Parkplatz.
! Müllbehälter am Parkplatz.
! Aufenthaltsdauer 48 Stunden.
! Ganzjährig zugänglich.
! Strand in der Nähe.
! Wanderungen und Radtouren an der Küste.
! Fahrt auf der Küstenstraße.
! Besichtigung von Piriac-sur-Mer: Pointe de Castelli, Altstadt, Hafenbistros.
! Besichtigung von Guérande: Kreisrunde Stadtbefestigung mit Türmen und Toren, Stiftskirche St-Saint-Aubin, Gouverneurspalast.
! Fahrt durch die Marais Salants und zum Parc Naturel de Briere.
! Parkgebühr: 4 Euro pro Nacht.
! Stellmöglichkeiten für 10 Wohnmobile.
! Ebene und leicht schräge Stellflächen.
! Parkplätze in La Turballe abgeschrankt oder Wohnmobil-Übernachtungsverbote.
! Informationen: Tel. 02 40 23 50 19.

La Turballe, Stade municipal ** VN - 9

Für Wohnmobile zugelassener, asphaltierter Übernachtungsplatz am Stadion Gavy Vallot in ruhiger Lage.

Von Piriac-sur-Mer Richtung la Turballe fahren (D99). 1,5 km nach dem Ortsanfang im Kreisel rechts und nach 200 m links Richtung centre ville abbiegen. Noch 100 m bis zum Parkplatz links.
Von Guérande Richtung la Turballe fahren (D99) und 2,3 km nach dem Ortsanfang links und nach 200 m wieder links Richtung centre ville abbiegen. Noch 100 m bis zum Parkplatz links.

! Gaststätte und Geschäfte in der Nähe.
! Häuser am Parkplatz.
! Ver- und Entsorgungsstation (Flot bleu) am Parkplatz.
! Müllbehälter am Parkplatz.
! Aufenthaltsdauer 24 Stunden.
! Ganzjährig zugänglich.
! Hafen in der Nähe.
! Wanderungen und Radtouren an der Küste.
! Fahrt auf der Küstenstraße.
! Besichtigung von Piriac-sur-Mer: Pointe de Castelli, Altstadt, Hafenbistros.
! Besichtigung von Guérande: Kreisrunde Stadtbefestigung mit Türmen und Toren, Stiftskirche St-Saint-Aubin, Gouverneurspalast.
! Fahrt durch die Marais Salants und zum Parc Naturel de Briere.
! Keine Parkgebühr.
! Stellmöglichkeiten für 5 Wohnmobile.
! Ebene Stellflächen.
! Parkplätze an den Stränden abgeschrankt oder Wohnmobil-Übernachtungsverbote.

St-Lyphard, Les Brières du Bourg * VN - 10

Für Wohnmobile zugelassener kommunaler Platz auf Grasgelände vor dem Campingplatz am Ortsrand.

Von der D99 westlich von Guérande Richtung St-Lyphard abbiegen (D51) und 1 km nach dem Ortsanfang St-Lyphard rechts zur D47 Richtung Herbignac abbiegen. Nach 600 m im Kreisel halblinks Richtung Herbignac fahren (D47). Nach weiteren 700 m rechts dem Camping-Wegweiser folgen. Noch 100 m bis zum Parkplatz.

! Häuser in der Nähe.
! Einsame Lage.
! Bänke und Tische am Parkplatz. Telefon am Parkplatz.
! Getrennte Müllentsorgung am Parkplatz.
! Ver- und Entsorgung am Parkplatz.
! Aufenthaltsdauer 24 Stunden.
! April bis September zugänglich.
! Wanderungen und Radtouren durch den Parc Naturel Regional de Brière.
! Besichtigung von Piriac-sur-Mer: Pointe de Castelli, Altstadt, Hafenbistros.
! Besichtigung von Guérande: Kreisrunde Stadtbefestigung mit Türmen und Toren, Stiftskirche St-Saint-Aubin, Gouverneurspalast.
! Besichtigung von St-Nazaire: U-Boot-Bunker mit Panorama-Terrasse, Museums-U-Boot Espadon, Loire-Brücke, Dolmen.
! Fahrt durch die Marais Salants.
! Keine Parkgebühr.
! Stellmöglichkeiten für 5 Wohnmobile.
! Parkplätze am Strand von La Turballe abgeschrankt oder Wohnmobil-Übernachtungsverbote.
! Informationen: Tel 02 40 91 43 13.

St-Lyphard, Port de la Pierre Fendue *** VN - 11

Befestigter Parkplatz am Bootshafen in sehr ruhiger Lage und landschaftlich reizvoller Umgebung.

Von der D99 westlich von Guérande Richtung St-Lyphard abbiegen (D51) und nach 10,2 km im Kreisel rechts Richtung Port de la Fendue abbiegen. Noch 700 m bis zum Parkplatz.

! Häuser in der Nähe.
! Einsame Lage.
! Bänke und Tische am Parkplatz. Telefon am Parkplatz.
! Getrennte Müllentsorgung am Parkplatz.
! Ver- und Entsorgungsstation in St-Lyphard.
! Wanderungen und Radtouren durch den Parc Naturel Regional de Brière.
! Besichtigung von Piriac-sur-Mer: Pointe de Castelli, Altstadt, Hafenbistros.
! Besichtigung von Guérande: Kreisrunde Stadtbefestigung mit Türmen und Toren, Stiftskirche St-Saint-Aubin, Gouverneurspalast.
! Besichtigung von St-Nazaire: U-Boot-Bunker mit Panorama-Terrasse, Museums-U-Boot Espadon, Loire-Brücke, Dolmen.
! Fahrt durch die Marais Salants.
! Keine Parkgebühr.
! Stellmöglichkeiten für 5 Wohnmobile.
Bild Seite 217
! Ebene Stellflächen.
! Parkplätze am Strand von La Turballe abgeschrankt oder Wohnmobil-Übernachtungsverbote.

Der Bootshafen de la Pierre Fendue

Stellplatz am Port de la Pierre Fendue (VN-11, Seite 216)

Geschotterte und befestigte Parkplätze am Bootshafen in sehr ruhiger Lage und landschaftlich sehr reizvoller Umgebung.

Bei Anfahrt aus dem Süden von der N171 nördlich von St-Nazaire Richtung St-André abbiegen (D392), an St-André vorbei Richtung St-Lyphard fahren (D47). 100 m nach dem Ortsende le Brunet rechts dem Wegweiser Breca folgen. Noch 1,2 km bis zum ersten Parkplatz links und 1,4 km bis zum zweiten Parkplatz.
Bei Anfahrt aus dem Norden von St-Lyphard im Kreisel D51/D47 Richtung St-André fahren und 200 m nach dem Ortsanfang le Brunet links dem Wegweiser Breca folgen. Noch 1,2 km bis zum ersten Parkplatz links und 1,4 km bis zum zweiten Parkplatz.

! Häuser und Gaststätte am Parkplatz.
! WC am Parkplatz.
! Bootsfahrt durch den Nationalpark de Brière.
! Bänke und Tische am Parkplatz. Telefon am Parkplatz.
! Ver- und Entsorgungsstation in St-Lyphard.
! Wanderungen und Radtouren durch den Parc Naturel Regional de Brière.
! Besichtigung von Piriac-sur-Mer: Pointe de Castelli, Altstadt, Hafenbistros.
! Besichtigung von Guérande: Kreisrunde Stadtbefestigung mit Türmen und Toren, Stiftskirche St-Saint-Aubin, Gouverneurspalast.
! Besichtigung von St-Nazaire: U-Boot-Bunker mit Panorama-Terrasse, Museums-U-Boot Espadon, Loire-Brücke, Dolmen.
! Fahrt durch die Marais Salants.
! Keine Parkgebühr.
! Stellmöglichkeiten für 20 Wohnmobile.
! Parkplätze am Strand von La Turballe abgeschrankt oder Wohnmobil-Übernachtungsverbote.

Stellplatz am Bootshafen von Breca (VN-12)

Guérande, Bel Air * VN - 13

Für Wohnmobile zugelassener, asphaltierter Parkplatz im Ort.

Durch das Stadttor in das Altstadtzentrum von Guérande fahren. 200 m nach der Stadtmauer wird der Parkplatz Bel Air an der Rue Jean-Baptiste Legeay erreicht.

! Gaststätten in der Nähe.
! Häuser am Parkplatz.
! Getrennte Müllentsorgung am Parkplatz.
! Ver- und Entsorgung am Parkplatz.
! Stromanschluss möglich.
! Aufenthaltsdauer 24 Stunden.
! März bis November zugänglich.
! Wanderungen und Radtouren durch den Parc Naturel Regional de Brière.
! Besichtigung von Guérande: Kreisrunde Stadtbefestigung mit Türmen und Toren, Stiftskirche St-Saint-Aubin, Gouverneurspalast.
! Besichtigung von Piriac-sur-Mer: Pointe de Castelli, Altstadt, Hafenbistros.
! Besichtigung von St-Nazaire: U-Boot-Bunker mit Panorama-Terrasse, Museums-U-Boot Espadon, Loire-Brücke, Dolmen.
! Fahrt durch die Marais Salants.
! Keine Parkgebühr.
! Stellmöglichkeiten für 3 Wohnmobile.
! Ebene Stellflächen.
! Parkplätze am Strand von La Turballe abgeschrankt oder Wohnmobil-Übernachtungsverbote.
! Informationen: Tel 02 40 24 73 73.

Le Croisic, Rue de Courlis ** VN - 14

Für Wohnmobile zugelassener, befestigter Parkplatz im Ort in ruhiger Lage.

Von der Schnellstraße N171 Richtung Le Croisic abbiegen (D774) und nach 4 km links Richtung Le Pouliguen und nach weitere 2,1 km im Kreisel wieder links Richtung Le Pouliguen fahren. Nach weitere 3,2 km am Ortsanfang Le Croisic rechts Richtung centre ville abbiegen (D171). 800 m nach dem Ortsanfang rechts in die Rue des Parcs einbiegen und nach 100 m rechts und nach weiteren 100 m links dem Wohnmobil-Symbol folgen. Noch 100 m bis zum Parkplatz links.

! Gaststätten und Geschäfte in der Nähe.
! Häuser am Parkplatz.
! Müllentcontainer am Parkplatz.
! Ver- und Entsorgung (Euro-Relais) am Parkplatz. Stromanschluss möglich.
! Aufenthaltsdauer 24 Stunden.
! 01.04. - 31.10. zugänglich.
! Wanderungen und Radtouren durch den Parc Naturel Regional de Brière.
! Fahrt entlang der Côte Sauvage.
! Besichtigung von Guérande: Kreisrunde Stadtbefestigung mit Türmen und Toren, Stiftskirche St-Saint-Aubin, Gouverneurspalast.
! Besichtigung von St-Nazaire: U-Boot-Bunker mit Panorama-Terrasse, Museums-U-Boot Espadon, Loire-Brücke, Dolmen.
! Fahrt durch die Marais Salants.
! Keine Parkgebühr.
! Stellmöglichkeiten für 10 Wohnmobile.
! Ebene Stellflächen.
! Informationen: Tel 02 40 23 13 67.

Bilder Seite 228

Stellplatz an der Côte Sauvage (VN-14, Seite 219)

Le Poliguen, Rue Philippe ** VN - 15

Für Wohnmobile zugelassener, asphaltierter Parkplatz im Ort in ruhiger Lage.

Von der N171 (Le Baule-Le Croisic) im Kreisel Richtung Le Poliguen abzweigen. Nach 100 m links, nach weiteren 200 m rechts und nach 100 m wieder rechts dem Parkplatzschild Le Port folgen. Noch 50 m bis zum Parkplatz rechts.
Bei Anfahrt von Guérande (D45) nach 1 km im Kreisel N171 Richtung Le Poliguen abzweigen. Nach 100 m links, nach weiteren 200 m rechts und nach 100 m wieder rechts dem Parkplatzschild Le Port folgen. Noch 50 m bis zum Parkplatz rechts.

! Gaststätten und Geschäfte in der Nähe.
! Häuser am Parkplatz.
! Ver- und Entsorgung am Parkplatz. Stromanschluss möglich.
! Aufenthaltsdauer 24 Stunden.
! Saisonanfang - 15.09. zugänglich.
! Hafen in der Nähe.
! 5 min Fussweg zur Ortsmitte.
! Wanderungen und Radtouren durch den Parc Naturel Regional de Brière.
! Besichtigung von Guérande: Kreisrunde Stadtbefestigung mit Türmen und Toren, Stiftskirche St-Saint-Aubin, Gouverneurspalast.
! Besichtigung von St-Nazaire: U-Boot-Bunker mit Panorama-Terrasse, Museums-U-Boot Espadon, Loire-Brücke, Dolmen.
! Fahrt durch die Marais Salants.
! Keine Parkgebühr.
! Stellmöglichkeiten für 30 Wohnmobile.
! Ebene Stellflächen.
! Informationen: Tel 02 40 15 08 07.

Geschotterter Parkplatz am Parc Naturel Regional de Brière in ruhiger Lage.

Bei Anfahrt aus dem Süden von der N171 in Montoir Richtung St-Joachim abbiegen (D50) und 400 m nach dem Ortsanfang St-Joachim links dem Wegweiser Maison du Parc/Ile de Fedrun folgen. Noch 1 km bis zum Parkplatz links.
Bei Anfahrt aus dem Norden von der D33 Richtung St-Joachim abbiegen (D50) und 1,5 km nach dem Ortsanfang St-Joachim rechts dem Wegweiser Ile de Fedrun folgen. Noch 1 km bis zum Parkplatz links.

! Häuser am Parkplatz.
! D50 für Lkw über 3,5 t gesperrt.
! Bootsfahrt durch den Nationalpark de Brière.
! Aussichtspunkte und Bootshafen an der D50.
! Wanderungen und Radtouren durch den Parc Naturel Regional de Brière.
! Besichtigung von St-Nazaire: U-Boot-Bunker mit Panorama-Terrasse, Museums-U-Boot Espadon, Loire-Brücke, Dolmen.
! Fahrt durch die Marais Salants.
! Keine Parkgebühr.
! Stellmöglichkeiten für 20 Wohnmobile.
! Ebene Stellflächen.

Stellplatz Île de Fedrun (VN-16)

Am nördlichen Atlantik

Von der Loire bis zur Ile de Noirmoutier

Tour 15

Vendée heißt diese französische Provinz, die sich südlich der Loire bis zum Atlantik erstreckt, eine stille, hügelige Region. An den Ufern des mächtigen Stroms zwischen der Mündung der Loire und Nantes sind kleine Sehenswürdigkeiten der Natur zu entdecken, die Marschgebiete mit ihrer artenreichen Tier- und Pflanzenwelt. Touristisch ist die Vendée fast unerschlossen. Ruhige, ländliche Gebiete mit Weinbau und Sektkellereien bestimmen das Landschaftsbild im Hinterland. Breite feine, kaum bekannte Sandstrände und Dünen säumen die Küsten. Jadeküste nennt sich dieser atlantische Küstenabschnitt.

Wir bleiben zunächst an der Küste. In Saint-Brevin-les-Pins übernachten wir auf einem der schönsten Stellplätze in dieser Region **(LN-1)**. Wir stehen unmittelbar am Atlantik, faulenzen am sauberen, feinsandigen Strand und genießen abends den blutroten Sonnenuntergang. Vom anderen Ufer der breiten Mündung der Loire grüßen die Lichter von Saint-Nazaire.

Nur 500 Meter entfernt erinnern Geschäfte, Strandvillen, Hotels und Bürgerhäuser an einen Badeort des frühen 20. Jahrhunderts. Wir fahren mit dem Fahrrad nach Süden entlang der Jadeküste. Fast immer bleibt der breite Sandstrand unser Begleiter.

Wir fahren einige Kilometer flussaufwärts. Wir stellen unser Ferienhaus auf Rädern in Paimboef direkt am Ufer des mächtigen Stroms auf und blicken über die weite Wasserfläche zu den Ortschaften am anderen Ufer **(LN-2)**. Auf einer Schifftour in die Mündung der Loire erhalten wir viele Erklärungen über den Fluss, über den Fischfang und über die Menschen, Tiere und Pflanzen in den Marschen der Uferregion.

Nur wenige Kilometer südlich darf man am Base de Loirsir in Saint-Viaud sein Schlafauto für eine Übernachtung abstellen **(LN-3)**. Ein See mit einem Sandstrand, Gaststätten, das Hallenbad und schöne Wanderwege durch das Parkgelände bieten viel Abwechslung für den Tag und für den Abend.

Von hier aus oder von Paimboef ist Nantes, die ehemalige Residenz der Herzöge der Bretagne, schnell zu erreichen. Eine Attraktion ist die Passage Pommeraye, ein weitläufiger verglaster Basar auf zwei Etagen aus dem Jahre 1843. Der Treffpunkt für Jung und Alt ist die Promenadenstraße Rue Crébillon mit vielen eleganten Geschäften.

Gewaltig erstreckt sich im Zentrum der Stadt das Château des Ducs, das Schloss der Bretonischen Herzöge. Die gewaltigen Türme, die meterdicken Mauern, das mächtige Eingangskastell, der Burggraben und die Zugbrücke vermitteln den Eindruck einer Festung. Neben dem Schloss erhebt sich der schlanke Treppenturm Tour de la Couronne d'Or mit reich verzierten Fenstern und Logien. Der Brunnen vor dem Turm ist mit einer großen schmiedeeisernen Krone bedeckt, eine Darstellung der bretonischen Herzogskrone.

Eine beeinduckende Sehenswürdigkeit ist die gotische Kathedrale Saint-Pierre aus dem Jahr 1434. Die Fassaden werden von einer Außenkanzel und der Darstellung der Legende von St-Rogatien und St-Donatien, junge Männer, die als Märtyrer 290 einen frühen Tod starben, geschmückt. Im rechten Querschiff steht das bedeutendste Kunstwerk der Kathedrale, das Grabmal des Erbauers Herzog Francois II.

Auch die Museen und Gärten in Nantes zeigen sehr interessante Exponate. Im Musée des Beaux-Arts umfasst die Gemäldesammlung mehr als 2.000 Werke von der Renaissance bis zur Neuzeit, im Musée Jules Verne werden die privaten Gegenstände von Jules Verne, der in Nantes geboren wurde, gezeigt und im Musée Dobrée wurde eine archäologische Sammlung zusammengetragen. Im Jardin des Plantes sind Kamelien, Magnolien, Rhododendron und viele Holzskulpturen zu sehen. Das Musée d'Histoire Naturelle zeigt eine berühmte Muschelsammlung und die Skelette vieler Tiere.

Wir fahren zum Lac de Grand-Lieu, ein Naturreservat südwestlich von Nantes, Rückzugs- und Brutgebiet für viele seltene Reiherarten und Entenvögel. Wir umrunden den See, der mitten in einem Sumpfgebiet liegt, auf einem erlebnisreichen Wanderweg.

Nicht weit entfernt, in Saint-Hilaire-de-Chaléons, befindet sich ein Übernachtungsplatz für Wohnmobile **(LN-4)**. Eine karolingische Kirche ist in Saint-Philbert-de-Grand-Lie zu besichtigen, eine Abtei, die 815 von Mönchen aus Noirmoutier gegründet wurde. In Machecoul befindet sich die Burg des legendären Ritters Gilles de Rais, ein Getreuer der Jungfrau von Orléans, der später hingerichtet wurde.

Unsere Route führt uns nun wieder zur Küste. In Bourgneuf-en-Rez liegt ein sehr schön angelegter Wohnmobilplatz am südlichen Ortsrand **(LN-5)**. Leider wird der Platz von zwei verkehrsreichen Straßen eingerahmt. Im Heimatmuseum werden die Werkzeuge alter Handwerksbetriebe und die Methoden der Salzgewinnung gezeigt.

Die Überfahrt zur Ile de Noirmoutir ist ein Höhepunkt auf der Fahrt entlang der Atlantikküste. Wir erreichen die Insel über eine sehr hohe Brücke und haben eine grandiose Aussicht über Land und Meer. Wir verlassen die Insel aber auf dem Meeresgrund auf einer Straße, die nur bei Ebbe freiliegt. Große Hinweistafeln zeigen uns, zu welchen Tageszeiten bei Ebbe das Meer die Straße freigibt. Wir fahren auf einer schmutzigen Straße zum Festland umgeben von Schlick und Rinnsalen.

Bevor wir auf die Insel Noirmoutier über die Brücke fahren, sonnen wir uns in der Nähe der hohen Brücke am Strand von Fromentine **(LN-6)**. Von hier aus fahren Fährschiffe zur Ile d' Yeu. Im Ort gibt es für Wohnmobile viele Park- und Einkaufmöglichkeiten.

Die Insel hat ihren ursprünglichen Charakter bewahrt, der Tourismus hält sich in Grenzen. Lange Sandstrände laden zum Baden, Schwimmen und Wassersport ein.

Das milde Klima hat eine subtropische Pflanzenwelt entstehen lassen. Die Meeresbuchten sind von Pinien- und Eichenwäder umgeben.

Die Schnellstraße nach der Brücke über den schmalen Sund führt uns bis in den Norden der Insel, nach Noirmoutier mit einer wehrhaften Burg aus dem 12. Jahrhundert. Im Ort weisen uns Wohnmobil-Symbile zu den hübsch angelegten Übernachtungsplätzen auf einem Großraumparkplatz (**LN-7**). Auch für die Entsorgung des fahrbaren Hauses ist gesorgt. Alle Wohnmobil-Urlauber nehmen ein solches Angebot gerne an. Die Aufenthaltsdauer ist nicht begrenzt, ein unbeschwerter Urlaub auf der Insel Noimourtier ist sehr zu empfehlen.

Am Hafen von l' Epine stehen einige Wohnmobile, Franzosen, Holländer und Deutsche. Alle Urlauber stehen im Wasser und haben die Angelruten ausgeworfen. Sie fühlen sich wohl auf diesem Platz am Atlantik und übernachten in Noirmentier oder hier an der Küste (**LN-8**).

Wohnmobilplatz an der Loire in Paimbeuf (LN-2, Seite 229)

Wohnmobilplatz in St.Gildas
(BM-11, Seite 204)

Stellplatz am Bootshafen in Breca
(VN-12, Seite 218)

Von der Loire zur Ile de Noirmoutier

Tour 15: **Von der Loire zur Ile de Noirmoutier**

Nr.	Ort, Bezeichnung	Stell-plätze A	Gast-haus	Häu-ser	WC	Bad See	Womo-platz	Ent-sorg.	Park-dauer B	Park-gebühr C
LN-1	**St-Brevin l'Ocean, Strand** ****	50	-	+	-	+	+	+	1	0
LN-2	**Paimboef, Hafen** ***	30	-	+	+	-	+	+	1	0
LN-3	**Saint Viaud, Base de Loirsirs** ***	30	+	+	-	+	+	+	1	0
LN-4	**St-Hilaire, Rue Eloi Guitteny** **	10	+	+	-	-	+	-	1	0
LN-5	**Bourgneuf, Maison de Tourisme** **	10	-	+	+	-	+	+	1	0
LN-6	Fromentine, Plage **	10	-	-	-	+	-	-	1	0
LN-7	**Noirmoutier, Wohnmobilplatz** **	20	-	+	-	-	+	+	8	3
LN-8	L' Epine, Port du Morin ***	5	-	+	-	-	-	-	1	0

Legende

****	sehr ruhige und sehr schöne Lage.
***	sehr ruhige und schöne Lage.
**	ruhige und gute Lage.
*	keine ruhige Lage.
A	Stellplätze gestaffelt nach 3, 5, 10, 20, 30, 50 Wohnmobilen. Dabei wird angenommen, dass nur die Hälfte des Platzes zur Verfügung steht und die andere Hälfte durch PKW belegt ist.
B	Aufenthaltsdauer in Tagen.
C	Übernachtungsgebühr in Euro pro Wohnmobil und 24 Stunden oder Parkgebühr.
P	Parkgebühr in der Saison.
T	Aufenthaltsdauer einige Tage.
U	Aufenthaltsdauer unbegrenzt.
	Von der Gemeinde eingerichteter Übernachtungsplatz.

An der Côte Sauvage
(VN-14, Seite 219)

Wohnmobilplatz in le Croisic
(VN-14, Seite 219)

St-Brevin l'Ocean, Strand ****

LN - 1

Asphaltierte und befestigte Parkplätze am Strand in sehr ruhiger und sehr schöner Lage.

Bei Anfahrt von St. Nazaire Richtung La Rochelle/Saint-Brevin-les Pins fahren (Schnellstraße N213) und an der Ausfahrt St. Brevin l'Ocean abbiegen und nach 1 km - 900 m nach dem Ortsanfang St. Brevin-les-Pins im Kreisel links Richtung Base Nautique abbiegen. Nach weiteren 600 m - 100 m nach dem Ortsanfang St. Brevin l'Ocean - im Kreisel rechts Richtung Base nautique fahren. Nach weiteren 300 m rechts abbiegen. Noch 100 m bis zu den Parkplätzen. Bei Anfahrt aus dem Süden über den Kreisel 200 m nördlich der Ausfahrt zur anderen Fahrbahn fahren und nach 200 m Richtung St. Brevin abbiegen.

! Häuser am Parkplatz.
! Gaststätten und Geschäfte in 500 m Entfernung.
! Ver- und Entsorgungsstation. Jetons im Centre Nautique.
! Müllcontainer am Parkplatz.
! Blick auf den Atlantik.
! Aufenthaltsdauer 24 Stunden. Ganzjährig zugänglich.
! Sehr breiter, feinsandiger Strand am Parkplatz. Bewachter Strand.
! Segelschule am Parkplatz.
! Angeln im Meer.
! Strandwanderungen. Wanderungen und Radtouren am Strand im Pays de Retz.
! Fahrt entlang der atlantischen Jadeküste.
! Ausflug zur Loire.
! Keine Parkgebühr.
! Stellmöglichkeiten für 50 Wohnmobile.
! Ebene Stellflächen. Kein Schatten.
! Informationen: Tel. 02 40 27 24 32.

Paimbeuf, Hafen ***

LN - 2

Asphaltierter Parkplatz am Hafen in sehr ruhiger und schöner Lage.

Bei Anfahrt von Nantes (D723) 300 m nach dem Ortsanfang Paimboef halbrechts Richtung centre ville/port fahren. Nach 1 km rechts dem Wegweiser centre ville folgen. Noch 100 m bis zum Parkplatz am Quai Sadi Carnot rechts.
Bei Anfahrt von St. Nazaire/St. Brevin (D77) 100 m nach dem Ortsanfang Paimboef im Kreisel links Richtung centre ville/le port fahren und nach weiteren 700 m links Richtung le port abbiegen. Noch 300 m bis zum Parkplatz links.

! Häuser am Parkplatz.
! Blick auf die Loire.
! Ver- und Entsorgung (Bodeneinlass) am Parkplatz.
! WC und Müllbehälter am Parkplatz.
! Kleiner Hafen und Schiffsanlegestelle am Parkplatz. Kreuzfahrten auf der Loire.
! Wassersport und Angeln auf der Loire.
! Aufenthaltsdauer 24 Stunden. Ganzjährig zugänglich.
! Wanderungen und Radtouren an der Loire.
! Fahrt entlang der Loire und Atlantikküste.
! Keine Parkgebühr.
! Stellmöglichkeiten für 30 Wohnmobile.
! Ebene Stellflächen. Kein Schatten.
! Informationen: Tel. 02 40 27 50 50.

Bild Seite 224

Saint Viaud, Base de Loirsirs *** LN - 3

Asphaltierte und befestigte Parkplätze am Freizeitpark in sehr ruhiger und schöner Lage.

Von der D723 (Paimboef-Nantes) 2 km östlich von Paimboef Richtung St.Viaud abbiegen und nach 1,8 km am Ortsanfang von St.Viaud rechts Richtung Base de Loirsirs abbiegen. Noch 300 m bis zu den Parkplätzen rechts.

! Gaststätten und Geschäfte am Parkplatz.
! Häuser am Parkplatz.
! Bänke und Tische am Parkplatz.
! Kleiner See mit Sandstrand am Parkplatz.
! Hallenbad und Sportanlage am Parkplatz.
! Ver- und Entsorgung (Euro-Relais) am Parkplatz.
! Müllbehälter am Parkplatz.
! Angeln im See.
! Ganzjährig zugänglich.
! Wanderungen und Radtouren an der Loire.
! Fahrt entlang der Atlantikküste.
! Ausflug zur Loire.
! Fahrt nach St.Nazaire und Nantes.
! Keine Parkgebühr.
! Stellmöglichkeiten für 30 Wohnmobile.
! Ebene Stellflächen. Wenig Schatten.
! Informationen: Tel. 02 40 27 53 14.

Bild Seite 236

St-Hilaire, Rue Eloi Guitteny ** LN - 4

Asphaltierter Parkplatz am Freizeitpark an der rue Eloi Guitteny in ruhiger Lage.

Bei Anfahrt von Bourgneuf (D758) Richtung St-Hilaire abbiegen (D80) und nach 3,4 km in St-Hilaire links zur D61 abbiegen. Nach 200 m wird der Parkplatz rechts erreicht.
Bei Anfahrt von Ste-Pazanne (D758) Richtung St-Hilair abbiegen. 400 m nach dem Ortsanfang St-Hilaire rechts Richtung le Pont Béranger abbiegen. Noch 200 m bis zum Parkplatz rechts.

! Gaststätten und Geschäfte in der Nähe.
! Häuser am Parkplatz.
! Bänke und Tische am Parkplatz.
! Spielplatz und Parkanlage am Parkplatz.
! Nebenstraße am Parkplatz.
! Aufenthaltsdauer 24 Stunden. Ganzjährig zugänglich.
! Campingplatz in der Nähe.
! Wanderungen und Radtouren im Naturreservat Lac de Grand Lieu.
! Besichtigung der karolingischen Kirche in Saint-Philbert-de-Grand-Lie und der Burg Gilles de Rais in Machecoul.
! Fahrt entlang der Atlantikküste.
! Fahrt nach Nantes.
! Keine Parkgebühr.
! Stellmöglichkeiten für 10 Wohnmobile.
! Ebene Stellflächen. Kein Schatten.
! Informationen: Tel. 02 40 31 70 40.

Bourgneuf, Maison de Tourisme ** LN - 5

Als Grünanlage angelegter befestigter Parkplatz am Maison de Tourisme in sehr schöner Lage.

Von der D758 im Kreisel am südlichen Ortsende Bourgneuf Richtung Bourgneuf fahren. Nach 200 m - 100 m nach dem Ortsanfang Bourgneuf - links zum Parkplatz abbiegen.

! Häuser in der Nähe.
! Tankstelle am Parkplatz.
! Office de Tourisme am Parkplatz.
! WC am Parkplatz.
! Ver- und Entsorgung (Bodeneinlass) am Parkplatz.
! Zwei Straßen am Parkplatz. Verkehrsgeräusche.
! Aufenthaltsdauer 24 Stunden. Ganzjährig zugänglich.
! Wanderungen und Radtouren im Naturreservat Lac de Grand Lieu.
! Besichtigung der karolingischen Kirche in Saint-Philbert-de-Grand-Lie und der Burg Gilles de Rais in Machecoul.
! Fahrt auf der touristischen Straße der Nantes-Weine.
! Fahrt entlang der Atlantikküste.
! Fahrt nach Nantes.
! Keine Parkgebühr.
! Stellmöglichkeiten für 10 Wohnmobile.
! Ebene Stellflächen. Teilweise Schatten.
! Informationen: Tel. 02 40 21 40 07.

Fromentine, Plage ** LN - 6

Asphaltierter Parkplatz am Strand in ruhiger und schöner Lage.

Von der D38 (St.Jean-Noirmoutier) Richtung Noirmoutier fahren und 700 m nach der Abzweigung von der Küstenstraße rechts Richtung Fromentine/Plages abbiegen. Noch 2 km bis zum Parkplatz am Ende der Straße.

! Sehr breiter, feinsandiger Strand am Parkplatz. Unbewachter Strand.
! Etwas einsame Lage.
! Strandwanderungen.
! Wanderungen und Radtouren im Fôret des Pays de Monts.
! Campingplatz in der Nähe.
! Fahrt zur Insel Noirmoutier.
! Fahrt entlang der Atlantikküste.
! Ausflug zur Loire.
! Keine Parkgebühr.
! Stellmöglichkeiten für 10 Wohnmobile.
! Große Ausweichparkplätze in Fromentine.

Noirmoutier, Wohnmobilplatz ** LN - 7

Für Wohnmobile reservierte, asphaltierte Übernachtungsplätze auf einem Großraumparkplatz in ruhiger und schöner Lage.

Auf der Insel Noirmoutier Richtung Noirmoutier fahren und 600 m nach dem Ortsanfang Noirmoutier links im Kreisel und nach weiteren 300 m im nächsten Kreisel dem Wohnmobil-Symbol folgen. Noch 100 m bis zur Parkplatz-Zufahrt.

! Häuser am Parkplatz.
! Zwei Ver- und Entsorgungsstationen am Parkplatz.
! Stromanschlüsse am Parkplatz.
! Müllentsorgung am Parkplatz.
! Wohnmobile immer anzutreffen.
! Ganzjährig zugänglich.
! Aufenthaltsdauer 8 Tage.
! Wanderungen und Radtouren auf der Insel Noirmoutier. Radwanderwege.
! Besichtigung von Noimoutier: Burg, Altstadt.
! Besuch des Museums in der Burg: Archäologische, geologische und ornithologische Exponate.
! Fahrt entlang der Atlantikküste.
! Ausflug zur Loire.
! Parkgebühr 3 Euro für 24 Stunden.
! Stellmöglichkeiten für 20 Wohnmobile.
! Informationen: Tel. 02 51 35 99 99.

L' Epine, Port du Morin *** LN - 8

Zwei befestigte Parkplätze am Hafen in sehr ruhiger und schöner Lage.

Im Norden der Insel Noirmoutier von der D948 Richtung l'Epine (D38) abbiegen. Nach 5 km am Ende der Straße links dem Wegweiser Port du Morin folgen. Noch 100 m bis zum ersten Parkplatz links und 200 m bis zum zweiten Parkplatz links.

! Häuser am Parkplatz.
! Wasserversorgung am Parkplatz. WC am Parkplatz.
! Kleiner Hafen am Parkplatz.
! Blick auf das Meer.
! Angeln und Fischen.
! Wanderungen und Radtouren auf der Insel Noirmoutier. Radwanderwege.
! Besichtigung von Noimoutier: Burg, Altstadt.
! Besuch des Museums in Noirmoutier: Archäologische, geologische und ornithologische Exponate.
! Fahrt entlang der Atlantikküste.
! Ausflug zur Loire.
! Keine Parkgebühr.
! Stellmöglichkeiten für 5 Wohnmobile.

Übernachtungsplätze nahe der Grenze

Die Normandie und die Bretagne sind von der deutsch-französischen Grenze über die Autobahnen in einem Tag zu erreichen, so dass eine Übernachtung an einer Autobahn-Raststätte nicht unbedingt erforderlich ist. Vor dem Start durch Belgien und Frankreich können die in der Tabelle angegebenen und auf den folgenden Seiten beschriebenen Plätze für die Übernachtung genutzt werden. Auf der Rückreise nach einer langen Autobahnfahrt durch Frankreich sind sie ebenfalls für den ersten Aufenthalt auf deutschem Boden geeignet.

Nr.	Ort	Bezeichnung	Autobahn	Seite
G1	**Straehlen**	**Hallenbad *****	A2	235
G2	Nettetal-Plankenheide	Poulvennsee ****	A2	235
G3	**Jülich**	**Freibad ****	A4	237
G4	**Aachen-Burtscheid**	**Wohnmobilplatz ******	A4	238
G5	**Klüsserath**	**Reisemobilpark Hero *****	A1	239
G6	**Trier**	**Messe ****	A1	240
G7	Blieskastel	Klosteranlage ***	A6	241
G8	St. Ingbert	Glashütter Weiher ***	A6	241
G9	**Sasbachwalden**	**Festplatz *****	A5	242
G10	**Bühl**	**Schwarzwaldbad ****	A5	242
G11	**Breisach**	**Rheinufer ****	A5	243
G12	Neuenburg	Rheinufer **	A5	244

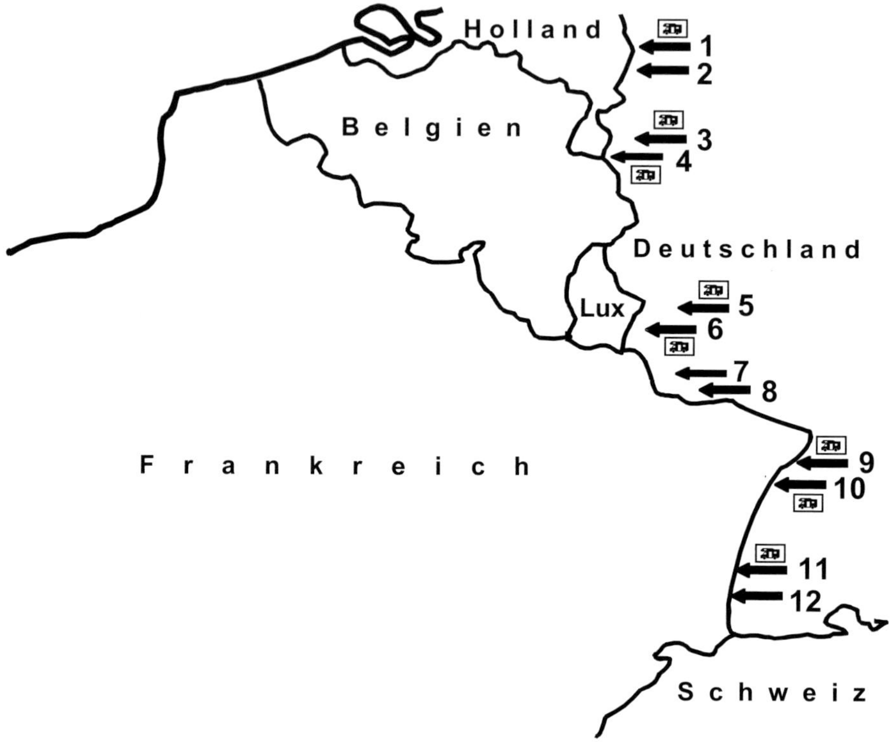

Übernachtungsplätze nahe der Grenze

Straelen, Hallenbad *** G-1

Für Wohnmobile zugelassener gepflasterter Übernachtungsplatz am Hallenbad in sehr ruhiger und schöner Lage.

Von der Ausfahrt Straelen (2) der Autobahn A40 Richtung Geldern/Straelen fahren (B221) und nach 5,2 km links Richtung Straelen abbiegen. Nach 1,4 km links dem Wegweiser Hallenbad folgen. Noch 200 m bis zum Parkplatz links.

! Häuser am Parkplatz.
! Gaststätte in der Nähe.
! Lebensmittelgeschäft und Bäcker am Parkplatz.
! Telefon und Müllkörbe am Parkplatz.
! Hallenbad und beheiztes Freibad am Parkplatz.
! 10 min Fußweg zur Stadtmitte.
! Besichtigung von Straelen: Pfarrkirche St. Peter und Paul, Marktplatz, Bürgerhäuser.
! Wanderungen und Radtouren im Naturpark Schwalm-Nette und im Naherholungsgebiet Paesmühle. Fahrradverleih im Ort.
! Besuch der Versteigerungshallen für Blumen und Gemüse.
! Besuch eines Blumenmarktes im Frühjahr und Herbst und des Stadtfestes im Sommer.
! Besichtigung von Geldern: Mühlenturm, Schloss Haag, Steprather Mühle.
! Fahrt nach Holland.
! Fahrt nach Frankreich.
! Keine Parkgebühr.
! Stellmöglichkeiten für 10 Wohnmobile.
! Ebene Stellflächen.
! Informationen: Fremdenverkehrsamt Tel. (0 28 34) 702 - 115.

Nettetal-Plankenheide, Poulvennsee **** G-2

Großer Wanderparkplatz in sehr ruhiger Lage und landschaftlich sehr reizvoller Umgebung.

Von der Ausfahrt Strahlen (2) der Autobahn A40 Richtung Nettetal-Leuth (B221) fahren und nach 4,4 km links Richtung Schloss Krickenbeck abbiegen und dem Hinweisschild Poulvennsee folgen. Der Parkplatz wird nach 1,7 km rechts erreicht.
Von der Ausfahrt Kaldenkirchen (2) der Autobahn A61 Richtung Geldern/Straelen fahren und nach 3,6 km rechts Richtung Poulvensee abbiegen. Noch 1,7 km bis zum Parkplatz rechts.

! Gaststätten mit Biergarten und Seeblick am Parkplatz.
! Häuser und Telefon am Parkplatz.
! Freibad am Parkplatz.
! Wanderwege um die Krickenbecker Seen.
! Kahnverleih am Poulvennsee.
! Naturschutzgebiet.
! Besuch des Freilichtmuseums in Grefrath.
! Fahrt nach Holland.
! Fahrt nach Frankreich.
! Keine Parkgebühr.
! Stellmöglichkeiten für 30 Wohnmobile.
! Ebene und leicht schräge Stellflächen.

Wohnmobilplatz in St-Viaud
(LN-3, Seite 230)

Wohnmobilplatz in Aachen
(G-4, Seite 238)

Jülich, Freibad ** G-3

Für Wohnmobile ausgewiesener, befestigter Übernachtungsplatz am Freizeitzentrum und am Gelände der ehemaligen Landesgartenschau in ruhiger und schöner Lage.

Von der Ausfahrt Jülich-West (7) der Autobahn A44 Richtung Jülich und nach 300 m links Richtung Jülich Zitadelle/Landesgartenschau fahren (B55). Nach 900 m im Kreisel links dem Wohnmobil-Symbol und nach weitere 900 m rechts dem Wohnmobil-Symbol folgen. Noch 1 km bis zu dem ausgewiesenen Wohnmobil-Übernachtungsplatz links.
Von der Ausfahrt Weisweiler (6) der Autobahn A4 Richtung Inden/Jülich fahren und nach 10 km links Richtung Aachen/A44 abbiegen. Nach 1,1 km im Kreisel geradeaus Richtung Landesgartenschau/Wohnmobil-Symbol fahren. Nach 900 m rechts dem Wohnmobil-Symbol folgen. Noch 1 km bis zu dem ausgewiesenen Wohnmobil-Übernachtungsplatz links.

! Gaststätte und Häuser in der Nähe.
! Ver- und Entsorgungsanlage (Holiday Clean) und getrennte Müllsammlung am Parkplatz.
! Telefon am Parkplatz.
! Großer Abenteuerspielplatz am ersten Parkplatz.
! Freibad, Zoo, Reithalle und Sportplatz in der Nähe.
! Aufenthaltsdauer: 3 Tage. Wohnmobile oft anzutreffen.
! Angeln am Ufer der Rur.
! 15 min Fußweg zur Innenstadt.
! Besichtigung von Jülich: Historische Festungsstadt, Zitadelle, Residenzschloss, Brückenkopf.
! Führungen durch das Forschungszentrum Jülich. Anmeldung 6 Wochen vorher.
! Wanderungen und Radtouren an der Rur und auf der Sophienhöhe. Fahrrad-Rundkurs-Karte am Parkplatz. Sieben Jülicher Rundwanderwege. Rurufer-Radweg (Jülich-Rurtalsperre).
! Besuch des Deutschen Glasmalerei-Museums in Linnich.
! Fahrt nach Belgien und Frankreich.
! Keine Parkgebühr.
! Stellmöglichkeiten für 20 Wohnmobile.
! Ausweichparkplatz: Gelände der Firma Wohnwagen Peters. 3 km Richtung Technologiezentrum.
! Informationen: Jülich Information Tel. (0 24 61) 34 63 63.

Aachen-Burtscheid, Wohnmobilplatz **** G-4

Für Wohnmobile reservierter, geschotterter, durch Bäume und Büsche aufgelockerter Übernachtungsplatz in sehr ruhiger Lage und landschaftlich reizvoller Umgebung.

Von der Ausfahrt Aachen-Burtscheid (3) der Autobahn A44 Richtung Aachen fahren (B258) und nach 2,1 km links in den Audenauer Ring einbiegen. Nach 800 m rechts dem Wohnmobil-Symbol folgen (Brandenhofer Weg). Noch 500 m bis zum Wohnmobilplatz rechts.

! Gaststätte und Häuser in der Nähe.
! Ver- und Entsorgungsanlage am Parkplatz.
! Sromanschlüsse an den Stellplätzen.
! Aufenthaltsdauer nicht begrent.
! Wohnmobile fast immer anzutreffen.
! Bushaltestelle am Parkplatz.
! 12 min Fußweg zur Zentrum Burtscheid (Fußgängerzone).
! 25 min Fußweg zum Stadtzentrum Aachen.
! Besichtigung von Aachen: Rathaus, Dom, Pfalz, Maschiertor, Stadttheater, Elisenbrunnen, Altes Kurhaus, Ponttor, Burg Frankenberg, Pfarrkirche st. Johann Babtist in Burtscheid.
! Wanderungen und Radtouren im Dreiländergebiet.
! Besuch des Couven-Museums und des Ludwig-Forums für internationale Kunst.
! Besuch des Spielcasinos.
! Fahrt nach Holland, Belgien und Frankreich.
! Parkgebühr: 8 Euro pro Nacht einschließlich Ver- und Ensorgung und Stromanschluss.
! Stellmöglichkeiten für 20 Wohnmobile.
! Ebene und großzügige Stellflächen.
! Informationen: Kurverwaltung Bad Aachen Tel. (02 41) 6 08 80 57.

Bild Seite 236

Wohnmobilplatz in Aachen (G-4)

Wohnmobilplatz in Klüsserath an der Mosel (G-5)

Klüsserath, Reisemobilpark Hero *** G-5

Wohnmobil-Übernachtungsplatz auf festem Wiesengelände am Moselufer in sehr ruhiger Lage und landschaftlich reizvoller Umgebung.

Von der Ausfahrt Richtung Leiwen bis zur Mosel fahren und an der Mosel links Richtung Klüsserath abbiegen. Nach 1,7 km rechts dem Wegweiser Reisemobilpark Hero folgen. Noch 200 m bis zum Parkplatz.
Bei Anfahrt aus dem Osten von Bernkastel-Kues (B53) 4,4 km nach dem Ortsende Trittenheim links dem Wegweiser Reisemobilpark Hero folgen. Noch 200 m bis zum Parkplatz.

! Gaststätte an der Zufahrt. Weitere Gaststätten in der Nähe.
! Häuser und Geschäfte in der Nähe. Bäckerservice am Parkplatz.
! Ver- und Entsorgungsstation an der Zufahrt (Holiday Clean).
! Stromanschlüsse (1,50 Euro pro Tag) am Parkplatz.
! Müllcontainer am Parkplatz. Getrennte Müllentsorgung vor dem Parkplatz.
! Aufenthaltsdauer nicht begrenzt.
! Campingplatz neben dem Wohnmobil-Übernachtungsplatz.
! 5 min Fußweg zur Ortsmitte.
! Weinprobe und Weinkauf in Klüsserath.
! Wanderungen und Radtouren im Moseltal.
! Schiffsfahrt auf der Mosel. Schiffsanlegestelle am Parkplatz.
! Parkgebühr: 5 Euro pro 24 Stunden, 2,50 Euro Tagesgebühr.
! Stellmöglichkeiten für 100 Wohnmobile. Ebene Stellflächen. Ausschließlich für Wohnmobile.
! Informationen: Tourist-Information Klüsserath Tel. (0 65 07) 30 99.

Trier, Messe ** G-6

Gepflasterter Wohnmobil-Übernachtungsplatz mit einzelnen Baumreihen auf dem Messegelände in ruhiger und schöner Lage.

Vom Ende der Autobahn A602 am Verteilerkreis geradeaus Richtung Luxemburg fahren (B49). Nach 5,3 km rechts Richtung Messepark abbiegen und über die Brücke fahren. Nach 400 m rechts dem Wegweiser Messepark folgen. Noch 300 m bis zum Parkplatz rechts.

! Gaststätte (Mac Donalds) an der Zufahrt.
! Häuser in der Nähe.
! Ver- und Entsorgung am Parkplatz.
! Stromanschlüsse am Parkplatz.
! Getrennte Müllentsorgung am Parkplatz.
! Aufenthaltsdauer nicht begrenzt.
! Bushaltestelle am Parkplatz. Linie 40 zur Innenstadt. Jede halbe Stunde bis 18.00 Uhr. 10 min Fahrzeit.
! 30 min Fußweg zur Innenstadt.
! Wanderungen und Radtouren im Moseltal. Moselradweg am Parkplatz.
! Schiffsfahrt auf der Mosel. Schiffsanlegestelle in Trier-Zurlauben.
! Keine Parkgebühr.
! Stellmöglichkeiten für 50 Wohnmobile.
! Ebene Stellflächen.
! Informationen: Tourist Information Trier Tel. (0 651) 9 78 08 - 0.

Wohnmobilplatz in Trier (G-6)

Blieskastel, Klosteranlage *** G-7

Parkstreifen an der Klosteranlag in schöner und sehr ruhiger Lage.

Von der Ausfahrt Richtung Blieskastel fahren (B423) und nach 5,8 km rechts Richtung Blieskastel abbiegen. Nach 800 m - 100 m nach dem Ortsanfang Blieskastel - links Richtung Saarbrücken fahren und nach 600 m rechts dem Wegweiser Klosteranlage/Gollenstein folgen. Nach weiteren 600 m dem Wegweiser Klosteranlage/Wallfahrtskirche nachfahren. Noch 300 m bis zum Parkplatz rechts.

! Häuser am Parkplatz.
! Gasthaus im Kloster. Im Winter geschlossen.
! Müllkörbe am Parkplatz.
! Besichtigung des Kapuzinerklosters.
! Besichtigung von Blieskastel: Barockes Rathaus, Paradeplatz, Hofratshäuser, Orangerie, Schlosskirche, Pfarrkirche, Alte Pfarrgasse, Maximilianssäule.
! Wanderung zum Gollenstein (größter Menhir Mitteleuropas, 6,60 m).
! Wanderungen und Radfahrten im Bliesgau. Wanderweg Saarpfalz am Parkplatz.
! Fahrt nach Frankreich.
! Keine Parkgebühr.
! Stellmöglichkeiten für 10 Wohnmobile.
! Ebene Stellflächen.

St. Ingbert, Glashütter Weiher *** G-8

Zwei durch Grünstreifen und Bäume in Abschnitte eingeteilte, asphaltierte Parkplätze in sehr ruhiger Lage und landschaftlich reizvoller Umgebung.

Von der Ausfahrt Richtung St.Ingbert fahren und nach 1,3 km - 1,1 km nach dem Ortsanfang Rohrbach - rechts Richtung Hallenbad abbiegen. Nach 800 m rechts Richtung Spiesen/Neunkirchen fahren und nach 200 m rechts Richtung Glashütter Weiher abbiegen. Noch 1,2 km bis zum ersten und 1,5 km bis zum zweiten Parkplatz.

! Gaststätte am ersten Parkplatz. Kiosk am zweiten Parkplatz.
! Häuser am ersten Parkplatz.
! Spielplatz am zweiten Parkplatz.
! Trimmpfad am Parkplatz.
! Baden im Weiher verboten.
! Angeln mit Gastkarten im Glashütter Weiher.
! Wanderungen und Radtouren im Naherholungsgebiet und Naturschutzgebiet Glashütter Weiher.
! Fahrt nach Saarbrücken.
! Fahrt nach Frankreich.
! Stellmöglichkeiten für 30 Wohnmobile.
! Keine Parkgebühr.
! Ebene und leicht schräge Stellflächen.

Sasbachwalden, Festplatz ***

G-9

Geschotterter Wohnmobilplatz auf dem Festplatz an der Winzergenossenschaft in sehr ruhiger und schöner Lage.

Von der Ausfahrt Achern (53) der Autobahn A5 Richtung Achern fahren und nach 2,8 km links Richtung Sasbachwalden abbiegen. Nach 200 m im Kreisel rechts fahren (7,5 t) und nach weiteren 1,7 km im Kreisel rechts Richtung Sasbachwalden abbiegen. Nach weiteren 1,8 km - 100 m nach dem Ortsanfang Sasbachwalden - rechts dem Wohnmobil-Symbol folgen. Noch 100 m bis zum Parkplatz.

! Gaststätten in der Nähe.
! Häuser am Parkplatz.
! Weinverkauf und Weinprobe am Parkplatz.
! Ver- und Entsorgungsstation (St-San) am Parkplatz.
! Stromsäule mit acht Anschlüssen am Stellplatz.
! Müllkörbe am Parkplatz.
! Aufenthaltsdauer nicht begrenzt.
! Ganzjährig zugänglich. Wohnmobile meistens anzutreffen.
! 5 min Fußweg zur Ortsmitte.
! Wanderungen und Radtouren im Rheintal und im Schwarzwald.
! Weinfest am 1. Oktober-Sonntag. Stellplatz gesperrt.
! Besichtigung von Rastatt: Schloss, Schlosskirche, Rathaus, Pagodenburg, Schloss Favorite.
! Besichtigung von Baden-Baden: Neues Schloss, Stiftskirche, Rathaus, römische Bäder.
! Fahrt auf der Badischen Weinstraße.
! Parkgebühr: 5 Euro für 24 Stunden (Parkscheinautomat).
! Stellmöglichkeiten für 10 Wohnmobile.
! Ebene und großzügige Stellflächen.
! Informationen: Kurverwaltung Tel. (0 78 41) 10 35.

Bühl, Schwarzwaldbad **

G-10

Gekiester ebener Wohnmobilplatz am Schwarzwaldbad in ruhiger und schöner Lage.

Von der Ausfahrt Bühl Richtung Bühl fahren und nach 2,9 km rechts Richtung Achern abbiegen (B3). Nach 2 km links Richtung Stadtmitte fahren. Nach 800 m - 200 m nach dem Ortsanfang Bühl - rechts dem Wohnmobil-Symbol/Hallenfreibad folgen. Nach 100 m links fahren. Noch 200 m bis zum Parkplatz links.

! Gaststätte und Häuser am Parkplatz.
! Telefon am Parkplatz. Skateboard- und Basketball-Anlagen am Parkplatz.
! Ver- und Entsorgungsstation (Sani-Service) am Parkplatz.
! Aufenthaltsdauer nicht begrenzt. Ganzjährig zugänglich.
! Hallen- und Freibad am Parkplatz.
! Minigolf, Tennis und Squash in der Nähe.
! Weinprobe und Weinkauf.
! Besichtigung von Bühl: Burgruine Alt-Windeck, Barockkirche St. Maria, Friedenskreuz, Stadtpfarrkirche St.Peter und Paul, Gertelbachwasserfälle, Heimatmuseum.
! Besuch des Bühler Zwetschgenfestes (2.Wochenende im September), Heimat- und Weinfeste.
! Wanderungen und Radtouren im Rheintal und im Schwarzwald. Obst- und Weinlehrpfade.
! Besichtigung von Rastatt: Schloss, Schlosskirche, Rathaus, Pagodenburg, Schloss Favorite.
! Besichtigung von Baden-Baden: Neues Schloss, Stiftskirche, Rathaus, römische Bäder.
! Fahrt auf der Badischen Weinstraße.
! Keine Parkgebühr.
! Stellmöglichkeiten für 10 Wohnmobile.
! Ebene Stellflächen.
! Informationen: Tourist-Information Tel. (0 72 23) 93 53 32.

Breisach, Rheinufer **

Für Wohnmobile reservierte, befestigte Übernachtungsplätze in der Nähe des Rheinufers am Rande der Innenstadt.

Von der Ausfahrt Bad Krozingen (64) der Autobahn A5 Richtung Breisach fahren (B31) und nach 12 km am Ortsanfang Breisach rechts Richtung Stadtmitte/Rhein/Hafen abbiegen und später dem Wohnmobil-Symbol folgen. Noch 1,2 km bis zum Parkplatz rechts am Minigolfplatz. Bei Anfahrt aus dem Norden Richtung Breisach/Rheinhafen rechts abbiegen. Nach 2,4 km wird links der Wohnmobil-Übernachtungsplatz erreicht.

! Gaststätten in der Nähe.
! Häuser am Parkplatz.
! Minigolf und Telefon am Parkplatz.
! Ver- und Entsorgungsstation (Sani Service) am Parkplatz.
! Aufenthaltsdauer 3 Nächte.
! Ganzjährig zugänglich. Wohnmobile häufig anzutreffen.
! Schiffsanlegestelle in der Nähe.
! Wanderungen und Radtouren am Rheinufer und in den Rheinauen.
! Besichtigung von Breisach: Altstadt, Stephansmünster mit spätgotischem Hochaltar und Wandmalereien, Rheintor.
! Besichtigung von Endingen: Mittelalterliches Stadtbild, Marktplatz, Altes und Neues Rathaus, dreigeschossiges Kornhaus, Pfarrkirche St. Petrus, Königschaffhausener Tor.
! Besichtigung von Burkheim: Burgruine Sponeck, Bürgerhäuser, Renaissance-Rathaus, Stadttor, Pfarrkirche.
! Besichtigung von Freiburg: Gotisches Münster, Kaufhaus von 1532, Kornhaus, Schwabentor, Rathaus, Klosterkirche St. Martin, Alte Universität, Martinstor.
! Fahrt auf der badischen Weinstraße Kaiserstuhl. Weinprobe und Weinkauf.
! Parkgebühr: 6 Euro pro Nacht.
! Stellmöglichkeiten für 30 Wohnmobile.
! Ebene Stellflächen.
! Informationen: Städtisches Verkehrsamt Tel. (0 76 67) 8 32 27.

Parkplatz in Breisach (G-11)

Neuenburg, Rheinufer ** G-12

Asphaltierter Parkplatz am Rhein in ruhiger und schöner Lage.

Von der Ausfahrt Richtung Neuenburg fahren, nach 400 m links abbiegen und dem Schild Sportzentrum folgen. Nach 100 m rechts und nach weiteren 400 m links Richtung Sportzentrum abbiegen. Noch 600 m bis zum Parkplatz links.

! Häuser am Parkplatz.
! Wandern und Radfahren am Rheinufer.
! Slipstraße für Segel- und Motorboote am Parkplatz.
! Fischlehrpfad am Rheinufer.
! Schmale, aber gute Zufahrt auf den letzten 200 Metern.
! Ausflug ins Elsass.
! Fahrt nach Frankreich.
! Ausflug ins Markgräflerland.
! Ausflüge nach Basel und in den Schwarzwald.
! Fahrt nach Freiburg.
! Stellmöglichkeiten für 10 Wohnmobile.
! Keine Parkgebühr.
! Ebene Stellflächen.

Stellplatzverzeichnis

Fett gedruckte Stellplätze sind von Gemeinden eingerichtete Wohnmobilplätze

Buchserie „Wohnmobil-Stellplätze“

Unentbehrliche Nachschlagewerke für alle Wohnmobiltouristen, die gern auf ruhig und schön gelegenen Stellplätzen übernachten.

Von den Gemeinden eingerichtete Plätze sind durch das Wohnmobil-Symbol gekennzeichnet.
Insidertipps für Übernachtungsplätze.
Alle Plätze selbst ausgesucht und angefahren.

Gleichzeitig sind die Bücher Reiseberichte über europäische Ferienlandschaften.

Band 2: Wohnmobil-Stellplätze Deutschland

Über Autobahn leicht zu erreichen

Das Buch beschreibt 342 freie Stellplätze, die über Autobahnen leicht zu erreichen sind. 169 Wohnmobilplätze wurden von den Gemeindeverwaltungen eingerichtet. Sie sind nach den Autobahnnummern eingeteilt und leicht zu finden. Die Stellplätze sind aber nicht nur zur Übernachtung nach langer Autobahnfahrt geeignet, sie können auch für einen erholsamen Urlaub in Deutschland genutzt werden.

Euro 22,40 5. völlig neubearbeitete und erweiterte Auflage. ISBN 3-932538-09-9

Band 4: Wohnmobil-Stellplätze Deutsche Ferienlandschaften, Teil 1

Nordsee - Ostfriesland - Münsterland - Spreewald - Ostharz - Mosel - Erzgebirge - Bodensee - Allgäu

Im Ferienland Deutschland werden 250 freie Stellplätze beschrieben. Gleichzeitig ist das Buch ein Reisebericht über deutsche Ferienlandschaften. Es werden Touren für den Urlaub vorgeschlagen. Auf ruhig und schön gelegenen Übernachtungsplätzen findet der Wohnmobiltourist Erholung und Entspannung. Ferienlandschaften: Nord- und Ostseeküste Schleswig-Holsteins, Rügen, Ostfriesland, Mecklenburger Seen, Münsterland, Teutoburger Wald, Harz, Spreewald, Bergisches Land, Kyffhäuser, Sächsische Schweiz, Eifel, Mosel, Nahe, Westerwald, Thüringer Wald, Erzgebirge, Steigerwald, Fränkisches Seenland, Schwarzwald, Schwäbische Alb, Altmühltal, Bodensee, Allgäu, Bayerische Seen.

Euro 22,40 3. völlig neubearbeitete und wesentlich erweiterte Auflage. ISBN 3-932538-10-2

Band 5: Wohnmobil-Stellplätze Deutsche Ferienlandschaften, Teil 2

Ostsee - Heide - Havel - Rhein - Werra - Rhön - Saale - Deutsche Weinstraße - Franken - Alpen

Im Ferienland Deutschland werden 220 freie Stellplätze beschrieben. Gleichzeitig ist das Buch ein Reisebericht über deutsche Ferienlandschaften. Es werden Touren für den Urlaub vorgeschlagen. Ferienlandschaften: Ostseeküste in Ostholstein, Niederelbe und Unterweser, Lüneburger Heide, Elm, Schorfheide und Havelseen, Niederrhein, Nordhessen, Thüringer Becken, Saale-Stauseen, Kinzigtal und Rhön, Coburger und Nürnberger Land, Deutsche Weinstraße, Oberrheintal, Bayerische Alpen.

Euro 22,40 2. völlig neubearbeitet Auflage. ISBN 3-932538-06-4

Band 6: Wohnmobil-Stellplätze Österreich
Ferienlandschaften

Ein Buch über 200 freie Stellplätze in Österreich, die sich im Sommer hervorragend für einen Wanderurlaub, zum Surfen und Segeln, im Winter zum Skilaufen eignen. Stellplätze an Liften und Seilbahnen sind angegeben. Gleichzeitig werden die landschaftlichen Schönheiten, die Sehenswürdigkeiten und die Möglichkeiten für einen aktiven Urlaub ausführlich beschrieben. Wochenreisen führen durch Österreichs Ferienlandschaften: Vorarlberg, Montafon, Waldviertel, Innviertel, Mühlviertel, Wachau, Salzkammergut, Wien, Neusiedler See, Wiener Hausberge, Kitzbüheler Alpen, Hohe Tauern, Salzburg, Tennengebirge, Gasteiner Tal, Dachstein, Ennstaler Alpen, Hochschwab, Osttirol, Kreuzeckgruppe, Gailtaler Alpen, Kärntner Seen, Lavanttaler Alpen.
Euro 23,40 3. völlig neubearbeitete Auflage. ISBN 3-932538-14-5

Band 7: Wohnmobil-Stellplätze Italien
Alpen - Adria - Riviera - Toskana

214 freie Stellplätze werden beschrieben. Einsame, schön gelegene Strände und Buchten, die großartigen kulturellen Sehenswürdigkeiten im Norden und in der Mitte Italiens, idyllische Stellplätze für den Strandurlaub an der Adria, an der Riviera und Stellplätze für den Winterurlaub in den Alpen werden ausführlich beschrieben. Auf ruhig und schön gelegenen Übernachtungsplätzen findet der Wohnmobiltourist Erholung und Entspannung. Wochenreisen führen durch die Ferienlandschaften Oberitaliens: Pustertal, Grödental, Dolomiten, Vinschgau, Eggental, Fleimstal, Lago Maggiore, Lago Varese, Lago d'Iseo, Gardasee, Golf von Venedig, Aostatal, Po-Ebene, Po-Delta, Riviera, Adriatische Küste, Toskana, Chianti, Marken, Tyrhennische Küste, Trasimenischer See, Bolsena See.
Euro 22,40 2. völlig neubearbeitete und wesentlich erweiterte Auflage. ISBN 3-932538-08-0

Band 8: Wohnmobil-Stellplätze Deutsche Ferienlandschaften, Teil 3
Holstein - Usedom - Sauerland - Thüringer Wald - Lausitz - Pfälzer Wald - Odenwald - Bäderstraße

Im Ferienland Deutschland werden über 200 freie Stellplätze beschrieben. Viele Übernachtungsplätze wurden von den Gemeinden eingerichtet. Es werden Touren für eine Woche und für einen längeren Urlaub vorgeschlagen. Ferienlandschaften: Mittelholstein, Usedom, Stettiner Haff, Fehnroute, Elbuferstraße, Grünauer Seen, Sauerland, Hessische Fachwerkstraße, Dübener Heide, Oberlausitz, Pfälzer Wald, Odenwald, Taubertal, Fichtelgebirge, Hochrhein, Barockstraße, Südlicher Bayerischer Wald.
Euro 20,40 ISBN 3-932538-03-X

Band 9: Wohnmobil-Stellplätze Deutsche Ferienlandschaften, Teil 4
Ammerland - Westharz - Eifel - Kurhessen - Neckar - Fichtelgebirge - Hochschwarzwald - Chiemgau

Im Ferienland Deutschland werden überwiegend Übernachtungsplätze beschrieben, die von wohnmobilfreundlichen Orten eingerichtet wurden. Ferienlandschaften: Ammerland, Ostseeküste, Münsterland, Solling, Harz, Eifel, Lahn-Dill-Bergland, Kurhessen, Sächsische Saale, Zittau-Gebirge, Vogtland, Fichtelgebirge, Ortenau, Kinzigtal, Neckartal, Hochschwarzwald, Chiemsee, Chiemgauer Berge.
Euro 20,40 ISBN 3-932538-07-2

Band 10 Frankreich
Wohnmobilplatz auf der Île d' Oléron

Band 12 Griechenland
Stellplatz auf der Mole von Nauplia

Band 10: Wohnmobil-Stellplätze Frankreich
Atlantik - Mittelmeer - Elsass

In dem Buch werden freie Stellplätze an der Atlantik- und Mittelmeerküste sowie im Elsass beschrieben. Viele Übernachtungsplätze wurden von den Gemeinden eingerichtet. Viele Stellplätze liegen direkt am Meer, an einem See oder an einem Fluss und sind oft mit einer Ver- und Entsorgungsstation ausgerüstet und für Wohnmobile reserviert. Diese Plätze eignen sich hervorragend für einen längeren Strandurlaub. Gleichzeitig enthält das Buch aber auch Reiseberichte über die Atlantikküste und den Süden Frankreichs, Beschreibungen der Sehenswürdigkeiten und Hinweise auf landschaftlich reizvolle Gebiete.
Euro 23,40 4. völlig neubearbeitete und wesentlich erweiterte Auflage. ISBN 932538-11-0

Band 11: Wohnmobil-Stellplätze Frankreich
Kanalküste - Normandie - Bretagne

In dem Buch werden freie Stellplätze im Norden Frankreichs, in der Normandie und in der Bretagne beschrieben. Viele Übernachtungsplätze wurden von den Gemeinden eingerichtet. Viele Stellplätze liegen direkt am Meer, an einem See oder an einem Fluss und sind oft mit einer Ver- und Entsorgungsstation ausgerüstet und für Wohnmobile reserviert. Diese Plätze eignen sich hervorragend für einen längeren Strandurlaub. Gleichzeitig enthält das Buch aber auch Reiseberichte über die Kanalküste, über die Normandie und über die Bretagne, Beschreibungen der Sehenswürdigkeiten und Hinweise auf landschaftlich reizvolle Gebiete.
Euro 23,40 4. völlig neubearbeitete und wesentlich erweiterte Auflage. ISBN 932538-12-9

Band 12: Wohnmobil-Stellplätze Griechenland
Ionische Küste - Chalkidike - Ägäische Küste - Mazedonien - Attika - Peloponnes

Im Ferienland Griechenland werden die schönsten freien Stellplätze und die interessantesten Touren beschrieben. Viele Stellplätze liegen unmittelbar am Meer. Feine Sandstrände, steile Felsen und verschwiegene Buchten bestimmen die Küsten des Landes. Aber Griechenland bietet noch mehr als großartige Landschaften und unberührte Strände. Liebenswerte, freundliche Menschen trifft man überall. Die viele Sehenswürdigkeiten aus der Antike und dem Mittelalter beeindrucken die Besucher. Nirgendwo sonst lassen sich Badeurlaub und Kulturerlebnisse miteinander verbinden wie in Griechenland. **Griechenland mit dem Wohnmobil - das ist ein Traumurlaub.**
Euro 22,40 ISBN 3-932538-13-7

Bestellung

_____	Band 2:	Wohnmobil-Stellplätze Deutschland – Über Autobahn leicht zu erreichen	Euro 22,40
_____	Band 4:	Wohnmobil-Stellplätze Deutsche Ferienlandschaften, Teil 1	Euro 22,40
_____	Band 5:	Wohnmobil-Stellplätze Deutsche Ferienlandschaften, Teil 2	Euro 22,40
_____	Band 6:	Wohnmobil-Stellplätze Österreich, Ferienlandschaften	Euro 23,40
_____	Band 7:	Wohnmobil-Stellplätze Italien – Alpen, Adria, Riviera, Toskana	Euro 22,40
_____	Band 8:	Wohnmobil-Stellplätze Deutsche Ferienlandschaften, Teil 3	Euro 20,40
_____	Band 9:	Wohnmobil-Stellplätze Deutsche Ferienlandschaften, Teil 4	Euro 20,40
_____	Band 10:	Wohnmobil-Stellplätze Frankreich – Atlantik, Mittelmeer, Elsass	Euro 23,40
_____	Band 11:	Wohnmobil-Stellplätze Frankreich – Kanalküste, Normandie, Bretagne	Euro 23,40
_____	Band 12:	Wohnmobil-Stellplätze Griechenland – Ionische und ägäische Küste, Peloponnes	Euro 22,40

Verpackungs- und Versandkostenanteil: 2 Euro pro Bestellung.
Alle Preise gelten zum Zeitpunkt der Drucklegung.

Absender

____

____

_______________ _______________________________

Datum **Unterschrift**

Einzugsermächtigung in Höhe von Euro ____________ ist beigefügt.

**Alle Bücher erhalten Sie über den Buchhandel
oder gegen Einzugsermächtigung oder Verrechnungsscheck
direkt vom RID-Verlag, Mühlköppelstraße 18, 63674 Altenstadt.
Telefon (06047) 1696, Fax (06047) 1697, e-mail: RIDVerlag@AOL.com, internet: www.ridverlag.de**

Die Kreideküste in der Normandie

Die rote Granitküste in der Bretagne

Auf vielen Reisen und durch gründliche Recherchen wurden die vorliegenden Informationen über freie Stellplätze für Wohnmobile in Frankreich von meiner Frau Barbara und mir sorgfältig zusammengetragen und überprüft. Trotzdem können sich die Verhältnisse an den Stellplätzen geändert haben. Wir bitten die Leser, uns solche Veränderungen mitzuteilen, damit diese bei der nächsten Auflage berücksichtigt werden können. Trotz aller Sorgfalt kann für die Vollständigkeit und Richtigkeit aller Angaben keine Gewähr übernommen werden. Alle Angaben im Buch gelten zum Zeitpunkt der Drucklegung.

Wir wünschen unseren Lesern erholsame Urlaubstage und ungestörte Nächte auf den angebotenen Übernachtungsplätzen.

Frankreich mit dem Wohnmobil -
das sind kulturelle Erlebnisse und Erholung am Strand.